트럼프가 발설한

돈의 타락과 화폐의 비밀

프롤로그

양의 탈을 쓴 내일을
언제까지 질문하지 않을 것인가?

세계는 약 100년 주기로 통화패권이 무너지는 지각변동을 겪어 왔다. 이제 미국은 더는 견딜 수 없는 상황에 이르렀고, 40년 전 레이건 대통령이 단행했던 것처럼 제2의 플라자합의라 할 수 있는 환율 전쟁이 몰려오고 있다. 무역망은 붕괴하고 있으며, 세계는 이미 공급과잉에 따른 공황 경제에 진입했다. 화폐를 제대로 이해하려면, 금융 카르텔 세력과 긴밀히 연결된 서방 나토와 그들의 지정학적 움직임을 빼놓고는 설명할 수 없다.

이제 곧 세계 기업들의 대규모 도산과 환태평양 역내 국가들의 무역망 붕괴, 미국의 물가 폭등으로 인해 조만간 주식시장, 주택시장, 자산시장의 붕괴가 시작될 것이며, 세계 경제는 대공황이 들이닥칠 것이라는 예언으로 시작한다. 돈은 하늘의 별을 따다 주는 것 말고는 다 할 수 있다는 얘기들로 구성되었다. 『트럼프가 발설한 돈의 타락과 화폐의 비밀』은 총 6개의 Part로 나누어 경제학자들이 말하지 못한 놀라운 이야기들로 가득 차 있다.

우리는 왜 돈에 대해 질문하지 않는가? 왜 정해진 질서와 권위 앞에서 침묵하는가? 언제까지 기도만 하며 살아갈 것인가? 나의 기도를 조상신이 듣고 역경을 없애 줄 수 있을까? 만약 어려움이 닥치자마자 곧바로 지급되는 사회적 복지펀드가 존재한다면, 우리는 여전히 기도만 할 것인가? 돈의 타락과 부채의 팽창을 눈앞에 두고도, 왜 우리는 '양의 탈을 쓴 돈'에 대해 질문하지 않는가?

모든 것은 시간이 지나면 가치가 떨어지는데, 왜 돈은 금과 은처럼 가치가 녹슬지 않고 오히려 증가하는가? 지금껏 우리는 돈에 대해 진지하게 질문해 본 적이 없다. 마치 하나님에게 따지는 것 같아 누구도 질문하지 못했다. 개인들은 어떤 돈을 써야 행복한 것인지, 국가 간 무역화폐는 어떤 바스켓통화를 사용해야 정의로운지, 또 얼마만큼의 화폐 총량이 있어야 하는지, 얼마만큼의 축적을 허용할 것인지 주장조차 꺼내지 못하고 화폐를 관리하는 기관들조차 검토하거나 허용할 기미조차 없었다.

돈과 은행은 마치 사람들이 믿고 싶어 하는 만큼 종교 기관이 되어 버렸다. 다시 말해, 화폐는 또 다른 신이다. 문학적으로 표현하자면, 미국 연방준비제도(FED)가 바티칸 교황청이라면, 세계 65개국의 중앙은행은 그저 동네 점집에 불과하다고 할 수 있다. 우리는 이 사실을 추적해 볼 것이다.

현재의 부채팽창 자본주의 시스템 속에서 가난은 이미 정해져 있다. 화폐제도의 변화 없이는 그 어떤 개선도 불가능하다.

돈이란 자신이 좋아하는 사람들과 만날 수 있는 능력이다. 즉 자신의 미래 유전자를 진화 발전시키기 위해 어떤 장소에서 어떤 이성을 선택할 수 있도록 공부하고 경력을 쌓을 수 있는 과학적인 우생학적 능력이다. 죽음과 제사, 무덤은 죽은 자와 산 자의 계약이며, 자식을 통해 영원한 삶을 이어가려는 생각은 인간 탐욕의 상징화된 형태다. 우리는 돈과 연결된 인간 정신의 가장 깊은 곳을 탐험해 볼 것이다.

국가는 무역으로 벌어들인 돈을 어떻게 관리해야 하는지 디지털 경제 시대의 핵심적인 질문이다. 국가를 운영하는 지도자와 금융 관료들은 새로운 화폐 지식으로 포맷해야 할 것이다. 지금까지 산업사회 시스템적으로 미국 국채는 최고의 안전자산이었다. 그런데 최근 미국의 트럼프 관세폭탄선언은 미국 국채가 더 이상 안전자산이 될 수 없고, 인류에게 어떤 돈을 써야 하고 세계무역 바스켓통화는 어떤 화폐를 사용해야 하는지 그 논리적 근거를 제공해 주고 있다.

다시 말해, 현재의 소비를 유보하고 미래를 위해 지나친 저축은 재앙과 저주가 될 수 있다는 단서를 제시해 주고 있다. 세계는 이미 디지털 자산으로 변하고, 안전자산이 없어졌는데 사람들의 생각은 아직도 산업화 시대 과거에 머물러 있다.

1911년 노벨문학상을 수상한 벨기에 작가 모리스 마테를링크의 『파랑새』(1907년)는 세계 경제위기 속 투기 광풍을 배경으로 한다. 주인공 틸틸과 미틸 남매는 파랑새(행복)를 찾아 과거와 미래를 여행하지만, 결국 파랑새는 자신들의 방 안 새장에 있었다는 사실을 깨닫는다. 이 작품은 지나친 저축보다는 현재의 소비와 행복이 더 중요하다는 계몽적 메시지를 전하며, "행복은 멀리 있는 것이 아니라 지금, 이 순간에 있다"라는 사실을 일깨워 준다.

현재 벌어지고 있는 관세전쟁을 비롯한 모든 전쟁은 정치, 경제, 역사, 심리, 종교 등 다양한 분야를 입체적으로 분석하지 못하면 반쪽짜리 분석이거나, 새로운 상상과 다른 세상을 말하기 어렵다. 이러한 차원에서 새로운 돈, 새로운 기업, 세계무역에 따른 새로운 통화에 관한 이론적 대안을 제시하고자 한다.

브레턴우즈 체제는, 1944년 뉴햄프셔주 브레턴우즈에서 열린 연합국 통화·금융 회의에서 채택된 새로운 국제금융 기구 설립에 관한 협정이다. 이 협정에 따라 IMF(국제통화기금)와 IBRD(국제부흥개발은행)가 창설되었으며, 두 기관은 제2차 세계대전 이후 27년간 국제 통화제도의 중추적인 역할을 수행했다.

이후 1971년, 미국의 금태환 포기, 이른바 '닉슨 쇼크' 이후 수십 년 동안 기축통화인 달러는 불공정한 방식으로 세계 경제를 지배해 왔다.

하지만 트럼프의 관세 정책 쇼크는 놀랍게도 인류에게 중대한 단서를 제공해주고 있다. 그것은 바로, 인류가 오랫동안 갈망해 온 '정의로운 화폐'에 대한 약속 즉 어떤 돈을 어떻게 써야 정의로운지를 묻는 질문에 대해, 마치 하나님만이 내릴 수 있는 새로운 화폐 이론의 토대를 던져주고 있다는 점이다.

이 세상에서 가장 어렵고 민감한 주제가 있다면, 그것은 바로 '돈'에 관한 이야기일 것이다. 바로 트럼프가 현재의 화폐에 대한 엄청난 비밀을 발설한 것이다.

한편, 중앙은행이 통제·관리하는 CBDC(Central Bank Digital Currency, 중앙은행 디지털화폐)는 트럼프 정부와 한국은행 모두 도입 포기를 선언한 바 있다. 당초 CBDC는 중국과 브릭스(BRICS, 브라질·러시아·인도·중국·남아프리카공화국) 국가들이 기축통화인 달러 시대를 종식시키고, 새로운 무역화폐 및 결제 시스템을 구축하고자 추진했던 프로젝트였다. 그러나 2025년 6월, 미국 상원을 통과한 지니어스법(GENIUS Act, 스테이블코인을 제도권 금융 시스템에 편입시키기 위한 규제 법안)의 영향으로, CBDC 중심의 디지털화폐 시대는 오지 않을 가능성이 높아졌다.

반면, 트럼프 전 대통령이 주도하고 있는 달러 중심의 스테이블코인 체계는 새로운 대안으로 주목받고 있다. 이 스테이블코인은 달러와 1:1 비율로 연동되며, 연준 예치금, 단기 국채, 레포(Repo), 머니마켓펀드와 같은 유동성 자산을 반드시 담보로 예치해야 한다. 또한, 이 준비금은 투명하게 공개되어야 하며, 발행 및 관리는 월가의 시중은행과 빅테크 기업들이 맡게 된다.

지니어스법에 따른 이러한 스테이블코인 체계는, 약달러를 기반으로 미국 제조업의 경쟁력을 강화하고, 국채 금리 하락을 유도해 국채 가치를 높이는 계기가 될 것으로 기대되고 있다.

"트럼프의 관세전쟁은 성동격서(聲東擊西)다." 미국의 1년 무역적자는 1조 달러다. 이것을 가져가는 중국, 일본 등 수출국들은 다시 미국에 투자하기 위해 돌아온다. 3천억 달러는 주식시장에, 7천억 달러는 월가의 채권에 투자된다. 결국 미국에 투자하기 위해 돌아온 1조 달러는 미국의 금융 세력이나 헤지펀드 등 누군가의 손에 들어가 이익이 된다. 그런 점에서 중국(시진핑)과 일본은 달러를 지지하는 동맹임에도 불구하고 결과적으로는 억울한 입장에 놓이게 된다.

트럼프는 매년 1조 달러를 흡수하는 미국 월가의 금융 세력으로부터 그 자본이 산업자본으로 들어오게 하려고 내전을 벌이고 있다. 또 다른 측면에서는, 무역전쟁과 관세전쟁의 최종 목표가 달러패권을 강화하고, 달러 기반 스테이블코인을 지급결제 수단으로 삼으려는 데에 있다. 즉, 달러 디지털 코인을 통해 국제금융 질서를 재편하려는 것이며, 상호 관세 부과는 결국 이를 위한 협상 수단에 불과하다.

이 책에서 저자가 주장하고 독자들과 토론하고자 하는 것은
첫째, 돈과 은행, 금융 인프라가 어떻게 형성되고 진화해 왔는지를 역사적 사실을 통해 살펴보며, 동시에 돈을 대하는 인간의 심리와 관념적 세계도 함께 탐색해 보고자 한다.
둘째, 교회 권력이나 세습 왕정 체제가 해체되는 과정에서, 대중에게 급진적인 종교 평등주의, 세대주의, 개인의 자유와 인권, 계몽사상이 어떻게 활용되었는지를 통해 인간 내면의 깊은 심리적 동기를 들여다보고자 한다.

셋째, 능력의 차이에 대해서도 새로운 시각으로 접근하고자 한다. 인간이 평등하다면 그 평등의 범위는 어디까지 허용되어야 하는지, 반대로 운명적 우월함이 존재한다면 그것은 어느 정도까지 인정되어야 하는지를 고찰할 것이다. 이를 위해 유럽 왕실의 혼맥을 통해 유지된 초과학적 우생학 개념을 살펴보고, 프랑스 혁명과 마르크스의 『자본론』도 새롭게 해석해 볼 것이다.

넷째, 지금까지 화폐를 정부가 관리하는 것이 더 나은지, 혹은 독립된 중앙은행이 운영하는 것이 더 효율적인지를 둘러싸고 많은 논쟁이 있어 왔다. 그런데 트럼프의 관세전쟁 이면에는 전 세계에 부채의 위험성과 과도한 축적이 결국 재앙이 될 수 있다는 메시지가 숨어 있으며, 동시에 새로운 화폐 시스템에 대한 가능성도 제시되고 있다.

필자는 오랫동안 돈에 관해 연구해 왔다. 하지만 돈에 대해 말한다는 것은 대단히 어려운 문제다. 그러나 최근 트럼프가 "인류는 어떤 돈을 사용해야 하는지, 세계무역에서 어떤 통화를 사용해야 하는지에 대한 엄청난 비밀"을 폭로했다. 따라서 필자에게도 그동안 연구해 온 논리를 전개할 수 있는 좋은 계기를 마련해 줘 너무나 감사하다.

우리는 지금까지 무엇이 진실인지 제대로 알지 못했다. 왜냐하면 우리가 알고 있는 진실은 대부분 권력이 해석해 준 진실이기 때문이다. 이 책, 『트럼프가 발설한 돈의 타락과 화폐의 비밀』은 이러한 문제의식을 바탕으로 다음과 같이 구성되어 있다.

Part1에서는 '돈이란 무엇인가'에서는 돈의 원천 부의 정체는 무엇인지 돈의 기능이란 무엇인지 돈은 누가 만들었으며 어떤 돈이 가장 바람직한지, 나아가 미래의 새로운 돈은 어떤 형태가 되어야 하는지를 함께 논의한다.

Part2는 '새로운 무역화폐'에 대한 이론적 기반을 맞이하게 된다. 지금 우리가 일상에서 사용하는 화폐는 어떤 성격을 띠고 있으며, 세계 무역에서는 어떤 통화가 사용되고 있는지 살펴볼 것이다. 또한 '안전자산'이라 불리는 미국 국채가 이제는 왜 재앙으로 여겨지고 있는지, 모든 것은 시간이 지나면 가치가 줄어드는데 왜 유독 돈만은 가치가 증가하는지, 결국 세계인들이 그러한 화폐에 어떻게 유린당하고 있는지를 이해하게 될 것이다.

Part3은 '새로운 돈과 새로운 기업'을 마주하게 된다. 우리는 수천 년에 걸친 시대별 문명과 경제적 진화를 간략히 되짚어 보며, 인류가 오랫동안 갈망해 온 '새로운 돈'과 '새로운 기업', 그리고 '새로운 계약'에 대한 이론적 배경과 상상의 지평을 탐구하게 될 것이다.

Part4는 '중앙은행과 부채경제에서는 지금까지의 화폐가 무엇을 근거로 어떻게 탄생했는지, 그러한 화폐를 사용하게 된 중앙은행들의 역할'을 살펴본다. 이 장에서는 "연준이 바티칸 교황청이라면, 세계 65개 각국 중앙은행은 동네 점집 정도다"라는 문학적 표현도 만나게 될 것이다. 은행은 영원히 살고 싶어 하는 관념적 내세사상을 이용해 대출로 재테크를 유인하고, 인간은 자식을 통해 영원한 삶을 이어가고자 하는 욕망 때문에 돈과 은행을 신처럼 믿을 수밖에 없다. 즉, 은행의 신용화폐는 허공에 꽃을 파는 것이라는 사실도 알게 될 것이다.

이러한 상상을 통해 그 역사적 배경이 궁금해진다면, Part5 '돈과 관련된 인류학적 비밀'에서는 목적을 위해 대동단결한 자들이 결국 승리할 수밖에 없다는 고대부터 이어진 디아스포라적 금융 인프라 네트워크와 상권장악 화폐 지배 역사와 평등사상, 시민사회 계약, 계몽사상에 따른 국가의 폭력 등 인과관계를 탐험하게 될 것이다.

인내하며 여기까지 상상하고, 질문하고, 함께 같은 방향을 바라보았다면, Part6에서는 '금융 인프라의 운명적 DNA'에서는 수천 년 전부터 초과학적 혼맥을 통해 운명적 우월성이 존재했는지를 살펴보고, 우생학적인 시선에서 세상을 바라보는 통찰도 함께, 최근의 변화무쌍한 하이브리드 화폐전쟁도 이해하게 될 것이다.

김원동

CONTENTS

프롤로그
: 양의 탈을 쓴 내일을 언제까지 질문하지 않을 것인가 ··· 2

Part 1 돈(富)이란 무엇인가?

※ 시작 글 ·· 20
돈은 부의 약속인가, 속임수인가 ·· 22
  • 부의 약속 ··· 22
  • 부의 속임수 ·· 23
  • 우리가 왜 그들의 화폐를 사용할 수밖에 없게 된 것인가? ······ 26
은행 시스템과 신용화폐의 허상 ·· 29
돈이라는 화폐는 무엇인가? ·· 33
돈은 어떤 기능을 하고 있는가? ·· 36
실물경제 시대와 화폐축적 시대 ·· 40
중앙은행 화폐와 국민 화폐 ·· 42
미국 국채 붕괴할 것인가? ·· 46
미국 패권과 비트코인 ··· 50
미국이 30년간 고공 행진한 진짜 이유 ······································ 54
** 화폐 주권을 민간에 넘긴 최초의 대통령 ······························· 56

Part 2 새로운 무역화폐 이론적 배경

※ 시작 글 ··· 60
    돈과 세계무역 트럼프 시나리오〈정〉 ···················· 62
    제2의 마그나 카르타 헌장, 마러라고 협정〈반〉 ······ 66
    트럼프가 알려준 새로운 화폐〈합〉 ·························· 73
    향후 추정되는 가설들 ··· 77
    관세전쟁과 화폐 구조의 전환〈정〉 ···························· 80
    서구의 패배 글로벌 대전환의 전조 ························· 87
    달러패권은 붕괴할까, 유지될까?〈반〉 ······················ 89
    트럼프와 새로운 질서〈합〉 ·· 95
    트럼프의 의도적인 경기침체 ·································· 100
    문명의 전환기 거대 담론 ·· 108
    바젤3 앤드게임 규제 ··· 111
    스테이블코인과 달러패권〈정〉 ································· 115
    관세전쟁과 트럼프 2.0, 미국 2.0, 마가 2.0 ············ 122
    달러패권의 역설 AI분석〈반〉 ··································· 125
    일상에 스며든 잘못된 화폐 코인〈합〉 ···················· 129
    ※ 21세기 자본론(화폐와 자본의 구조적 불평등) ········ 131

CONTENTS

Part 3 새로운 돈과 새로운 기업

※ 시작 글 ·· 134

돈과 기업에 대한 새로운 상상 ·· 136
새로운 기업에 대한 고찰 ·· 140
- 근대은행과 근대기업의 시작 ·· 140

AI시대 기업의 미래 책임과 윤리 ··· 145
새로운 주식회사와 법인격 ·· 148
- 새로운 주식회사 ··· 148
- 새로운 법인격 ·· 154

새로운 사유재산의 재해석 ·· 156
감가상각하는 화폐와 제한된 부 ··· 158
- 노화하는 돈 ··· 158
- 감가상각하는 돈 ··· 159
- 제한된 부 ··· 160

새로운 화폐 ··· 163
- 세계무역화폐 ·· 163
- 새로운 무역화폐 바스켓통화 발행 ··································· 164
- 경주 선언 ··· 165
- 새로운 금융계약 ··· 166

주식회사가 국가 주권을 가져갔다 ······································ 168
**⁎ 모방적 욕망(mimetic desire) ·· 172

Part 4 중앙은행과 부채경제

※ 시작 글 ·· 176

중앙은행의 기원 ··· 178
기축통화와 중앙은행 ······································ 183
중앙은행을 통한 권력과 대중 지배 ················ 187
- 국가 부채의 증가와 금융교육 ······················· 187
- 부채경제 신용화폐 발명 ······························· 190
- 국제결제시스템(swift) 독점과 화폐의 타락 ··· 195
- 중앙은행과 국세청이 생겨난 이유 ················ 198
- 트럼프의 관세 정책 ····································· 202

연방준비제도(FED)의 역사와 정체 ················ 205
화폐 발행권과 국채 발행 한도 ······················ 211
- FED의 반대 논거 ·· 212

연방준비제도(FED)는 세계중앙은행의 주인 ··· 214
은행과 돈의 진실 은행업의 생리 ··················· 221
부채경제의 착취 구조의 거대한 비밀 ············ 229
화폐 가두리양식장 ·· 234
- 빅브라더의 감시 체제 ·································· 237

CONTENTS

Part 5 돈과 관련된 인류학적 비밀

※ 시작 글 ·· 240

돈의 역사적 이론적 배경 ··· 242

서로마 동로마 역사의 이론적 배경 ······························ 248

비트코인과 기독교 ·· 253

왕권, 교황권, 대통령 권력의 기원 ······························· 255

문명의 스토리텔링 ··· 261
- 현대판 성전 기사단 유엔, IMF, IBRD, 펜타곤 ······· 262

새로운 세계관과 역사관 ··· 264

러시아 · 우크라이나 전쟁의 본질 ································ 266

※※ 정보의 비대칭성과 시장 실패 이론 ······························· 273

Part 6 금융 인프라와 운명적 DNA

※ 시작 글 ·· 276

자본주의와 디아스포라 ··· 278
- 대중선전선동 집단 무의식 ······································ 279
- 금융 인프라 런던오브시티, 월가 ····························· 281

맬서스 트랩과 3차 세계대전 ······································ 282

- 맬서스 트랩 ··· 282
- 3차 세계대전 발화점 ······································ 283
- 동아시아의 시대 ··· 289

계몽주의와 금융혁명의 그림자 ···························· 291
- 금융의 홍위병과 임금철칙 ···························· 294
- 임금철칙 ·· 297

유럽의 왕실과 우월적 DNA ································· 299
운명적 우생학에 대한 새로운 해석 ······················ 302
- 평등주의 평균에 대한 탐험 ·························· 304

달러패권과 종속적 심리 ·· 307

에필로그
: 모든 것은 영원할 수 없다 새로운 돈을 논의할
시간이 온 것이다 ··· 312

■ 참고문헌 ·· 317

17

PART 1

돈(富)이란 무엇인가?

> 은행이 발행한 현금은 주화를 포함해 2.4퍼센트밖에 안 된다. 나머지 97.6퍼센트는 BIS 기준에 근거해 통장에 디지털 숫자로 찍어주는 신용이라는 허공의 꽃이다. 돈은 애초에 아무것도 없는 숫자, 허공의 꽃이다.

:: 시작 글

"돈이란 무엇인가?" 기본적인 정의로 돈(money)은 재화나 서비스를 교환할 때 사용하는 사회적 약속이자 매개 수단이다. 경제학적 관점에서 교환의 매개수단(물물교환의 불편함을 해결), 가치의 척도(상품이나 서비스의 가치를 비교할 수 있게 해줌), 가치 저장 수단(미래를 위해 구매력을 저장)이다. 심리·철학적 관점에서의 돈은 신뢰(trust)에 기반한 사회적 허구(social construct)다. 즉, 모든 사람이 돈을 돈이라고 믿기 때문에 돈인 것이다. 또한 비판적 시각에서 돈은 부와 권력을 집중시키는 도구로 자본주의의 핵심 수단이며, 때로는 인간을 소외시키는 기제로 마르크스는 돈을 "만물의 신"이라고 비판했다.

지금까지 월가는 페트로달러(Petrodollar) 시스템을 통해 막대한 수익을 거두어 왔다. 그러나 앞으로 빅테크가 글로벌 패권을 잡게 된다면, 과연 어떤 화폐와 어떤 원자재가 결합하게 될 것인가?

과거 월가는 미국 달러로만 석유에 접근할 수 있었다. 즉, 달러는 석유에 접근할 수 있는 플랫폼이었다. 마찬가지로 과거 금본위제에서는 영국 파운드를 보유해야만 금을 구매할 수 있었고, 브레턴우즈(Bretton Woods) 체제 이후에는 미국 달러를 통해서만 금을 살 수 있었다. 이 시점부터는 더 이상 영국 파운드만으로는 금을 구매할 수 없게 되었던 것이다.

결국 '기축통화'란 특정 국가의 화폐가 단순한 결제 수단을 넘어, 전략적 필수 자원(원자재)에 대한 접근권을 독점적으로 부여하는 수단이다.

앞으로 석유의 시대에서 전기의 시대로 전환될 것이라는 데에는 대부분의 전문가들이 동의하고 있다. 그렇다면 전기 시대에 접근할 수 있는 유일한 화폐는 무엇이 될까? 그 가능성에서 가장 유력하게 거론되는 것이 바로 실시간 네트워크 기반의 크립토(Crypto), 즉 암호화폐(Cryptocurrency)다.

크립토(암호화폐)는 블록체인 기술을 기반으로 한 탈중앙화된 디지털 자산으로, 실시간 거래가 가능하고, 글로벌 네트워크와의 연동성이 뛰어나다는 점에서 새로운 에너지 기반 사회의 핵심 화폐로 주목받고 있다.

이 사실은 월가도 알고 있고, 빅테크 기업들도 알고 있을 것이다. 그래서 이들은 이미 핵융합 발전 사업에 투자하고 있으며, 비트코인과 같은 새로운 화폐 개념에 대해서도 점차 이해를 넓혀가고 있다.

기존처럼 달러를 대량 발행하는 시스템은 이제 끝났다.

이 구조는 더 이상 유효하지 않다.

그렇다면 새로운 돈은 무엇일까?

이제 우리는 새로운 화폐에 대한 질문을 시작해야 한다.

돈은 부의 약속인가, 속임수인가

부의 약속

　부를 세분화시켜 말하자면 부채와 빈부격차에 대한 열등감이다. 그러나 어느 전문가들도 부와 부채에 관한 열등감, 그리고 돈의 진짜 밑바탕에 관한 진실에 대해선 언급하지 않는다. 왜냐하면 부와 부채에 대한 불합리함과 불평등을 우리가 깨닫지 못해야만 이 세상 경제가 그나마 삐걱거리면서 간신히 돌아갈 수 있기 때문이다. 만약 사람들이 부와 부채, 화폐에 대한 개념을 알기 시작한다면 아무도 그 돈을 헛되이 쓰지 않게 될 것이고, 그렇게 되면 경제가 돌아가지 않을 것이다.

　사람들은 열심히 노력하고 온 힘을 다해 투자하면 부자가 될 수 있다고 막연하게 생각하고 있지만, 전혀 그렇지 않다. 우리는 왜 부를 가질 수 없을까? 그것은 가장 기초적이고 원초적인 것이 우리에게 없기 때문이다. 그것은 바로 비옥한 토지, 두꺼운 석탄층, 풍부한 매장량의 유전, 그리고 깨끗한 부한의 수산자원 같은 원초적인 1차적 부의 유산물이 없기 때문이다.

예를 들어 토지 같은 경우는 단순하게 땅의 가치에서 끝나지 않고 식량을 생산해 낼 수 있고, 석탄층과 유전은 에너지를 만들고 여러 가지 공산품, 생활 원자재를 생산하는 자원으로 쓰인다. 또한 토지는 풍요로운 식탁을 가능하게 하고, 배를 운송하며, 생활에 필수적인 소금과 에너지 생산, 그리고 공장에서 필요한 각종 냉각수를 제공하는 데에도 중요한 역할을 한다.

부의 속임수

결국 사람들이 진정한 부자가 되기 위해서는 원초적인 1차적 부를 바탕으로, 그것을 활용해 석유를 뽑아내고 식량을 생산하는 2차적 부를 창출해야 한다. 그러나 과연 일반인들이 이러한 1차적 부와 그로부터 파생되는 2차적 부를 스스로 만들어낼 수 있을까? 그것은 사실상 불가능하다. 그럼에도 우리는 이 현실을 제대로 인식하지 못한 채, 누구나 부자가 될 수 있다는 망상 속에 살아가고 있는 것이다.

1차적인 부를 누린 자들은 예외 없이 2차적인 부까지 거머쥐었다. 우리가 알고 있는 워런 버핏이나 빌 게이츠 역시 모두 1차적 부를 보유한 인물들이며, 로스차일드 가문과 록펠러 가문 또한 마찬가지였다. 그들은 1차적 자산을 바탕으로 2차적, 파생적인 부를 축적해 온 것이다. 단순히 돈을 많이 번다고 해서 진정한 부자가 되는 것은 아니다. 오히려 그 많은 돈을 언제든지 빼앗을 수 있는 권력과 구조를 가진 자들이야말로 진짜 부자다.

말하자면, 우리나라 정치인들과 대기업 총수들도 과거부터 모두 조선시대를 지나 일제시대를 거치면서 이미 원초적인 부를 거머쥔 자들로 그것을 가지고 지금까지 기업을 운영하고 있다. 그렇게 1차적, 2차적 부를 끌어모았던 자들은 이제 새로운 투자 방법을 만들어 내게 된다. 그것은 사람들로부터 돈을 끌어모아 도박적인 투자를 할 수 있는 3차적인 부를 만들어낸 것이다. 이 3차적인 부는 1차적인 부와 2차적인 부를 기반으로 창출된 매우 추상적인 투자라고 볼 수 있다.

예를 들자면, 주식, 채권, 금융상품, 파생상품과 같은 증권 자산 증서를 3차적인 부라고 한다. 3차적인 부는 결국 부의 원천에 대한 청구권과 같은 개념이다. '청구권'이란 말 그대로, 철저히 투자를 가장한 기업과 금융가들이 서민들의 피를 쭉쭉 빨아먹기 위한 구조로 작동하는 방식이다.

이러한 구조는 1602년경, 네덜란드에서 동인도회사가 최초의 주식회사로 탄생하면서 시작되었고, 1609년에는 이 동인도회사 주식을 거래하기 위한 세계 최초의 증권거래소가 생겨났으며 같은 해, 암스테르담 은행이 문을 열며, 본격적인 금융 인프라의 효시가 마련되었다.
하지만 사람들은 맹목적인 부에 대한 갈망으로 인해, 1차·2차적인 원초적 자원을 소유한 기득권자들의 부를 동경하며, 그 구조 속으로 스스로 엄청난 돈을 쏟아붓고 있는 것이다.
그런데 애석하게도 이 부는 이미 정해진 것이다. 물론 돈 한 푼 없던 사람들이 어떤 계기나 어떤 노력, 타이밍으로 부자가 된 경우가 있다.

그런데 원초적인 부를 가진 자들이 결국 그 부를 빼앗아 오는 구조로 되어 있기 때문에, 그것은 잠시 그들이 이용하고 있는 것일 뿐 그 쓰임새가 다하면 버려지게 된다. 이것이 현재의 자본주의다. 이것은 결코 어려운 이야기가 아니다.

만약 누군가가 사업을 일으켜서 성공을 했는데, 과거부터 원초적인 자원을 물려받은 현재의 정치인들과 모기업 총수들의 입에서 그 기업에 관련된 규제정책 한마디만 꺼내도 그가 누리던 부와 권력은 한순간에 무너진다.

왜냐하면 그들에게는 원초적 기반이 없고, 그들이 만든 '화폐'와 부채에 의존해 성장했기 때문이다. 쉽게 말해, 원초적인 부가 없는 가난한 자가 부자가 되었다고 하더라도, 그들은 결국 원초적 부와 그 화폐를 만든 자들이 만든 시스템에 종속되어 과도한 빚을 질 수밖에 없다. 그리고 그 빚은 결국, 처음부터 기반을 가진 자들이 구축한 3차적인 부인 금융 시스템을 통해 언제든 다시 빼앗길 수 있는 구조로 되어 있다. 만약 원초적인 부(토지나 석유)가 무한하며 누구나 자유롭게 사용할 수 있다면, 부의 구분은 아무런 의미가 없을 것이다.

그리고 아무도 더 이상 부를 부러워하지 않게 될 것이다. 하지만 현실에서 자원은 한정되어 있으며, 그들은 이 자원을 '부에 대한 청구권'으로 변환해 버렸다. 그들만이 이 청구권을 담보로 삼아 무에서 유를 창조하고, 절대적인 권한을 자기들 마음대로 결정할 수 있게 된 것이다. 그리고 그 권한에 따라 필요에 의해 화폐를 만들어내고 있다.

우리는 이러한 과정을 '신용창출'이라 부르고, 그것을 개인에게 제공할 때는 '대출'이라 부른다. 나아가 '양적완화'나 '양적축소'로 표현되는 중앙은행의 화폐 정책 권한조차도 이미 그들 손에 쥐어져 있다.

우리가 왜 그들의 화폐를 사용할 수밖에 없게 된 것인가?

그것은 그들이 이미 오래전부터 자신들만의 원초적 부를 독점해 왔기 때문이다. 우리는 지금 그들이 만든 화폐를 마치 우리 것인 양 사용하고 있지만, 실상은 그들에게서 빌려 쓰고 있는 것에 불과하다. 그리고 언젠가는 반드시 그 빚을 갚아야 한다. 금융 프락치들은 여러분이 부자라고 착각하게끔 속이고 있다.

전 세계 약 65개국의 중앙은행들이 사기업(私企業) 형태로 운영되는 이유 역시, 화폐라는 것이 단순히 공익적 기능을 위해 설계된 시스템이 아니기 때문이다.

즉, 원초적인 부를 거머쥔 자들이 금융을 손에 거머쥐기 위한 구도로 만들었기 때문이다. '부의 청구권'은 결국 중앙은행을 통해 화폐라는 개념의 그 권한을 그들이 가져가기 위해 만들어낸 시스템일 뿐이고, 3차적 부라 하는 금융 시스템과 화폐 역시도 부의 권한처럼 그 청구권에 의미를 분명히 지니고 있다. 즉, 화폐는 원초적 부를 기반해 나온 것이다.

화폐란 인쇄되는 그 순간부터 이미 원초적인 부를 지닌 자들 손아귀에서 놀아나는 카지노 칩과 같은 것이다. 즉, 사람들이 그 칩을 아무리 열심히 모으고 땀 흘려 모아 둔들, 결국 카지노라는 도박장에서 모두 털리는 것이 지금의 자본주의 시스템이고 우리는 카지노에서 벌어들인 돈이 자신의 것인 양 착각하고 있겠지만, 결국 돈을 벌어들인 것은 카지노 사업을 운영하는 하우스 주인뿐이다.

쉽게 말해 경제위기는 원초적인 부와 그 화폐를 거머쥔 자들이 우연을 가장하여 인위적으로 만든다. 그 이유는 바로 사람들에게 주었던 카지노 칩을 다시 빼앗기 위해서다. 이것은 앞으로도 영원히, 화성으로 이주를 가더라도 그것을 대체할 혁신적인 것이 나타날 가능성은 지구나 화성에서도 없을 것이다.

현재 우리가 열심히 사용하고 있는 화폐, 주식과 채권 모든 것이 허구다. 현재 지속적인 경제 성장이 가능한 세상에서 그들이 만들어낸 거대한 글로벌 경제라는 카지노 칩에서 높은 가치를 지닌 것인 양 열심히 포장하고 있겠지만, 만약 그들의 카지노 도박장 성장이 지연되거나 멈춰 버린 세상에서는 그 즉시 카지노 칩의 가치는 급격히 떨어지게 된다. 왜냐하면 화폐나 주식, 채권은 아무 근거도 없고 그저 원초적 부를 가진 자들이 자신들의 담보를 통해 만들어낸 것이기 때문에 허공의 꽃이다.

그리고 가장 우려스러운 점은 현재 글로벌 경제 성장이 실물 가치를 통해 성장한 것이 아니라 그들이 만들었던 약 97.6%의 거짓 화폐를 통해서 비이성적으로 성장한 것이다.

그리고 미디어에서는 그들이 만든 카지노 칩을 사람들에게 더 많이 팔기 위해 비교하는 허영심과 경쟁을 끊임없이 노출시켜 보여주고 있다. 그들이 열심히 뿌려대는 화폐, 내 호주머니에 들어오고 있는 화폐는 기업을 운영하는 그 회장처럼 그 기업의 주인이 있듯이 화폐의 주인도 따로 있으니 너무 욕심내서 가지려 하지 마라! 지금 당장 욕심내서 그들의 돈을 빌려 쓰면 쓸수록 지금, 이 순간에는 부자가 된 것처럼 즐거울지 모르지만, 나중에 그 책임, 그 고통을 그만큼 감내해야 된다.

'왕과 부자는 하늘이 내리는 것'이다. 그런 말이 왜 나왔겠는가? 이것은 하늘이 내리는 것이 아니라 '돈을 지배하는 자'들이 내리는 것이라고 봐야 한다. 그렇기에 작은 부라도 우리가 지키고 싶다면 절대 그들의 '절대 반지'라는 돈의 독을 과도하게 욕심내거나 탐내지 마라! 그러다가 나중에 내 것인 양 착각하고 있다가 살이고 뼈고 모조리 탈탈 발리게 된다.

그들이 금융과 경제라는 그럴싸하게 만든 그 카지노 도박장에서 내가 이길 수 있다는 착각은 과감히 버려야 한다. 여러분이 생각하는 부, 그리고 그런 방식으로 얻을 수 있는 부는 애초에 존재하지 않는다.

은행 시스템과 신용화폐의 허상

　은행엔 여러분들이 예금한 돈은 없다. 예금한 돈들은 이미 전부 투자되었고, 사실 '땡전 한 푼' 없는 은행은 무한정에 가까운 돈들을 마치 있는 것처럼, 통장에 숫자만 찍어 대출을 남발한다. 가상화폐 숫자로 돈을 뿌려놓고 이자는 현금으로 갚아라? 그 현금이 시중에 있을 턱이 없다. 결국 이자를 갚기 위해 또 다른 대출을 받아야 하는 악순환의 구조다. 처음부터 시중에 실질적인 현금이 충분하지 않기에, 이 시스템은 애초에 '갚을 수 없도록' 설계된 것이다.

　은행은 예금을 늘리는 방법이 있다. 그것은 대출을 늘리는 것이다. 디지털 숫자로 대출한 돈들은 기업의 주거래 은행들끼리 결제 또는 송금되고, 예금으로 둔갑한다. 다시 말해 누군가 예금한 적도 없는 숫자상 허공의 꽃을 팔게 되는 것이다. 현재의 화폐제도는 17세기부터 금장들의 금 보관 영수증 발행이 화폐 역할을 했으며, 금덩이는 한정돼 있고 영수증은 무한으로 찍을 수 있었던 초과 남발 사례가 현재 중앙은행 제도의 시초가 된 것이다.

중앙은행의 기능은 흔히 말하는 '물가 안정'이나 '경기를 살리기 위한 통화 관리'가 아니다. 중앙은행은 사실상 시중은행들이 가짜 돈(신용화폐)을 보유하고 유통할 수 있도록 그에 맞춰 현금 통화량을 찍어주는 기관일 뿐이다. 그러니까 중앙은행이 화폐를 찍는 것은 대중들과 아무런 상관이 없다. 이것을 우리는 'BIS 자기자본 비율'이라는 이름으로 운영되는 금융 시스템으로, 실상은 철저하게 금융으로 포장된 거대한 속임수의 실체다. 이것은 17세기부터 금화나 은화로 거래했을 당시부터 시작된 것이다.

그러니까 대부분의 부자들은 금과 은이 무겁고, 수송과 보관이 어렵고, 도둑맞을 위험도 많았기 때문에, 자연스럽게 튼튼한 금고를 가진 사람들에게 금을 안전하게 보관하게 했다. 그런데 어느 순간, 금과 은을 직접 쓰는 것보다 그에 대한 영수증을 갖고 있으면 주화 대신 사용할 수 있다는 생각이 유행하기 시작했고, 이를 통해 거래가 이루어지면서 지금의 금융 시스템이 탄생했다. 이렇게 시작된 은행 기능은 소위 금본위제도 하에서는 자본이 유한했다.

그러나 1971년 8월, 미국이 금본위제를 폐지하자, 허공의 꽃 신용화폐를 조물주처럼 무한 창출하는 권력 또는 괴물이 탄생한 것이다. 그렇기 때문에 은행의 사기적인 시스템 하나가 바로 예대율이다. 예대율은 은행이 보유한 예금 대비 대출금의 비율을 말하는 것인데, 예대율이 100%를 초과할 수 없다는 말은 예금액 한도 내에서 대출해야 된다는 뜻이다.

예대율은 금융 메커니즘을 이해하지 않으면 착각에 빠지기 매우 쉬운 개념이다. 은행이 왜 생겼는가? 그리고 은행의 가장 중요한 것은 무엇인가? 은행의 모태인 금장업이 그러했듯이 돈을 안전하게 보관해 주는 일이었다. 즉, 대출은 그다음이었다. 은행의 본래 목적은 돈을 빌려주는 것이 아니라, 돈을 안전하게 보관해 주는 것이었다. 그런데 지금의 은행은 전혀 그렇지 않다. 오히려 돈을 안전하게 보관해 주는 것이 아니라 돈을 착취하기 위한 수단으로 변모된 것이다.

시중은행 시스템을 모델로 설명해 보자면, 시중에 A은행, B은행 두 개가 있다. 사람들은 임의로 A은행이나 B은행 두 은행에서 모두 거래를 한다. 갑은 사업자금 2억을 주거래은행 A은행에서 대출받게 된다. 그렇게 대출받은 2억 중 통장에서 1억을 을에게 사업계약금 명목으로 송금한다.

그리고 을은 자신의 주거래은행인 B은행에 1억을 다시 송금한다. 그렇게 입금된 돈을 을은 병에게 장비 구매 대금으로 송금한다. 그리고 병은 주거래은행 A은행에 다시 1억을 송금한다. 이렇게 거래한 결과 A은행은 갑에게 2억을 대출해 줬음에도 불구하고 갑의 대출통장에 남아 있는 1억 플러스 병이 송금한 1억, 그렇게 해서 2억이 은행에 다시 돌아온 것이다. 모든 은행들은 대출금 증가로 인한 은행 간 송금들이 예금이 증가한 것으로 둔갑한 것이다.

바로 이런 현상이 은행에서 대출을 할수록 예금이 늘어나는 현상이다. 그러니까 결국 실물적 거래는 갑, 을, 병이 했을지 모르겠지만 현금은 은행에서 돌고 돌아 다시 은행의 통장에 머물러 있는 것이다. 즉, 대출받은 돈이 사라지는 게 아니라 은행의 통장에 머물러 있다.

결국, 그것이 예금의 증가로 이어진 것이다. 예를 들어 갑이 은행에서 대출할 때 만약 돈을 숫자가 아닌 현금으로 대출받아 장롱 속에 넣어 둔다면 그 돈은 리스크로 보겠지만, 현재 통장끼리 거래하고 다시 돌고 돌아 항상 예금이라는 형태로 존재하기 때문에 은행에 있어서는 그저 돌고 돌 뿐이다. 즉, 그 돈을 빌린 자만이 손실을 보고 원금과 이자 손실을 보는 것뿐이지, 은행은 그저 돌고 돌게 만든 것뿐이다.

도박장의 주인은 호구에게 돈을 빌려줄 뿐이다. 돈을 딴 사람은 아무도 없다. 돈은 돌고 돌 뿐, 여기서 돈을 딴 사람은 없고 돈을 잃고 이자를 갚아야 할 사람만 있는 것이다. 연방준비은행에서는 통화량 중 현금 2.4%만을 발행했을 뿐이고, 나머지 97.6%가 대출로 만들어낸 돈, 그 대출을 통해 예금으로 둔갑시켜 만들어낸 돈이다. 우리는 그것을 "신용통화"라고 말하고 있다.

돈이라는 화폐는 무엇인가?

지금까지 돈이라는 화폐에 대해 말한다는 것은 '마치 계란으로 바위를 치는 것'과 같았다. 아무도 그 어떤 누구도 묻거나 따지거나 질문조차 할 수 없었던 것은, 만약 질문한다 해도 마치 미친 사람 취급받거나 엉뚱한 사람 취급당하는 사회 분위기였다. 즉, 돈과 화폐 시스템에 대해 묻는 것은 어떤 거대한 신에게, 또는 하나님에게 따지는 것 같은, 아직까지 우리에게 돈은 침묵의 영역이자 금단의 영역이고 그래서 돈에 대해 제대로 파헤쳐 본 사람도 없다.

학자라면 자신의 사회적 지위를 내놓거나 매장당할 각오 없이는 질문이나 자신의 의견을 말할 수 없었다.

그러나 감사하게도 최근 트럼프의 관세전쟁 선포로 인류가 어떤 돈을 써야 하는지, 어떤 무역화폐를 사용해야 하는지 두 가지 단서를 제공해 주고 있다. 첫째, 어떤 돈을 써야 하는지. 둘째, 어떤 무역화폐를 사용해야 하는지. 그 누구도 미친 사람 취급당할까 두려워 질문조차 하지 않았던 돈에 대해, 통화에 대해 너무나 자연스럽게 질문하는 것이 당연한 분위기를 만들어 주었다.

첫째, 어떤 돈을 써야 할까?

화폐는 원래 교환의 수단, 가치척도의 수단, 그리고 부패하지 않을 정도로 저장이 가능한 수단으로 탄생했다. 하지만 오늘날의 화폐 시스템은 철저히 인간의 심리에 기반해 설계되고 운영되고 있다. 연준의 발표에 따라 시장이 반응하는 모습은 마치 마녀의 예언에 따라 투자를 결정하는 것과도 같다. 만약 연준이 바티칸 교황청이라면, 한국은행은 그저 동네 점집에 불과한 것처럼 보이기도 한다. 최초의 화폐는 금 보유량을 기준으로 총량이 결정되었었다.

총량이 결정되어 있을 때는 노동의 결과인 돈의 저축이란, 소비하고픈 욕망을 참고 은행에 저축해 누군가 투자를 위해 빌려다 쓰고, 이자를 저축한 사람이 받는 방식이었다. 그러나 소위 규모의 경제 성장을 통한 새로운 일자리, 과학기술과 사회 발전을 위한다는 구실로 1944년 브레턴우즈 협정을 처음에는 조금씩 초과하기 시작하더니, 급기야 1971년, 닉슨의 금태환 포기 선언으로 금본위제가 공식적으로 폐지되었다. 그때부터 BIS 자기자본 준비금 제도와 신용화폐 체제를 기반으로, 실체 없는 '허공에 피는 꽃'을 파는 무한한 돈놀이(장사)가 시작된 것이다.

인간이 축적하고자 하는 탐욕을 자극해 대출에 의한 재테크를 유인하고 부채 팽창 인플레이션을 헷징하기 위해서는 자산 투자를 유도하는 등 화폐의 초과 발행, 대량 발행으로 한도 끝도 없는 신용화폐제도, 부채경제 시스템을 만들어낸 것이다.

한편 국가도 수출해서 번 돈을 국가가 국민들에게 적절하게 복지 예산으로 재분배했다면, 국민들은 지금 좀 더 행복했을 것이다. 미래를 위해 너무 많은 외환보유고의 축적, 그것도 제일 안전하다는 미국 국채에 투자해 그 자산이 무려 몇십조 달러, 결국 채권자가 채무자. 미국의 국채가 안 팔리면 이자도 못 받을 지경까지, 휴지가 되지 않도록 다시 사줘야 하는 주인과 노예가 바뀐 현상이 발생한 꼴이다.

이것을 바로 파랑새 신드롬이라고 한다. 주인공은 다른 사람은 볼 수 없는 요술 모자, 현재의 행복을 볼 수 있는 가치 판단과 눈을 상징한다. 파랑새라는 행복을 찾아 과거에도 가보았고 미래에도 가보았지만, 행복은 현재 가까운 곳에 있는데 아주 먼 미래에서 찾거나 그것을 볼 수 없었던 것이다. 즉, 재테크가 오히려 가난을 불러온다는 사실을 꿰뚫어 볼 수 있는 '요술 모자'는 과도한 저축이나 무한 경쟁이 아니라, 행복한 소비와 돈의 회전력에 있다는 점이다.

예를 들어, 매달 1%씩 가치가 감소하는 '노화하는 돈'을 사용한다면, 사람들은 돈을 쌓아두기보다 빠르게 소비하게 되고, 그 결과 돈의 회전속도는 빨라지며 경제는 선순환 구조로 들어서게 된다. 바로 그 안에서 우리는 '파랑새'를 찾을 수 있을 것이다.

돈은 어떤 기능을 하고 있는가?

첫 번째 기능은 고대 수메르 제국과 이집트에서는 세금을 내는 계산 수단이었으며 국가는 회계장부에 기록했다.

두 번째 기능은 지불 수단으로, 귀중품은 1세켈[1] 단위로, 생필품은 보리 1구루 단위로 계산했다.

세 번째 기능은 저장 수단으로서의 돈은 누군가의 땀의 결실이며, 소비를 참아낸 절제의 결과이기도 하다. 그런 의미에서 돈은 썩지 않을 만큼만 저장되어야 한다.

즉, 돈은 ①계산의 수단, ②지불 수단, ③저장 수단으로 사용됐다.

우리는 자산과 부채 관계와 생산과 소비 관계가 1:1 상황으로 인식하고 있는데, 이것은 잘못된 생각이다. 경제적 관계란 생산하고 소비하면 화폐는 교환의 매개 수단에 불과하니까, 그들이 신용이라는 숫자로 찍어낸 허공의 화폐가 없다면 화폐와 금융이라는 세계는 1:1일 것이라고

---

[1] 고대 메소포타미아에서 은(銀) 무게를 재는 단위로 사용되었고, 이후 화폐 명칭으로 발전했으며 세켈(Shekel)이라고도 한다. 페니키아와 고대 카르타고, 하스몬 왕조 이후 유대에서도 통용되었다.

생각하니까 따로 분석할 필요가 없다고 착각하게 만든 것이다.

다시 말해, 화폐와 금융은 따로 존재하는 독립된 세계가 아니라, 우리가 생산하고 소비하는 상품들이 교환되는 현실 세계를 거울처럼 비춘 이미지에 불과하다. 그래서 경제학은 이 금융 부문을 별도로 분석할 필요가 없다고 가르쳐 왔고, 실물경제와 금융이 일치해야 한다는 사고방식을 주입해 왔다. 이는 사실상 치명적인 오류이자 일종의 세뇌였다.

그러나 오늘날의 금융과 화폐 자본주의에서는 자산과 부채가 더 이상 과거처럼 생산과 소비의 관계로 작동하지 않는다. 화폐의 과도한 축적으로 인해 시중에는 실제 현금이 부족해졌고, 그 결과 자산과 부채는 사람들 간의 권력관계로 변질되어 버렸다.

은행에서 집을 사기 위해 노동의 결과인 소비를 참고 절욕으로 예금된 돈이 아닌, 존재한 적 없었던 디지털 숫자 신용화폐 5억을 빌렸다면, 생산과 소비와 관계없이 은행은 갚으라는 명령을 하는 권력관계일 뿐이다. 또한 금융의 언어인 회계라는 복식부기에서조차 자산과 부채가 일치하게 표기하는 방법도 치밀하게 세뇌된 자본의 언어, 약속의 관계일 뿐, 역사적으로 생산과 소비와 관계가 있는 게 아니고 사회적 권력관계인 것이다.

예를 들어 고대 메소포타미아 수메르 경제나 이집트 경제에서는 왕이나 영주, 교회가 생산활동을 명령했다면, 어떤 자가 양 5마리를 세금으로 내고 맥주 5통을 재분배받기로 했다면 누군가는 양 5마리를 키우거나 맥주 5통을 생산해야 한다. 그러나 현대 자본주의 사회에서는 화폐가 생산을 조직하고 부채가 노동을 명령하는 것이다. 내가 500만 원의 빚이 있거나 5억의 대출이 있으면, 화폐로 표현되는 자산과 부채가 그것을 명령하는 것이다.

케인즈의 "머니터리 프로덕션(Monetary Production)" 개념은, 자본주의가 본질적으로 화폐적 생산 체계라는 점을 강조한 것이다. 1944년, 케인즈는 브레튼우즈 회의에서 영국 대표로 참석해 미국의 화이트 재무장관과 협상하였는데 당시 그는 IMF와 IBRD 등 세계 금융기구들의 설립이 또 다른 형태의 식민통치, 즉 총독기구와 같은 방식으로 보인다고 느꼈다.

이는 자신이 처한 현실 속에서 미국의 일방적인 독주에 대한 불편한 진실을 드러낸 이 발언으로 훗날 많은 경제학자들이 미국 금융산업의 실상을 설명할 때 자주 인용하는 비공식 경제용어가 되었다.

케인즈의 부채 만능론은, 모든 금융기관들이 보조를 맞춰 움직인다면 부채 기반 경제를 끝없이 유지할 수 있다는 주장으로 요약된다. 다시 말해, IMF와 IBRD 출신 인사들이 세계 주요 금융기구의 수장이 되거나 각국 중앙은행 총재로 복제되어 연준(FED)의 명령을 따르는 바 지사장 구조라면 말이다. 즉, 금융화폐 자본주의에서 간첩인 것이다.

케인즈는 수학 천재였다. 그는 1등에게만 주어지는 영국 재무부 경제 관료를 지망했으나 2등으로 합격해 인도 식민지 경제 관료로 등용되었다. 이후 영국 재무부 경제 관료로 1차 세계대전 당시 전쟁 예산을 관여하는 등 독일 전쟁 배상금 베르사유 조약 대표단에도 참여해 너무 어처구니없는 엄청난 배상금을 반대했으나 통과되는 것을 목격하고 배상금 때문에 독일이 문제를 일으킬 것을 예상했다.

이때 케인즈는 "투자자들의 엄청난 탐욕"을 목격한 것이다. 스위스 바젤에 연합국 전쟁 배상금을 청산하기 위해 세운 기구가 훗날 국제결제기구(BIS)가 된 것이다. 사실, 이때부터 세계 금융을 장악하기 위해 국제 회계 기구가 준비된 것으로 추정된다.

케인즈는 제2차 세계대전 당시 나치 히틀러를 지원하던 국제적 투자자들을 목격했다. 그는 이들이 단순히 군수 산업에서 이익을 얻는 데 그치지 않고, 전후 금융·화폐 지배를 위해 유럽 국가들을 사전에 무너뜨리려 했다고 보았다. 실제로 1944년 브레튼우즈 협약 당시 케인즈가 주장한 세계무역화폐 '방코르' 구상은 묵살되었고, 미국의 화이트 재무장관이 달러 본위제를 관철시켜 금 1온스를 35달러와 교환하도록 결정함으로써 세계 패권을 미국으로 옮기는 '팍스 아메리카나'가 확립되었다. 이때 IBRD와 IMF도 함께 설립되었다.

따라서 케인즈는 1, 2차 세계대전과 미국 연방준비제도(FED) 설립, 베르사유 조약, 브레튼우즈 협의 등을 관여하고 경험하며 돈을 지배하는 자들이 모든 금융 기관들이 공조하면 부채경제가 언제까지고 유지할 수 있다는 화폐 시스템을 보고 느끼고 "머니 프로덕션"을 주장한 것이다.

또한 당시 새로운 화폐 이론의 주창자들 루돌프 슈타이너의 '감가상각하는 돈'과 실비오 게젤의 '노화하는 돈', 이들은 세계대전 중 모두 사망하였기 때문에 사회에 관심이나 영향을 미치지 못하였다.

그러나 케인즈는 이들의 화폐 이론을 깊이 깨닫고 지지하고 있었으며, 마르크스의 유물론과 프로이트의 집단 무의식, 정신분석학이 자본주의 제도 속 화폐에 깊이 엮여 들어가 있음을 깨달았던 것이다.

실물경제 시대와 화폐축적 시대

굿도 보고 떡도 나눠 먹던 실물경제 시대에서 화폐축적 시대로 넘어가면서, 썩지 않을 만큼이란 어느 정도를 말하는 것일까? 인류의 약속, 화폐의 기능이란 교환 기능, 거래 기능, 가치척도 기능, 축적 기능이 있는데 한 사람이 60억 명이 가진 돈보다 더 많은 돈을 축적하고 있다는 것은 약속 위반이다. 축적이란 썩지 않을 만큼이다. 사슴 한 마리를 5일 걸려 잡고 7일 동안 식량으로 사용했다면 자본의 축적과 기술 혁신으로 2일 동안 활을 만들어 3일 만에 잡거나 총으로 하루 만에 잡게 되었다.

이렇게 자주 잡아 축적된 자본은 썩지 않을 방법으로 연구 투자되거나 적절히 분배되어야 한다. 축적된 자금이 기업에 투자되면 썩지 않으나 부동산에 투자되면 서서히 썩는다.

그렇다면 왜? 주식이나 채권 투자에 대해서는 각종 규제나 감독을 하면서 유독 화폐는 아무런 제한이 없는 것인가? 이 세상 모든 것은 시간이 지나면 가치가 감소하는데 돈은 왜 영원히 가치가 불어나는 것일까?

800년이 지난 오늘날에도 우리는 마그나 카르타 기초 위에 살고 있다. 돈은 인류의 행복한 삶을 위해 거래 도구로 탄생한 것이다. 지금처럼 한도 없는 화폐 발행은 단 한 번뿐인 수많은 사람들의 희생[2]으로 소수가 신과 같은 삶을 살고 있다. 화폐는 독점 상품이 아니다. 만약 화폐 발행량을 통제할 수 없다면 길을 막고 있는 깡패에게 '이자'라는 통행세를 주는 일이 계속될 것이다.

　다시 말해 주식은 소수 주주를 위해 대주주의 일정 지분 의결권을 제한한다든지, 지분 변동 사항을 신고해야 된다든지 엄격하게 관리·감독하면서 왜 돈은 얼마를 가지고 있든지, 조세 피난처는 무엇 때문에 만든 것인지, 돈은 어떤 경우에도 어떤 규제나 어떤 의무도 두지 않은 것은 도대체 무엇 때문인지 왜 아무도 묻지 않는 것인가?

---

2) 화폐 인플레이션

중앙은행 화폐와 국민 화폐

돈을 이해하려면 중앙은행 제도와 미국 중앙은행(FED)을 이해해야 한다. 돈 공급에 대한 권한이 외형적으로는 중앙은행이지만 실질적으로는 정부다. 그런데 부득이 정부가 공정하게 신의 역할을 한다는 것이었는데, 그 정부를 소수가 포획하고 점령하고 있는 것이다. 즉, 화폐를 발행할 수 있는 권한이란 세금을 담보로 채권을 발행하고, 원금은 영원히 갚지 않고 이자만 갚는 방식이다. 즉, 투자금도 문제될 것이 없지만, 문제가 된다 해도 지분만큼만 유한 책임을 지는 주식회사 형태로 유지되고 있다. 또 국회 심의·결의 형식 자체는 국민도 모르는 사이, 마치 국민 전체가 허락한 것처럼 운영되고 있다.

혹시 양의 탈을 쓴 것은 없는지 살펴야 한다. 거짓 돈을 발행하고 있는 연방준비제도(FED)와 세계 중앙은행장들은 경제 천동설을 주장하고 있다. 법정 통화가 국민 경제의 중심이라는 주장이다. 이 주장은 약탈 경제학의 기득권이 잘못된 논리다. 법정 통화가 국민 경제의 중심이 아니다. 국민 경제·시장 중심은 돈이 아니다. 돈은 국민 경제와 시장경제에 봉사하고 헌신하는 도구여야 한다.

그런데 지금 연방준비제도(FED)와 세계중앙은행들은 법정 통화가 국민 경제에 절대적 중심이라고 주장하고 있다. 법정 통화는 부채 화폐이고, 약탈 통화다. 법정 통화는 잘못된 돈이다. 화폐가 잘못돼 있으니까, 경제가 잘못 굴러가고 있는 것이다. 경제 천동설이 아니고 경제 지동설이 절대 진리다.

화폐는 시장을 위해 존재해야 한다. 시장이 중심이고 화폐는 시장을 위한 도구다. 법정 화폐는 중앙은행이 만든 부채경제, 약탈 경제다. 중앙은행이 선한 양의 모습으로 화폐 발행권을 가지고 돈을 무한 찍어내 물가와 이자로 국민들을 약탈하는, 그리고 국민들을 부채의 늪에서 영원히 헤어나지 못하게 하는 것이 중앙은행 법정 통화가 만드는 부채경제다. 국민 99.9%가 대출을 가지고 있는 부채경제다.

결국 부채는 은행에 이자 수익을 발생시키고 원금을 갚아야 되니 종국적으로 소유권자는 국민이 아니라 은행이고, 그다음에 국민이 번 돈을 이자로 다 수탈해 가는 것이다. 그것이 중앙은행 법정 통화를 발행하는 부채경제 시스템이다. 한마디로 부채경제란 악마의 경제로 중앙은행이 만드는 약탈 경제 시스템이다. 이 악마의 부채경제를 천사의 자산 경제로 만드는 것이 정부가 직접 발행하는 화폐다.

돈 하나만 바꾸면 부채경제가 자산 경제로 완전 100% 전환된다. 민간 주식회사인 중앙은행이 발행하는 법정 통화는 국가 주권 경제 시스템하에서 가면을 쓴 화폐다. 민간 영리의 중앙은행이 통화 독점권을 행사한다. 법정 통화는 은행만 발행한다. 이것이 은행 주권 경제 시스템이다. 이것이 구시대적, 잘못된 시스템으로 진작 없어져야 할 시스템이 지금까지 연장되고 있다.

그렇기 때문에 중앙은행 법정 통화가 대중들에게 강요하는 삶이 바로 이런 삶이다.

첫째, 은행 대출과 이자에 짓눌린 삶을 평생 강요하고 있다.

둘째, 부동산 가격과 월세가 주기적으로 폭등하는 부동산 폭등 사회에 살도록 강요하고 있다.

셋째, 시한부 연금, 기금 고갈이 째깍째깍 그 시점이 다가오고, 통화 가치, 화폐 가치는 날이 갈수록 더 하락하고 있다.

넷째, 국가와 기업과 개인이 부채 폭탄을 안고 있는, 언제 파산할지 모르는 위기의 사회 속에서 살아가고 있다.

다섯째, 부채는 점점 늘어나고, 99% 자산은 점점 줄어들고, 1%에게 자산은 점점 귀속되며, 갈수록 심화되는 양극화 사회에서 살아가는 것이다.

여섯째, 그리고 국가 부채가 늘어나니까 갈수록 증세 사회가 펼쳐지고 있다.

일곱째, 그 원인은 공산주의, 사회주의, 자본주의가 아니라, 근본적으로 가짜 돈, 종이 화폐, 부채 통화, 약탈 화폐, 잘못된 중앙은행 법정 통화 때문이다. 각국의 중앙은행 법정 화폐가 이런 1%의 기득권을 위해서 이런 삶을 살도록 강요하고 있다.

국민들의 무지와 무관심 때문에 경제적 은행 주권 시대를 끝내고 국민 주권 시대를 열어야 한다. 1789년 프랑스 혁명 이후 정치적으로는 국가 주권 시대가 막을 내리고 국민 주권 시대가 펼쳐졌지만, 경제는 아직도 국가를 포획한 은행 화폐, 중앙은행의 통화 발행 독점권, 법정 통화, 이것을 사용하고 있다. 이제 이 잘못된 시스템을 끝내야 한다. 비트코인이 국가 화폐가 아닌 시장 화폐 시대를 열었다. 그러나 비트코인은 온라인 폰지침이다. 비트코인이 열어젖힌 시장 화폐 시스템을 정부가 발행하는 화폐가 그 시장 화폐 시스템을 완성할 것이다.

이 세상에 영원한 것은 없다 정부의 부패한 공무원들 때문에 민간에 맡겨야 한다는 고전 경제학은 박물관으로 갈 때가 된 것이다. 즉 새로운 화폐로 조정할 시간이 온 것이다. 4차산업 기술인 AI 인공지능 빅데이터 등 과학기술이 대체될 수 있다면 마치 플라톤이 말했던 철인통치 이상사회 신들이 관리하는 수준으로 설계하지 못할 것도 없다.

미국 국채 붕괴할 것인가?

어떤 통화를 무역화폐로 써야 할까? 중국이나 일본이 가지고 있는 국채를 시장에 던져도 받아줄 세력이 있겠는가? 자신들이 40년 동안 쌓아왔던 부가 녹아버리는 것 아닌가? 국채라는 것은 돈을 빌리는 것인데, 중국이나 일본이 돈을 안 빌려주고 오히려 기존의 돈을 갚으라고 국채를 매각한다면 미국은 여기저기서 빌리려 난리가 날 것이다. 그렇게 되면 미국 경제가 어려운데, 가뜩이나 더 미국 경제가 침몰할 것으로 불안하게 생각할 것이다.

그런데 여기서 미국 경제를 힘들게 하기 위해 미국 국채를 던진다? 그러면 미국 국채 가격이 흔들린다. 그 즈음 일본의 몇몇 기관들이 시장에 국채를 매각했던 것 같다. 그러면 시장에서 어떤 생각을 할까? 미국 재무부 자료(2025년 4월 말 기준)에 따른 미국 국채 보유국 순위는 일본이 1위(1,134.5억 달러), 영국이 2위(807.7억 달러), 중국이 3위(757.2억 달러), 한국은 18위(121.7억 달러)로 시장에 동시에 던질 것이라는 두려움이 생길 것이다. 한국의 현재 외환보유고는 4,046억 달러다.

그렇다면 투자자들은 어떤 생각이 들까? 그들이 던지기 전에 던져야 한다고 생각할 것이다.

그래서 일본과 중국이 액션한 것이 아닌데, 단타로 움직이는 월가의 헤지펀드들이 국채를 일부 던진 것이다. 그래서 미국 국채 가격이 내리면서 국채 금리가 뛰고, 여기에 달러 가치가 무너지니까 이것은 엄청난 일이다. 왜냐하면 미국의 주가가 내리고 있으니까 미국 주식을 팔고, 여기에 미국 국채 가격이 내리고, 그런 다음에 주식과 채권을 팔고 받은 달러를 팔고 다른 나라 통화를 사서 나갔더니 달러 가치가 하락한 것이다.

주식, 채권, 통화, 이 세 가지 자산 가치가 동시에 하락하는 '트리플 약세' 현상이 미국 금융시장에서 나타났다. 이런 상황에서 과연 '세계에서 가장 안전한 자산'이라 불리는 미국 국채에 여전히 투자해도 괜찮을까? 한때 안전자산으로 여겨졌던 미국 국채가 갑자기 매우 위험한 자산처럼 보이기 시작한 것이다. 마치 나비의 날갯짓이 거대한 폭풍을 일으키듯, 트럼프가 선언한 '해방의 날'과 그에 따른 관세 발표, 중국에 대한 압박은 예상치 못한 방식으로 미국 국채 시장을 뒤흔든 대표적인 사례라 할 수 있다.

그래서 미국 국채 제1위 보유국 일본은 관세 협상을 위해 미국 국채를 시장에 던지지 않겠다고 선언해 시장의 불안을 조금 안정시켰다. 이러한 현상은 예를 들어 누군가한테 10만 20만 원을 빌려줬다면 떼먹어도 욕이나 하고 끝낼 것이다. 그런데 이 돈이 100억 200억이면 어떨까? 욕하고 말 정도가 아니라, 떼먹으면 빌려준 자신도 파산할 것이다.

따라서 빌려 간 친구가 전화해 힘들다 하면 보약 사 가야 할 판이다. 제발 보약 먹고 힘내달라, 화이팅! 해줘야 할 것이다.

너무 부채 규모가 커지면 채권자와 채무자의 지위가 바뀌는 아이러니한 현상이 생긴다. 전 세계 국가들이 미국에 너무 많은 돈을 빌려준 것이다. 그러니까 너무 많은 돈을 빌려줬는데 한꺼번에 부채를 던질 수 있을까? 그러면 미국의 국채 가격이 떨어지고 국채 금리가 뛰는 것이 사실이지만, 반대편에서 어떤 일이 일어날까? 중국이 그동안 쌓아왔었던 그 국채 가치가 다 녹아버리는 문제가 생기는 것이다. 중국이 갖고 있는 국채 757.2억 달러를 한꺼번에 시장에 내놓아도 이것을 받아줄 수 있는 매수자가 없다.

다시 반문해 보면, 중국이나 일본이 과감하게 다 던질 수 있겠는가? 그게 쉽지 않다. 왜? 너무 많은 미국 국채를 갖고 있기 때문이다.
국채는 신뢰를 믿고 빌려주는 돈이다. 지금까지의 국채는 그렇다 치고, 앞으로의 국채 발행은 미국이 신뢰를 잃은 만큼 그 대가를 치러야 할 것이다.

이러하듯이, 여기서 트럼프는 어떤 통화를 무역화폐로 사용해야 하는지에 대해 묘한 힌트를 던지고 있다. 그는 무력에 기반한, 무책임하고 무임승차가 가능한 비윤리적인 기축통화가 아니라, 보다 공정한 대안을 시사하고 있는 것이다.

이는 IMF가 1967년, 미 달러의 금태환 신뢰가 약화되면서 국제 통화 체제의 불안정에 대응해 채택한 준비자산인 SDR(Special Drawing Rights)처럼, 준비통화로서의 새로운 가능성을 암시한다. 동시에, 약 80년 전 케인즈가 제안했던 바스켓형 무역통화인 '방코르(Bancor)'의 개념을 다시 떠올리게 하는 두 번째 단서를 제공하고 있다.

미국 패권과 비트코인

비트코인을 인정하지 않았던 사람들은 최근 비트코인이 급부상하고 있는 현상에 대해, 유대 금융 세력이 금융을 지배했던 것처럼 미국을 로비하고 트럼프를 로비해서 사전에 계획된 시나리오라고 주장하며 음모론에 빠진다. 그러나 이러한 시각은 현재 통화 시스템의 97.6%를 차지하고 있는 신용화폐의 본질을 제대로 이해하지 못한 데서 비롯된 것이다. 또한, 향후 알트코인들이 비트코인을 뒷받침하며 어떤 역할을 할 수 있는지에 대한 통찰 없이 막연히 음모론이라고 치부하는 것은 잘못된 판단일 수 있다.

비트코인은 총 2,100만 개로 발행량이 고정되어 있다. 그렇다면 AI 산업 등으로 인해 생산성이 3배로 증가할 경우, 화폐를 더 이상 발행하지 않는 체제에서 디플레이션을 어떻게 극복할 것인가? 이에 대해 비트코인 지지자들은, 생산성 증가에 연동하여 화폐량을 조정하는 방식을 제안하기도 한다. 즉, AI 에이전트를 통해 생산성 데이터를 실시간으로 분석하고, 그에 따라 화폐 공급량을 자동으로 조정하자는 것이다.

이러한 주장에는 실비오 게젤(Silvio Gesell)의 '자유화폐 이론'에 따르면 "자유화폐는 화폐가 월 1%씩 가치가 감소하는 '노화하는 돈'으로, 화폐의 유통 속도를 높이기 위한 목적"을 가진다.

결국, 생산성이 3% 증가하면 화폐량도 3% 증가해야 한다는 이 문제 역시 빅테크와 월가 사이의 주도권 싸움과 맞물려 있는 것이다.

역사적으로 국가보다 오래된 것이 은행이다. 은행은 원래 국가와 대립적이다. 왕한테 전쟁자금을 대주고 세금을 담보로 이자를 받는 것으로 시작됐다. 일반 대중들이 금융화폐에 대해 배운 적도 없어 분석 능력이 없다. 따라서 가짜뉴스에 혼란을 겪고 있다. 국가의 지폐 때문에 은행들 권리를 국가에 다 뺏겼다는 주장은 총통화 중 현금 통화가 2.4% 정도밖에 안 되는데 그것은 말이 안 된다.

민간은행이 국가를 대리인 부리듯 했으면서 화폐 발행 인플레이션 책임을 국가의 잘못으로 호도하고 있다. 원래 은행의 신용화폐는 국가가 은행 사업권을 보호해 준 것이 아니라 BIS 자기자본 비율 제도로 은행들 스스로 만든 것이다.

미국은 1970~1980년대 재정적자, 무역적자, 기축통화국 부담을 느껴 독일과 일본에, 제조업에만 집중하지 말고 세계 소비경제를 위해 재정적자, 무역적자를 함께 부담할 수 있는 공동 기축통화국 역할을 제안했으나, 독일·일본은 자국민들의 안정된 일자리 제공을 위한 제조업 중심의 중산층 방식을 고수함으로써 미국 혼자 쌍둥이 적자를 감수하며 제조업을 포기하고 금융산업과 소수 빅테크 중심의 첨단기술산업 방식으로 현재까지 온 것이다.

한편 중국은 2008년 이후, 무역수지 흑자를 미국 국채에 투자해 쌓아두는 전략을 포기하고, 그 대신 서부 무역로 개척, 진주목걸이 전략, 신실크로드인 '일대일로' 사업 등에 막대한 달러를 투입했다. 동시에 위안화를 통한 시뇨리지(화폐 발행 차익)를 확보하며, 역내 기축통화국의 지위를 지향해왔다. 이는 미국의 기축통화 정책에 대한 실질적인 도전이자 강력한 공격이라 볼 수 있다.

따라서 미국이 제조업을 포기하고 금융산업 중심으로 돈을 계속 찍어내는 기축 달러패권을 유지한다면, 최상층은 첨단 산업으로 돈을 벌고, 최하층은 복지제도로 살 수 있지만, 중산층들은 직업을 얻을 수 없어 살기 힘들다.

그래서 트럼프 정책은 그 중산층들을 위해 달러 금융 패권을 포기하고 리쇼어링 제조업 정책으로 가고자 하는 것이다. 지금 미국은 기축통화인 달러패권이 임계점에 이르렀고 변화의 시간이 온 것이다. 패권국은 후퇴할 때 위세를 떨어야 한다. 질서 있게 퇴진하지 않으면 혼란이 온다. 트럼프가 원하든 원하지 않든 달러패권은 구조적으로 저물게 되어 있다.

국제정치학에서 지금까지 '관대한 제국', '관대한 패권'은 돈을 너그럽게 써주며 정치적 영향력을 유지하는 채무국 중심 패권이었다면, 이제부터 미국 우선주의, 보호무역, 관세 정책, 방위비 분담금 요구 등은 '깍쟁이 패권', '비관대한 제국'인 것이다. 관대한 패권 시대의 종말은 달러 시스템이 영속적이지 않기 때문이다. 그 증거는 미국의 2025년 회계연도 국방수권법(NDAA)에 따라 책정된 국방비 예산은 8,952억 달러지만, 미국 의회예산국(CBO)에 따른, 2025년 연방정부의 순이자 비용(Net interest on debt)은 9,520억 달러로 추정된다는 점이다.

국제정치학자 니얼 퍼거슨은 "제국이 국방비보다 더 많은 빚을 유지하는 데 쓴다면, 그 패권은 끝나야 한다"라고 지적했다.

이러한 흐름을 종합적으로 유추해 보면, 미국은 달러 시스템 이후 결국 비트코인으로 이동할 수밖에 없다는 결론에 이르게 된다. 트럼프의 크립토(Crypto, 암호화폐) 정책 역시 이러한 방향성과 맞닿아 있다. 그는 무역 자체를 하지 말자는 수준의 중국에 대한 에스컬레이션과, 60% 이상의 고율 관세 정책을 통해 중국을 압박하고 있다.

이는 중국 내 자본이 비트코인이나 암호화폐를 통해 역외로 유출되도록 유도하는 전략이며, 궁극적으로는 중국을 해체하여 여러 개의 유라시아 국가로 분할하려는 의도로 해석된다.

한편, 21세기 새로운 서구 문명의 주도는 미국과 나토가 아니라 러시아를 중심으로 돌아갈 가능성이 있으며, 향후 러시아의 새로운 주도 세력이 누가 될지 관전 포인트다.

미국이 30년간
고공 행진한 진짜 이유

기존의 경제학, 한계 성장률, 금리, 인플레이션 통제 등은 경제학적으로 통제되고 조정될 수 있다고 설명하지만, 실제로는 사회적으로 그때그때 역사적인 원인이 개입되어 있기 때문에 시장에서의 수요와 공급 곡선에 기반한 설명이나 이론은 단지 현상을 묘사하는 데 그칠 뿐이다.

즉, 트럼프의 등장은 민주당과 월스트리트 중심의 일극 체제에 대한 반동으로 나타난 현상으로 볼 수 있으며, 이러한 맥락에서 트럼프의 등장을 이해할 수 있다.

다시 말해, 미국은 제2차 세계대전 이후 1980년대부터 약 40년간 세계 경제를 위해 거대한 미국 소비시장을 제공하며 무역적자와 재정적자라는 쌍둥이적자를 감수해 왔다. 그러나 이러한 미국의 희생을 다른 나라들이 누리고 있다는 것이다.

즉, 미국은 동맹국들에게 안보 우산을 제공하고 있음에도 불구하고, 동맹들은 그에 상응하는 비용을 지불하지 않았고, 미국은 거대한 무역시장을 개방하며 달러를 발행하는 등 세계 경제에 막대한 혜택을 제공했지만, 그 결과로 미국 제조업은 쇠퇴했고 미국 경제가 세계에서 차지하는 비중은 점차 축소되었다는 주장이다.

따라서 1970년대부터 1990년대까지, 소위 금융자본주의의 30년 동안 앨런 그린스펀의 저금리 정책은 기존의 경제학으로는 분석하기 어려운 기축통화 재정적자의 구조 속에서 전개되었다. 특히, 이 시기 독일과 아시아의 중국, 일본이 미국의 재정적자에 협조하지 않았기 때문에, 미국은 쌍둥이적자(재정적자와 무역적자)를 혼자서 감내해야 했고, 그 결과 과잉 달러는 세계 화폐시장으로 유입되어 글로벌 유동성 과잉을 초래했다. 이로 인해 세계 부동산 시장과 자산시장에 거품이 형성되었으며, 이는 사전에 충분히 인지하고 벌인 일종의 '화폐전쟁'이라 할 수 있다.

한편, 1890년대 JP모건이 설정한 자본주의 금융의 기본 모형을 독일과 중국, 일본은 자본시장 개방을 통해 수용하지 않았고, 이로 인해 아시아 시장은 생산공장으로 전락하게 되었다. 일본과 한국은 모두 국가 주도의 자본주의, 즉 '관료 자본주의' 형태로 경제 시스템이 구축되었다.

모든 것은 결국 돈 때문이다. 국가 간 전쟁도 고대부터 중세까지는 전리품을 얻기 위한 수단이었고, 이를 위해 자금을 조달해야 했기에 국채 전쟁이었다. 현재의 전쟁 또한 화폐 지배를 둘러싼 국채 전쟁이다. 개인 간의 경쟁 역시 로봇, 자동화, AI 기반 생산방식 등 과학기술의 발전에 따라 새로운 개념 정립이 필요하다.

화폐 주권을 민간에 넘긴 최초의 대통령
우드로 윌슨(Woodrow Wilson, 1854~1924)

미국 제28대 대통령으로 재임 중인 1913년, 그는 미국 중앙은행인 연방준비제도(Federal Reserve, FED) 설립 법안에 서명하여, 미국의 통화 발행권을 국가가 아닌 민간 금융세력에게 넘기는 역사적 전환점을 만들어냈다. 이는 소수 금융자본의 미국 금융 지배체제를 제도화한 사건으로 평가되며, 이후 미국은 국가의 화폐 발행과 금융정책 결정에서 주권을 상당 부분 상실하게 된다.

윌슨은 이 결정의 여파를 뒤늦게 자각하고, 1916년 의회기록에 남긴 글에서 "나는 미국을 소수의 손아귀에 넘겼다. 최악의 법안에 서명했다"며 후회했다. 그는 미국이 이제 더 이상 국민의 여론이나 다수결로 움직이는 민주국가가 아니며, 소수 엘리트의 의지에 따라 움직이는 반(反)민주적 체제로 전락했다고 고백했다.

그럼에도 불구하고, 윌슨은 국제무대에서는 '자유'와 '민주주의', '민족 자결주의'를 내세워 미국의 외교적 정당성을 포장했다. 아이러니하게도 그는 금융 주권을 상실하게 만든 장본인이면서도, 이후 100년간 미국 외교의 명분이 된 "민주주의 수호" 슬로건의 기틀을 마련한 인물이다.

결국 우드로 윌슨은, 화폐 주권을 민간에 넘긴 최초의 대통령이자, 금융 엘리트 중심의 체제를 제도화시킨 정치인으로 기억되며, 현대 금융자본주의의 서막을 열었다는 평가를 받는다.

PART 2

새로운 무역화폐 이론적 배경

> 새로운 무역통화로서 석유, 달러, 비트코인, 금을 믹싱한 화폐 논의가 시급하다. 은행의 본래 기능이 미국뿐만 아니라 전 세계 사람들의 안정된 세상을 만드는 데 실패한 것은 분명하다. 어떻게 문명이 이렇게 발전된 사회에서 5,000년 전 사람들보다 더 못한 시간을 보낼 수 있단 말인가.

:: 시작 글

새로운 무역화폐란 기존 달러 중심 체제의 한계를 넘어서기 위해 등장한, 디지털 기술 기반의 탈중앙화된 화폐로, 실물 자산과 결합하여 국제 무역에서의 공정성과 실질 가치를 반영하려는 시도이다.

미국의 신자유주의 경제 정책은 1981년부터 40년 동안 레이거노믹스와 자유무역 거래를 기조로 진행되었고, 그에 따라 미국은 제조업을 해외로 아웃소싱하고 자본을 자유화했으며, 강달러를 기반으로 한 금융산업 수출이 확대되면서 세계 경제는 급속히 성장했다. 각국이 거둔 무역 흑자는 분명히 세계 경제 성장의 파이를 키웠다.

그러나 그 과실은 공평하게 나눠지지 않았다. 전통적인 월가 세력과 보수적인 슈퍼 부자들이 대부분을 가져갔다. 각국 정부 또한 획득한 달러를 국민의 현재 행복을 위한 복지 정책에 사용하기보다는 나누지 않고, '가장 안전하다'는 이유로 40년 동안 과도하게 미국 국채에 투자했다.

그런데 2025년 트럼프 2기 정부가 들어서면서, 세계 경제 성장을 위해 미국이 무려 36조 달러에 달하는 막대한 국가 부채를 지고 희생해 왔다며, 이에 대한 보상으로 보호무역주의로 회귀하고 있다. 미국은 자국의 빚을 갚기 위해 높은 관세 정책을 시행하고 있으며, 30년·10년 만기의 국채를 100년짜리 국채로 교체하라고 요구하기도 한다.

또한 제조업의 부활과 함께, 해외로 이전했던 기업들을 국내로 되돌리는 리쇼어링 정책[3]을 추진하면서, 세계 환율과 화폐를 둘러싼 전쟁을 벌이고 있다.

이처럼 현재 진행 중인 새로운 경제 흐름은 도대체 무엇이 문제이고, 그 원인이 사실인지 아닌지를 명확히 예측하거나 분석하기 어려운 상황이다. 다만, 헤겔의 정반합(正反合)법칙에 따라, 어떤 가설이라도 자유롭게 상상해 볼 수밖에 없는 현실이다.

---

[3] 기업이 해외로 이전했던 생산시설이나 공급망을 다시 자국으로 되돌리는 산업경제 전략.

돈과 세계무역
트럼프 시나리오 〈정〉

　중국을 막겠다고 호언장담하던 트럼프가 결국 먼저 연락을 원하고 있다. 협상 전화를 받길 기다리는 모습은 더 이상 여유롭지 않다는 신호였다. 2024년 백악관 비공개 회의실. 국가안보보좌관이 트럼프에게 극비 보고서를 건넸다. 그 문서 속, 한 줄이 트럼프의 시선을 멈추게 했다. "베트남이 새로운 중국의 경제 통로로 설정됐다."

　트럼프는 피식 웃으며 말했다. "걱정하지 마! 녀석들이 내 등 뒤로 돌아설 용기는 없어." 그리고 그는 곧바로 중국산 전기차에 100% 관세를 부과했다. 미국의 동맹국들에도 압박을 가했고, 베트남에는 북경과 너무 가까워지지 말라는 암묵적 경고까지 전달했다.
　그러나 그는 예상하지 못했다. 중국은 방역하지 않았다. 오히려 아무 말 없이 조용히 하노이로 향했다. 며칠 뒤, 유럽연합은 미국의 오랜 동맹임에도 불구하고 그 입장을 뒤집었다.

　베트남을 전략적 포괄적 파트너로 인정하겠다는 공식적 입장을 밝힌 것이다. 트럼프가 그리던 중국 봉쇄 전략의 기밀 시나리오는 그 순간부터 세상에 드러나기 시작했다. 한때 미국의 보복을 두려워했던 여러 국가는 조용히 중국의 편으로 이동하기 시작했다. 아니! 정확히 말하면 트럼프가 없는 쪽으로 이동한 것이다. 트럼프는 깨달았다.

쓰러했던 관세의 벽에 균열이 시작됐다. 고립 전략은 역풍을 맞았고, 믿었던 우방은 등을 돌리고 있었다. 그 순간부터 그는 더 이상 고함치지 않았다. 추가 관세도, 위협도, 분노의 트윗도 없었다. 단 하나의 메시지만 남았다.
"조속히 협상 연락을 요청함."
정치에서 먼저 연락하는 쪽은 주도권을 잃은 쪽이다. 트럼프는 포효하지 않았다. 그는 두려워했다. 중국은 아무런 위협도 하지 않았지만, 세계가 하나둘 중국을 중심으로 돌아서고 있었다.

베트남은 새로운 글로벌 공급망의 허브로 떠올랐고, 유럽은 더 이상 미국을 믿을 수 있는 친구로 간주하지 않았다. 그제서야 트럼프는 깨달았다. 진짜로 고립된 건 중국이 아니라 바로 자기 자신이었다. 중국을 막겠다던 자가 이제는 화해를 구하고 있다.
트럼프는 무엇이 두려운가? 적은 더 이상 두렵지 않고, 동맹은 더 이상 신뢰하지 않는다. 그럴 때 권력은 조용히 붕괴되기 시작한다. 누구도 자신이 우위에 있다고 믿는다면 스스로 먼저 상대에게 전화를 걸지 않는다.

트럼프가 전화를 기다리는 지금, 세계는 그가 더 이상 세계의 중심이 아니라는 것을 조용히 인정하고 있다. 미국은 전통적으로 자유무역을 기반으로 세계 경제의 중심에 서 있었다. 그러나 지금의 미국은 그 질서를 뒤흔들고 있다. "미국 우선주의"라는 명분으로, 트럼프는 사실상 새로운 무역 블록을 꿈꾸고 있으며, 70개 이상의 국가와 중국을 배제한 새로운 협정 체결을 구축하려 한다.

이는 사실상 냉전시대와 가까운 이념적 전선이 다시 그려지고 있음을 보여준다. 과거에는 강압적인 외교가 지적받았지만, 이제는 다자주의, 공동 이익 존중이라는 키워드를 전면에 내세우고 있다. 이제 세계는 갈림길에 서 있다. 기존의 미국 중심 질서를 유지할 것인가, 아니면 중국이 제시하는 새로운 틀을 수용할 것인가. 그리고 그 선택은 단지 양국 간의 문제가 아니라 전 세계 정치·경제 판도를 바꿀 수 있는 역사적 전환점이 될 수 있다.

이러한 전환점에서 국제 사회는 단순한 무역 갈등 그 이상을 목도하고 있다. 세계는 이제 '경제전쟁'이라는 명분으로 새로운 형태의 지정학적 충돌로 진입하고 있으며, 기술·통화·정보·에너지까지 모든 분야가 이 전쟁터에 포진되어 있다. 그리고 그 중심에는 미국과 중국이라는 두 초강대국이 서 있다. 특히 세계는 점점 더 미국과 중국 사이에서 선택을 강요받고 있다. 이러한 갈등 속에서 미국과 중국 양국 모두 내부의 목소리를 무시할 수 없다.

지금 세계는 묻고 있다. 과연 이 모든 갈등과 충돌의 끝에는 무엇이 존재하는가. 미국은 여전히 자유무역, 민주주의 질서를 주장하고 있다. 그러나 그 가치들이 실제 정책과 얼마나 일치하느냐는 의문이 계속된다. 중국은 다극화된 세계를 내세우며 미국 중심의 국제질서에 도전하고 있다. 그러나 그들의 모델이 전 세계적 지지를 받을 수 있는지도 아직은 미지수다. 이것은 단지 두 나라의 싸움이 아니다.

이것은 21세기 세계가 나아갈 방향에 대한 총체적 재설정이다. 세계는 단순히 강한 나라가 아니라 믿을 수 있는 나라를 원한다. 그리고 지금 그 신뢰는 심각하게 흔들리고 있다. 트럼프의 관세전쟁은 단순한 협상의 수단이었는가, 아니면 세계질서 전환의 촉매였는가. 미국은 여전히 세계를 이끌 수 있겠는가, 아니면 미국은 지금 스스로 고립의 길을 걷고 있는 것인가. 2025년 현재, 세계는 다시 한번 중대한 갈림길에 서 있다.

제2의 마그나 카르타 헌장, 마러라고 협정〈반〉

트럼프가 "제2의 마그나 카르타(Magna Carta) 헌장, 마러라고 협정(Mar-a-Lago Accord)"은 새로운 화폐 질서에 대한 이론적 토대를 제공한 것이다. 트럼프의 관세폭탄 역시, 일종의 '스티븐 미란 보고서'에 근거한 마러라고 합의서의 실행판이라 할 수 있는데, 머지않아 트럼프는 중국을 비롯한 주요 우방국들을 플로리다의 마러라고 리조트로 불러들여, 개별적으로 협상 테이블에 앉힐 가능성이 있다.

현재 관세나 무역 제재 등에 대한 논의가 다소 난해하게 느껴질 수 있으나, 이는 본질적으로 미국이 40여 년 전, 레이건 시절에 실행했던 전략을 반복하려는 시도다.

레이건 시절 미국도 쌍둥이적자, 수출 적자, 세금 적자, 부채 위기를 겪었다. 따라서 트럼프도 환율을 합의하기 위해 제2의 플라자합의 이야기들을 이미 유럽에서 이런저런 협박을 하고, 지금 혐오스럽게 미치광이 연기하는 것은 다 협상 때문이다. 하지만 이런 협상에 동의하는 나라는 없다. 40년 전에도 이런 상황을 G7이 겪었다.

지금 트럼프가 하고 있는 일이나 미국이 추진하는 전략은 과거에도 이미 시행된 바 있고, 그 경험을 통해, 설령 관세를 20%까지 인상하더라도 미국 경제에는 큰 타격이 없다는 점을 알고 있기에, 트럼프는 자신 있게 관세 인상을 언급하고 있는 것이다. 이 쌍둥이적자, 미국의 파산을 어떻게든 늦추는 것이 너희에게도 좋은 일 아니겠느냐고 하지만, 문제는 이 적자를 메우기 위해 과거에 받은 달러의 50% 정도를 환율 조정으로 상쇄하자는 협상을 쉽게 받아들이기 어렵다는 점이다.

이러한 마라라고 협정을 맺게 될 텐데, 지금은 바로 그 협정을 둘러싼 눈치 싸움이 벌어지고 있는 것이다. 그래서 브레턴우즈 체제가 무너진 이후, 지금 미국이 유엔에서 탈퇴하려는 움직임 역시 모든 국제 시스템을 미국식으로 새롭게 재편하려는 의도에서 비롯된 것이다. 이러한 흐름 속에서 국제적으로 힘의 역학 관계가 새롭게 형성되고 있으며, 한국은 아직도 이 상황을 제대로 인식하지 못하는 듯하다.

그렇다면, 지금 미국이 원하는 것은 무엇인가? 미국이 원하는 것은, **40년 전 '플라자합의'**(1985년 9월, 미국·영국·프랑스·서독·일본의 재무장관과 중앙은행 총재들이 뉴욕 플라자 호텔에 모여 달러 약세 유도에 합의)처럼, 또다시 세계질서를 재설정하고, 미 제국주의 방식으로 흐름을 되돌리려는 것이다. 당시처럼, 지금도 다시 새로운 합의를 만들어 미국 중심의 경제 체제를 구축하려는 시도가 진행되고 있다.

그러기 위해서는 전제 조건이 있다. 해외에서 보유 중인 미국 대외 채권, 부채를 어떻게 할 것이냐, 그리고 해외에서 갖고 있는 달러를 어떻게 할 것이냐. 이 두 가지 문제는 지금 채권을 우방국 일본, 중국이 갖고 있는 부채를 이자 없는 100년물 채권으로 교환하자는 것이다. 지금 만약 해외에서 보유 중인 미 채권 약 5조 달러가 한꺼번에 시장에 쏟아질 경우, 미국 경제는 붕괴한다. 그렇다면 이것을 막을 수 있는 방법은 무엇일까? 바로 그 상환 시점을 100년 이후로 미루는 것이다. 상환을 최대한 지연시키는 것만이 미국이 단기적인 붕괴를 피할 수 있는 유일한 해법일 수 있다.

지금까지 이런 이야기가 허황된 소리라고 생각했겠지만, 트럼프 취임 후 그린란드 매입 시도 등 여러 사례를 보면서 상황이 달라졌다. 이것이 사실은 당신들이 지금까지 갖고 있는 미국 국채를 담보로 대출받는 것은 상관없지만, 원금 상환은 100년 후 아니면 없다. 한편, 달러 가치가 낮아지는 데는 지금 대외 부채가 늘어나는 이유 중 하나는 낮은 미국 저축률 때문인데, 지금까지 미국은 이것을 인정하지 않았다.

기본적으로 저축률이 거의 없다시피 한 상황이다. 그리고 월가의 채권 80%를 록펠러 재단이 장악하고 있다. 이는 세계의 80%의 부를 월가의 록펠러 그룹에서 장악하고 있는 것이다. 공식적으로, 미국 내 주식 투자금 대부분은 록펠러 재단의 3대 채권 단체(국제통화기금(IMF), 세계은행(World Bank), 국제결제은행(BIS, Bank for International Settlements))가 보유하고 있는 것으로 알려져 있다.

이 문제는 대외 부채, 대외 수출입 적자를 어떻게 줄일 것이냐는 것이다. 방법은 딱 하나다. 달러의 가치를 낮추고, 상대국 엔화, 위안화, 원화, 유로화 등의 가치를 강하게 절상하면 된다. 하지만 이 과정에서 각국의 이해관계가 충돌하면서, 거대한 글로벌 통화 전쟁이 벌어지고 있는 것이다.

지금 미국은 이자만 지급하는 100년 채권을 사라고 압박하고 협상하고 있는 것이다. 이러한 흐름 속에서 비트코인과 금이 미친 듯이 치솟고 있는 것이다. 달러에 대한 협상이 이미 '마러라고 협정'에서 어느 정도까지 될 것인지 합의하지 않고 대혼란 중이다. 여기에 최종 타깃은 누구인가? 중국이다. 위안화 절상 목표에 있는 것이다. 중국이 G2니 이런 말은 거짓말이다. 중국에 "죽을래! 아니면 위안화 절상할래? "위안화 절상 및 100년 국채 얼마나 사줄래!" 원화도 피해자다.

그래서 미국의 제조업 수출 경쟁력을 확보하기 위해 인위적으로 달러 환율을 낮게 책정하고, 현재 브레턴우즈(Bretton Woods) 체제를 마감하고 새로운 국제단체와 국제금융 체제를 다시 새롭게 하자는 것이다. 이 마라 협상이 마무리되면 저유가 사태도 예정되어 있어, 또 하나의 호황이다. 이번 호황은 AI·로봇이라는 미국 제2의 실리콘밸리 소프트 호황이 예정되어 있다.

여기에 새로운 3저 특수를 누가 누릴까? VIP다. 베트남, 인도네시아, 필리핀의 최대 혜택이 예정되어 있다. 한국은 어떻게 되냐? 한국은 지금 파멸로 가고 있다. 한국도 선진국이라고? 왜 선진국에 들어가려고 하는지는 모르겠지만 이번 미국 협상에 조공국으로 명단에 올랐다. 그러니까 이것에 대해 유럽, 프랑스, 독일이 반발하는 것이다. "40년 전에도 이 짓 하더니, 미국인이 다 쓴 것을 왜 프랑스, 독일, 한국, 다른 우방국이 조공을 해줘야 하냐!"

약달러! 100년 국채! 이것은 사실상 강도, 강탈 행위다.
"당신, 그 대신 러시아로부터 우리가 지켜주잖아!"
"대만에, 당신, 우리가 중국으로부터 지켜주잖아!"
"한국, 당신 북한으로부터 우리가 지켜주잖아!"
그래서 어떤 면에선 철의 장막이 필요한 것이다. 그래서 제일 먼저 한국의 대기업들이 간 것이다.
어! 자기들 국민 따위는 없나 봐! 다른 나라들은 난리인데 협상도 안 하고 알아서 갖다 바치네!

문제는 이 관세로 인해 우방국들 전부와 적국과 협상을 하고 있는 것 같지만, 이는 협상이 아니라 강압이다. 올해부터 '제2 플라자 협상'이 시작된 것이다. 40년 전엔 레이건이었고 이번에는 트럼프인 것이다. 중국이 망하는 것이 아니고, 이 협상에서 최대 조공국이다. 조공을 얼마만큼 내놓을래? 중국도 이런 일은 겪어본 적이 없다. 잘하면 대만을 줄 수도 있어! 그러면 중국은 위안화 절상하고 100년물 채권을 매입해야 되는데 얼마나 굴욕적인가. 40년마다 미국식 세계질서 재편을 계속 반복하는 것이다.

3대 호황 호재는 첫째는 저환율 달러다. 이렇게 되면 보유한 1조 달러가 5천억 달러로 바뀌고, 미국의 제조업 경쟁력은 50%가 올라가고, 미국의 부채는 절반으로 준다. 둘째는 세계무역 제품을 저렴하게 생산하기 위한 저유가 시대다. 셋째는 100년물 미국 국채다. 미국의 모든 호황은 채권 때문이었다.

그런데 30년짜리 채권 만기가 돌아오고 있다. 이것을 100년 만기로 바꾸려 하고 있다. IMF 때처럼 달러 대폭등 그런 것은 없다. 달러 약세를 약 20~25% 유도하게 되면, 단기적 인플레 상쇄를 관세로 하겠다는 것이고, 부채 50%를 축소해 미국의 쌍둥이적자를 해소하겠다는 것이다. 현재 미국이 불안하니 유럽 발행 채권 스프레드도 상당히 올라갈 것이다. 1985년 플라자합의 때 엔화가 230엔에서 82엔까지 내려갔다. 이제 원화도 그럴 것이다. 위안화가 타깃이다.

한편 미국의 탈산업화, 미국의 부채 문제, 재정 불균형 해결, 새로운 세수도 마련해야 한다. 미국 중앙은행세를 신설할 가능성이 높다. 미국의 은행을 거쳐 가면 일정 정도 미국에 세금을 내는 것으로, 그래서 모든 혼란은 계획의 일부라는 것이다. 지금의 대규모 혼란은 일부러 만든 계획의 일부다.

마러라고 협정과 그로 인해 발생한 시장 조정은 트럼프 행정부의 이른바 '5차원 체스' 전략이 겉으로 드러난 모습일 뿐이다. 이는 채권자에게 가하는 채무자의 일종의 폭력이며, 쉽게 말해 '빌린 놈이 깡패 노릇을 하는' 상황이다. 마러라고 협정은 지난 40년 동안 쌓아온 이익을 한순간에 앗아갈 수 있는 내용인데, 그런 협정에 어느 우방국이 선뜻 서명하겠는가? 그 누구도 자발적으로 사인하지 않을 것이다.

이 보고서는 트럼프 경제정책 총괄이 작성한 '스티븐 미란' 트럼프 전 재무부 자문관, 현 백악관 경제자문위원장 보고서다. 빌려 간 돈의 절반만 갚고, 나머지 부채는 100년 뒤로 미루고, 달러의 기축통화를 유지하는 것은 현실적으로는 불가능한 일이다.

누가 미국을 신뢰할 것인가, 이런 얘긴데 이것을 실현하는 방법은 딱 하나밖에 없는 것이다. 그 실현 방법은 "너 죽고 싶냐!" "뭐라고!" 누구만 할 수 있는 거야! 가자지구 사태를 보면 답이 보인다.

지금 이스라엘이 가자지구에 대해서 폭격을 매일 쏟아붓고 있다. 이스라엘과 이란이 가자지구에 있는 주민들한테 보내는 메시지는 간단하다. 이것을 지금 세계에 메시지로 보내고 있는 것이다. 가자지구 200만 명을 상대로 매일 폭격을 하면서 어떤 사인을 보내는 거지?

당신들 가자지구에 있으면 죽어! 나가면 살고! 당신 가자지구에 있는 것은 우리가 상관하지 않는데, 거기 있으면 죽어! 당신이 나가면 살아! 있으려면 있어! 매일 폭격할 테니까! 우리는 그 얘기를 못 듣고 있지만, 이것을 전 세계는 다 듣고 있는 것이다. 그래서 트럼프는 거기를 휴양지로 만들겠다는 것이다. 매일 폭격하고 있는데 전 세계는 그 공포 때문에 난리다. 후티 반군 폭격하며 그것을 중국이든 누구든 보여주고 있는 것이다. 그것이 협상 전략이다.

트럼프가 알려준 새로운 화폐〈합〉

 트럼프가 서명한 미국의 관세 정책은 수출국에서 받은 25% 관세가 물가 상승 압력을 상쇄할 것이다. 그런데 미국의 시민들은 이런저런 협상할 시간도 못 참고 물가 상승 때문에 못 살겠다고 반대 집회를 일으키고 물러나라고 탄핵까지 주장하고 있다. 이런 상황을 사전에 예상했던 시나리오인지, 아니면 상대 수출국들의 저항과 대중들 반대 집회도 예상하지 못했던 것인가?

 지금까지의 경제학으로는 트럼프의 관세 정책을 분석하기는 어려울 것이다. 그동안 암기된 경제학에 의하면 ①주가 하락, ②물가 인상, ③안전자산 미국 국채 선호 때문에 약달러 현상, ④국채 수요가 많아 국채 이자율 하락 현상이 있어야 한다. 그런데 예상했던 것과 달리 국채를 매입하려는 수요가 없어 국채 이자율이 올라가는 기이한 일이 발생했다.

 1960~1970년대 경제학을 배우기 위해 대학에 간 것은 돈이란 무엇인지, 경제학이 사람들의 삶에 어떤 영향을 미치는지, 자연과학적이고

논리적 사고를 하기 위해서 간 것이다. 그런데 이 사람들이 무당이었다. 암기만 하고 온 것이다. 책과 교수라는 것만 내세우지, 사실 자기들도 맞는지 틀리는지 모른다. 사실 본인들도 뭐가 뭔지 불안하고 몰랐을 것이다.

따라서 이 같은 현상을 이미 '미란 보고서'는 설명해 놓고 있다. 미국에 수출한 수출국들은 받은 달러를 가장 안전자산인 미국 국채를 매입했다. 미국은 이자를 지급해야 된다. 또 각국의 외환보유고는 결국 수익성이 높은 미국으로 투자하기 위해 달러가 돌아오는 구조이기 때문에 미국에 강달러 현상이 발생한다.

이러한 강달러 현상은 제조업을 붕괴시키고 쌍둥이 적자의 원인이 됐다. 결국 수출국들 보유 달러가 수출국의 환율을 조작하는 결과가 되어 미국은 더욱 제조업이 성장할 수 없는 원인이 되고, 수출국들은 이익이 더 커지게 된 것이다. 그렇기 때문에 이번 트럼프 제2기 정부 들어 이 같은 현상을 더는 좌시할 수 없고, 중산층들 일자리 창출을 위하여 더 이상 미국이 쌍둥이적자로 희생할 수 없다는 주장이다.

즉, 미국을 떠난 아웃소싱 기업들도 높은 관세를 부담하기 싫으면 다시 돌아와야 하고, 미국에 수출하는 다른 나라 기업들도 관세를 피하려면 미국에 공장을 세우거나 기업을 이전하라고 협박하고 떼를 쓰고 있다. 그렇다면 어떤 국가가 1944년 브레턴우즈 체제 이후 지금까지 자국 화폐를 세계 기축통화 특권, 발권력을 통해 거의 공짜로 싸게 누리다가 어느 시점에 낭비한 대가를 "그것은 자신들의 역할, 출연료였다. 이제부터 우리의 빚을 무효로 하고 다시 시작하자"라는 것을 세계는 어떻게 받아들여야 하나.

그런데 이번 트럼프 관세 무역전쟁 발표로 더 이상 미국 정부를 믿을 수 없다며 오히려 보유 채권을 매각하는 등 미국 국채를 사지 않기 때문에 국채 금리가 올라가는 현상이 발생한 것이다. 결국 수출 국가들은 의도했던, 의도하지 않았던 자국의 환율 절하 조작에 의해 최대 이익을 보고, 미국은 세계 소비시장 조성 때문에 피해를 봐 왔다는 것이다.

다시 말해 지금까지 기축통화국으로 누려왔던 시뇨리지 화폐 발행 차익 대신 세계 소비시장 조성과 세계무역 거래 조성, 세계 경제 성장률 때문에 과도한 달러가 제공되었고, 그 달러를 수출 국가들이 소비하지 않고 과도하게 축적해 오히려 기축 달러 국가인 미국이 엄청난 피해와 희생을 감수하고 있다는 새로운 논리를 주장하고 있는 것이다. 따라서 이러한 현상은 추후 면밀히 추적 분석해야 할 인류사의 과제다. 하지만 이번 관세 정책이 트럼프의 잘못된 판단이며 그래서 미국이 망한다고 하는데, 맞는 얘기일까? 아니다! 다 쇼라는 것이다.

관대한 제국, 우리 미국은 약 36조 달러에 이르는 막대한 부채를 해결하기 위해 온갖 방법을 시도해 보았다. 그러나 지금 우리는 한 번도 경험해 보지 못한 사태를 맞이하고 있다. 국채는 팔리지 않고, 물가 인상으로 소비는 위축되었으며, 4차산업 기술의 발전에도 불구하고 고용은 늘지 않는 초유의 상황이 벌어진 것이다.

　이런 상황을 도대체 어찌하란 말인가!

　그래서 말인데, 당신들이 보유한 국채가 휴지 조각이 되지 않기를 바란다면, 세계무역은 반드시 계속돼야 하고, 중산층과 미래 세대의 일자리를 위해서라도 경제 성장은 멈추지 않아야 한다.

　따라서 세계 경제와 세계무역 거래가 작동되기 위해서는 마러라고 협정에 서명해야 할 것이다. 첫째, 수출국들이 보유하고 있는 국채 모두 이자 없는 100년 만기 국채로 교환해야 한다. 둘째, 관세를 받아들이든지 환율 절상을 받아들이든지 해야 할 것이다.

향후 추정되는 가설들

첫째. 미국의 대중들이 고물가 불만 때문에 목적을 달성하기 전에 트럼프 반대 세력들이 탄핵 시위 등으로 정권이 붕괴될 것이다.

둘째. 일본, 중국 등 각국이 보유하고 있는 미국 국채를 시장에 매각해 미국은 채권 상환 때문에 망할 것이다. 미국은 약달러로 제조업 부흥도 불가능하고, 새로운 장기 국채 발행도 어려울 것이다.

셋째. 중국, 일본, 러시아 등 브릭스 국가들이 새로운 무역 결제 시스템을 구축할 것이고, 방코르 같은 바스켓 무역화폐가 등장하게 되며 다극화 체제가 될 것이다.

또 다른 한편, 세계 문명이 얽히고설켜 지속되어 오는 오랜 시간 속에서 현실성이 전혀 없다고는 할 수 없는 하나의 가설이 있다. 즉, 중국, 일본, 한국, 대만, 베트남 등 상대국 바지 사장들이 글로벌 엘리트들의 X맨으로 이미 포획되어 있다는 가설이다. 이제 곧 제2의 플라자 협정, 마라라고 협상에서 다음과 같은 조건에 서명할 것을 압박받을 것이다.

첫째, 중·일·한, 환율 절상 압력에 서명할 수밖에 없을 것이다.

둘째, 보유 채권을 이자 없는 100년물 채권으로 교환해 줄 것이다. 이 억지 같은 논리적 토대가 화폐의 총량 K%의 이론적 근거를 제시해 주고 있다.

이것은 미국 엘리트들이 선택한 것이지 트럼프가 하는 게 아니다. 트럼프는 유대민족을 구해준 성경 속 키루스왕이나 로널드 레이건처럼 그쪽 사람들이 세워놓은 대통령, 연기력을 오래전 검증받은 쇼하는 사람일 뿐이다. 사실은 미국 엘리트 관료들이 이끌고 단계별로 수위를 계속 올리고 있는 것이다.

자! 그렇다면 이제 이것이 맞느냐! 저것이 틀리느냐! 그런 시대가 아니다. AI에 올리면 되는 시대고 AI가 그렇게 분석한 얘기다. 향후 어떻게 전개될 것으로 예상되는가? 환율 폭이 엄청날 것이다. 또 코인도 엄청나게 띄울 것이다. 채권에 연동된 스테이블코인을 민간 기업 등에 유통시켜 기업과 시장을 핑계로 개인에게 최종적인 손실을 전가하는 구조다. 달러에 연동시키지 않고 채권에 연동시켜 나중에 개인들한테 폭파시켜 버릴 것이다.

그렇기 때문에 스테이블코인에 엄청난 거품을 넣어 큰 부자가 된 환상을 만들 것이다.

이러한 프로젝트는 달러 약세가 목적이다. 세계는 어떻게 될 것인가? 세계는 미국이 계속 지배할 것으로 보인다. 한국은 한 번도 겪어보지 못한 선진국의 저주, 복합 불황에 들어갈 것이다. 우리는 사상 최대 불황으로 간다. 우리는 자국민이 죽든지 말든지 형님이 부르면 바로 달려가 사인할 것이다. 그러나 이번에 트럼프는 세계인들한테 알려주면 안

되는 세계 엘리트들의 특권인 기축통화의 부당성에 대한 비밀을 알려준 것이다.

따라서 120년 전에 실비오 게젤이 주장했던 월 1%씩 늙는 돈, 루돌프 슈타이너가 주장한 25년 주기로 재평가하는 감가상각하는 돈, 80년 전에 케인즈가 제안했던 IMF SDR 준비통화처럼 세계무역화폐 "방코르 통화"의 이론적 토대가 세상에 태어날 수 있는 기회가 될지도 모르겠다. "왜 돈만이 유일하게 영원불멸할 수 있을까? 세상 만물이 시간의 무게를 견디며 늙어가는데 오직 화폐만이 시간에 무관심할 수 있단 말인가?"

스티븐 미란이 미국 정부에 제공한 마러라고 협정 보고서에 이자 없는 100년 만기 미국 국채 발행은 화폐 보관료 성격의 마이너스 금리다. 바로 그것이 길을 막고 있는 깡패에게 통행료를 바치는, 한도 끝도 없이 화폐를 축적해 놓은 자들에게 페널티 대신 이자를 바치는 것처럼 말이다. 즉, 이번 관세폭탄은 관세로 맞을래! 아니면 제2의 플라자 협정인 마러라고 협정에 서명하고 환율로 맞을래! 두 가지 중 하나를 선택해야 한다.

하지만 하나의 예외는, 만약 일본이 보유한 미국 국채 1.7조 달러, 중국이 보유한 1조 달러, 각국의 국채까지 약 5조 달러를 시장에 매각한다면 미국은 견디지 못하고 망할 것이다. 또한 세계무역 경제도 망할 것이다. 그렇다면 이번에 부도덕한 기축통화를 파괴시키고 주저앉혀 혼내줄 것인가?

관세전쟁과 화폐 구조의 전환 <정>

 2025년 봄, 도널드 트럼프 대통령이 새로운 보호무역 조치를 발표한 바로 그 순간, 세계 금융 질서의 균형은 조용히 무너지고 있었다. 지난주 증시 혼란에 대해 그는 "우리가 물려받은 건 끔찍한 경제"라며 책임을 이전 정부에 돌렸지만, 시장이 공포에 빠진 진짜 이유는 따로 있었다. 관세 인상이 예상보다 훨씬 더 강도 높게 진행될 것이라는 신호가 명확해지자, 세계의 시선은 갑자기 하나의 국가에 집중됐다. 미국의 오랜 경제 파트너 일본, 그리고 바로 그 일본이 전례 없는 결정을 내렸다.

 일본은 1조 7천억 달러에 달하는 미국 국채를 전격적으로 매도한 것이다. 이것은 단순한 금융 거래가 아니었다. 이는 시대를 바꾸는 조용한 경고였고, 동시에 미국 패권의 기반을 뒤흔드는 선언이었다. 수십 년간 일본은 미국의 국채를 대량으로 매입하며 워싱턴의 재정적자와 달러의 안정성을 지탱해 왔다. 그러나 이번에는 달랐다. 도쿄는 더 이상 침묵하지 않았다.

 그동안 감추어 온 불만과 억눌려 온 자존심이 한순간에 폭발하듯,

월가의 중심부를 향해 정밀하게 던져진 금융 수류탄이었다. 국채 수익률은 급등했고, 달러는 흔들렸으며, 전 세계 주식시장은 연쇄적인 충격 속으로 빠져들었다. 월스트리트가 공황에 빠진 사이, 전 세계는 묻기 시작했다.

왜 경제 제국의 기둥이자 동맹인 그 일본이 신뢰의 상징인 결속을 스스로 끊었는가? 그리고 그 해답은 워싱턴의 오만함에서 비롯된 비극이었다. 모든 것은 전기차에 대한 관세에서 시작되었다. 트럼프 행정부는 미국 제조업 보호를 내세워 일본, 한국, 유럽으로부터 수입되는 전기차에 대규모 관세를 부과했다. 테슬라와 GM, 포드를 보호하기 위한 조치였다.

그러나 도쿄 입장에서는 이는 단순한 무역 정책이 아니었다. 일본은 세계 최초로 하이브리드 차량을 상용화시킨 나라다. 도요타의 프리우스, 닛산의 리프는 단순한 상품이 아니라 국가 기술의 자존심이자 경제 정체성이었다. 그런 일본에 미국의 관세 조치는 동맹을 배신하는 폭력이었고, 오랜 신뢰를 짓밟는 선언처럼 느껴졌다. 비공개 협상은 실패로 끝났고, 미국은 타협 대신 압박을 선택했다. 도쿄는 벼랑 끝에 몰렸다. 그러나 일본은 미국이 간과한 무기를 가지고 있었다.

그것은 철강도 아니고 자동차도 아니었다. 그것은 바로 돈이었다. 1조 7천억 달러 규모의 미국 국채 매각은 감정적인 보복이 아니라 정밀하게 계산된 전략적 방역이었다. 미국 경제 심장을 향한 총 한 발 쏘지 않고 발사된 탄환이었다. 그 메시지는 분명했다. 우리를 공격한다면 우리는 당신의 경제를 무너뜨릴 것이다. 이 금융 공격은 곧 전 세계에 파장을 일으켰다. 국채 수익률은 치솟고 주가는 폭락했다.

헤지펀드는 자산을 매도하며 혼란에 빠졌고, 해외 정부들조차 미국 자산에서 손을 떼기 시작했다. 단 3주 만에 미국 시장에서 증발한 자산의 가치는 5조 달러에 달했다. 파란색 칩의 주가가 무너지고 연금은 손실을 기록하며, 평범한 미국 가정은 순식간에 노후자금을 잃었다. 언론은 시장 조정이라며 포장했지만, 실상을 아는 이들은 이미 알고 있었다. 이것은 단순한 조정이 아니라, 수십 년간 미국의 경제 지배를 가능케 한 믿음 자체가 무너지는 순간이었다.

하지만 진짜 고통은 이제 시작일 뿐이었다. 월스트리트의 고통이 서서히 미국의 가정에 도달하면서 중산층은 전면전의 최전선에 놓이게 된다. 인플레이션은 치솟고 수입 물가가 폭등했다. 전기차는 이제 서민의 손에 닿지 않는 사치품이 되었고, 변동금리 주택담보 대출은 순식간에 월 납입금을 두 배로 늘렸다. 신용카드 이자는 치솟았고, 임금은 그대로였다. 한 달 월급으로 할 수 있는 일이 줄어들며 국민은 점점 가난해지고 있었다.

그리고 이런 참화의 시발점은 단 하나의 선택이었다. 미국이 전 세계 경제와 맞서겠다고 결심했던 그날, 그 대가는 고스란히 미국 국민의 지갑에 도달한 것이다. 하지만 이 경제적 고통은 곧 더 거대한 변화를 불러올 폭풍의 전조에 불과했다. 도쿄의 조용한 방역은 단순한 항의가 아니었다. 그것은 신호였다. 수십 년간 미국 금융의 헤게모니에 불만을 품고 있던 나라들에게 던지는 일종의 시작이라는 신호였다.

미국 국채를 가장 많이 보유했던 일본이 스스로 그 줄을 끊자, 오랜 시간 미국을 견제하고자 했던 국가들이 조심스럽게 고개를 들기 시작했다. 중국은 이미 달러 자산을 축소하고 있었고, 러시아는 제재 이후 미국 자산을 완전히 포기한 지 오래였다. 한국, 인도, 심지어 동남아의 중소 국가들까지도 조용히 금융 전략을 바꾸고 있었다. 그러나 이들 중 누구도 일본만큼의 신뢰성과 무게감을 갖고 있지는 못했다. 도쿄의 결단은 곧 다른 나라들의 움직임에 정당성을 부여하는 결과로 이어졌다.

마치 누군가 총구를 처음으로 하늘을 향해 들어 올리자, 모두가 뒤따라 무기를 꺼내든 것처럼, 이제 그들은 단순한 무역전쟁을 넘어 달러 체제 자체를 뒤흔드는 움직임을 준비하고 있었다. 일본은 미국 국채를 매도하는 동시에 아시아 금융을 재편하는 작업에 착수했다. 이는 단순한 보복이 아니라 새로운 질서를 설계하려는 경제공학이었다.
도쿄는 자국 자본을 동남아 시장에 대규모로 재배치했고, 중국·한국·인도의 채권을 매입하기 시작했다.

아세안 개발 펀드에 자금을 확대했고, 역내 통화 스와프 협정을 늘려 달러 없는 거래 구조를 구축해 갔다. 도쿄는 더 이상 미국을 중심으로 돈을 움직이지 않았다. 그들은 이제 스스로 축이 되기 위해 움직이고 있었다. 이때 중국은 기회를 놓치지 않았다. 오랫동안 달러를 대체할 새로운 시스템을 구상해 왔던 베이징은 일본의 움직임을 환영했다. 이전까지 중국 단독의 움직임은 국제금융계에서 신뢰를 얻기 어려웠다.

하지만 일본이라는 중립적이고 신중한 강대국이 동참하자 분위기는 단숨에 달라졌다. 인도와 한국, 베트남, 인도네시아, 말레이시아까지도 조용히 대화를 시작했다. 회담은 언론의 시선을 피한 채 진행됐고, 정책 초안과 협정 문서가 물밑에서 오고 갔다. 미국은 이를 알아채지 못했다. 월가의 붕괴와 달러의 위기, 정치적 혼란에 빠져 있었기 때문이다. 그들의 눈앞에서 세계는 조용히 재편되고 있었지만, 워싱턴은 여전히 과거의 영광에 갇혀 있었다. 미국이 이 위기를 제대로 파악하지 못한 이유는 오만이었다.

그들은 일본이 절대 등을 돌리지 않을 것이라고 믿고 있었다. 2차 대전 이후 형성된 동맹, 안보 협력, 무역 동반자 관계, 워싱턴은 이 모든 것들이 일본을 붙잡아 둘 족쇄라고 생각했다. 하지만 일본은 오랫동안 불만을 쌓아왔다. 자동차에 대한 미국의 지속적인 견제, 기술 수출에 대한 제한, 무역 협상에서의 일방적 태도, 일본은 늘 2등 파트너로 취급받았다. 그리고 결정적으로 전기차 관세는 참을 수 없는 모욕이었다. 도요타, 닛산, 혼다, 일본의 기술 자존심을 짓밟는 조치였고 도쿄는 더 이상 침묵하지 않겠다고 결심했다.

트럼프 행정부는 일본의 국채 매각을 일시적 반발로 치부했다. 그러나 일본의 결단은 예고된 결과였다. 워싱턴은 그 경고를 듣지 않았고, 대가를 치르게 된 것이다. 일본이 금융 동맹에서 이탈한 순간, 다른 나라들도 뒤따르기 시작했다. 한국은 국채 보유를 줄이며 시장 불안을 이유로 들었다. 인도는 금 보유량을 늘리고 달러 자산을 줄였다. 대만조차 자산 일부를 아시아 채권으로 전환했다.

이는 단순한 분산 전략이 아니었다. 달러에서 탈출하기 위한 집단행동이었다. 그리고 이 흐름은 아시아를 넘어 남미, 중동, 유럽으로 퍼져 나갔다. 라틴아메리카는 역내 금융 협력을 강화했고, 중동 산유국들은 달러 없는 거래 구조를 테스트했다. 유럽연합은 디지털 유로를 다시 꺼내 들며 미국과의 무역 갈등에 대한 독자적 해법을 모색했다. 적국 아닌 동맹국들이 미국을 떠나고 있었다. 그리고 그것은 단지 금융의 실패가 아니라 워싱턴 외교 전략의 몰락을 의미했다.

이제 미국의 동맹국들은 더 이상 참지 않았다. 일본이 신호탄을 쏘아 올린 이후 도미노처럼 이어지는 금융 이탈은 단순한 무역 경쟁이 아닌 질서 전환의 전조였다. 그리고 그 정점에서 트럼프 대통령은 또 한 번 세계를 충격에 빠뜨렸다. 도쿄가 미국 국채 1조 7천억 달러를 매각하자 워싱턴은 협상이나 대화가 아닌 망치를 들었다. 트럼프 행정부는 역사상 가장 광범위한 경제 보복 조치를 일본에 단행했다. 자동차, 전자제품, 가전 산업, 기계 등 사실상 거의 모든 일본산 수입품에 최대 100%의 고율 관세를 부과한 것이다.

이는 2차 세계대전 이후 유지되어 온 경제 동맹을 파괴하는 선언이나 다름없었다. 백악관은 이 조치를 미국 노동자 보호를 위한 불가피한 대응이라고 포장했지만, 그 진짜 배경은 패권을 잃을 수도 있다는 공포였다. 이것은 단순한 환율 정책이 아니라 국제금융의 판을 갈아엎는 행위였다. 그리고 그 첫 단추를 바로 미국의 동맹국이던 일본이 끼운 것이다.

이제 미국 달러의 시대는 종말을 맞이하고 있다. 트럼프 대통령이 벌인 무역전쟁과 금융 패권의 무기화, 그리고 동맹국에 대한 오만한 태도는 미국이 75년간 지켜온 국제 통화 시스템의 중심 자리를 흔들어 놓았다. 일본, 중국, 러시아가 공동으로 제안한 새로운 글로벌 통화 체계는 단순히 미국에 대한 반감이 아닌, 달러 없는 세계를 향한 구체적인 설계다. 석유 가격이 더 이상 달러 가격으로 정해지지 않는 순간, 그것이 곧 미국의 글로벌 권력이 기초부터 무너지는 것을 의미한다.

서구의 패배 글로벌 대전환의 전조

미국의 외교 전략이 배타적인 외교 전략으로 회귀하고 있다. 이러한 변화는 미국을 국제 사회에서 점점 더 외톨이 제국으로 만들고 있으며, 아이러니하게도 이는 중국 공산당과 러시아, 인도 등 다른 신흥 강국들의 국제적 영향력 확대를 가속화시키고 있다. 과거 미국은 자유주의적 국제질서의 설계자이자 수호자로서 국제사회의 규칙을 만들고 동맹국들과 긴밀한 협력을 통해 세계질서를 유지하는 핵심적인 역할을 수행했지만, 이제 스스로 그 역할을 포기함으로써 국제질서 공백을 야기하고 힘의 균형을 근본적으로 변화시키고 있다는 비판이다.

러·우 전쟁과 관련해서도 미국이 냉전 종식 이후 러시아를 잠재적인 위협으로 간주하고 나토의 지속적인 동진 정책을 통해 러시아의 안보적 위협을 무시해 온 것이 결국 러·우 전쟁이라는 참혹한 결과를 초래해 왔다.

미국은 자국의 패권 유지를 위해 우크라이나를 지정학적 도구로 활용했으며, 러시아의 역사적·문화적·안보적 민감성을 무시한 채 서구 중심의 가치관을 강요하려 했던 것이 전쟁의 근본적인 원인이 되었다. 이 전쟁을 계기로 서구 문명의 도덕적 우월성과 정치적 영향력이 동시에 급격하게 약화되고 있다. 과거 서구는 자유, 민주주의, 인권이라는 보편적인 가치를 내세워 전 세계를 설득하고 영향력을 확대했지만, 이제는 우크라이나에 대한 무기 지원과 러시아에 대한 강력한 경제 제재라는 수단을 통해 국제질서를 유지하려 하고 있다.

반면 러시아의 부상은 단순히 군사력이나 풍부한 천연자원 보유량 같은 전통적인 요인만이 아니다. 러시아의 전략적 움직임은 유럽과 아시아 대륙을 잇는 유라시아 지역 내에서의 전통적인 영향력을 회복하고, 중국, 인도와 함께 다극 체제의 새로운 강력한 축으로 부상하려는 장기적인 목표와 맞물려 있다.

특히 러시아가 역사적, 문화적, 경제적 상호 의존성을 바탕으로 장기적으로 화해할 가능성이 여전히 존재하며, 이는 미국 중심의 세계질서의 공간을 흔드는 결정적인 변수가 될 것이다. 미국의 월가와 초상류층, 거대 기업, 금융산업 세력들은 세계질서 설계자로서 규칙을 만들고 질서를 유지하는 꿀을 빨고, 그 비용은 국민들이 세금으로 부담했다. 트럼프의 관세 정책 반란은 미국의 금융 귀족들과 평민들의 전쟁으로 내란인 것이다

달러패권은 붕괴할까, 유지될까?〈반〉

 무역전쟁은 트럼프 행정부가 나머지 세계를 향해 던지는 경멸의 사례일 뿐이다. 신뢰받는 파트너이자 동맹국이 미국 달러의 지지력을 지지하는 핵심 기둥이었는데, 그것이 이제 바람에 날아가 버렸다. 달러의 힘은 결국 동맹으로부터 나온다. 국제결제 시장에서 달러를 적극적으로 써줘야 기축통화를 유지할 수 있기 때문인데, 트럼프가 아군 적군 가리지 않고 관세폭탄을 무차별 난사하는 바람에 달러의 지배력의 근간이 되는 동맹국들로부터의 신뢰가 깨졌다.

 트럼프의 관세 정책으로 촉발된 달러 쇼크가 달러에 대한 두 가지의 중요한 질문을 던지고 있다. 첫째는 트럼프 쇼크로 인한 달러 약세가 얼마나 더 진행될 것인가? 둘째는 미국 자산시장에서 외국 자금 이탈이 가속화될 경우 글로벌 경제와 금융 시스템에서 달러의 지배력이 얼마나 악화될 것인가?

기축통화는 오히려 트리핀의 딜레마[4)]에 빠져 점차 약해질 수밖에 없는 구조다. 기축통화로서 달러가 강해진다는 주장은 어느 학파에서도 듣지 못했다. 달러를 발행해 다른 나라 재화를 사오는 과정에서 무조건 무역수지나 경상수지는 적자가 될 수밖에 없고, 또한 점점 더 늘어날 수밖에 없기 때문에 기축통화는 점점 약해지는 게 맞다. 다만 그렇게 약해지는 달러의 힘을 보강하기 위해 과거에 오일쇼크도 만들었고, 비트코인, 최근에는 스테이블코인도 만들어서 달러의 비축 수요를 창출해 냈다.

미국을 책임지는 관료들이 트리핀의 딜레마와 같은 아주 기초적인 상식도 갖추지 못하고 있으니 달러 강세로 인한 집단 피해망상증에 빠질 수밖에 없었던 것이다. 미국 수출 경쟁력이 떨어진 것은 달러가 강해서가 아니다. 달러를 발행해 외국의 재화를 사다 쓰는 것이 훨씬 더 싸게 먹히기 때문에 저절로 그렇게 된 것이다. 스페인이나 영국, 프랑스도 과거에 기축통화를 가지고 있었던 나라들의 공통점이 무엇이었던가. 하나같이 제조업이 없다.

프랑스는 와인과 관광산업, 영국은 살아남기 위해 금융산업을 발전시켰고, 미국 역시 과거에는 러스트 벨트를 중심으로 제조업이 강성했던 시절이 있었다. 하지만 1971년 전후로 달러의 세계 지배력이 확장되기 시작했고, 그때부터 반대로 미국 제조업은 빠르게 쇠퇴하기 시작한

---

4) 로버트 트리핀 예일대 교수가 주장한 경상수지 적자로 세계에 풀린 달러가 똥값, 저달러 현상을 가리키는 말.

것이다. 잉크와 종이만 있으면 달러를 발행해서 자동차도, 선박도, 반도체 같은 것들을 공짜로 가져올 수 있는데 굳이 미국에서 삽질해 가며 만들 이유가 없었던 것이다. 그게 바로 기축통화의 저주다.

기축통화를 갖고 싶다면 제조업의 쇠퇴는 결코 피할 수 없다. 제조업을 강화시키려거든 기축통화를 놔야만 가능한 일이다. 하지만 트럼프는 기축통화로서의 패권은 강화하겠다고 늘 말하고 다니면서 제조업도 강화하겠다고 하니, 이건 마치 남자가 되고 싶다. 그런데 난 여자이고 싶다. 이런 주장과 전혀 다르지 않다. 또 백악관에서 지금 경제자문위원회 위원장 완장을 차고 있는 스티븐 미란이란 사람이 달러에 대한 높은 수요가 차입 비용을 낮게 유지시켜 온 것은 사실이지만, 이것이 외환시장을 왜곡시켜 온 것 역시 사실이다. 이 과정에서 미국 기업들과 근로자들은 지나친 부담을 져야만 했고, 미국 제품과 노동은 글로벌 무대에서 경쟁력을 잃게 되었다고 주장한다.

미국 경제를 자문하는 대표가 달러가 기축통화로서 혜택보다는 피해가 훨씬 더 크다고 이렇게 잘못 생각하고 있으니 관세 놀이가 정당하다고 생각하는 것이고, 결국 그들이 세워놓은 무역 장벽에 의해 달러 가치가 쇠락하기 시작한 것이다. 트럼프 정부의 부정적 생각이 그동안 미국 자산이 누려왔던 특권을 잠식시키고 있으며, 이는 미국 자산의 수익률과 달러에 부담을 주고 있다. 이미 유럽이 미국을 제외한 나머지 국가들과 자유무역 협정을 시작했고, 중국 역시 이 기회를 틈타서 영역을 넓히기 시작했기 때문에 이제는 중국을 포위하려는 노력은 물 건너가 버렸다.

또한 이미 행동을 시작했기 때문에 트럼프가 관세를 모두 철회한다고 해도 이미 돌이킬 수 없는 것이다. 그러면 정확하게 달러의 시대는 얼마나 남아 있을까? 정확하게 국가 부채의 이자가 안보 비용을 넘어서면 제국의 패권을 내놔야 한다. 무적함대를 앞세워 한때 세계 주인이 되었던 스페인이 1650년에, 1780년대에는 프랑스가 그들의 전철을 밟았고, 1870년대에는 영국이 그랬듯이 일반적으로 70년~100년 정도면 기축통화로서의 수명은 다했다. 미국이 그 분기점에 와 있는 것이다.

미국은 감세안 연장과 2030년까지 5조 8천억 달러 추가 적자를 용인한다는 부채 상한액이 2025년 4월 5일 상원을 통과했으며 4월 10일 하원마저 통과했다. 2055년까지 미국의 국가 부채는 최대 60조 달러, GDP 대비 230%로 추산하고 있다. 앞으로 30년 후에는 미국이 심각한 재정 위기에 빠질 가능성이 높다는 것이다. 그 이후 달러의 세상도 끝날 수 있다는 말이다. 그러면 달러는 30년 후에는 죽는 것일까? 그럴리가! 전 세계인들이 같이 쓸 수 있는 기축통화는 무조건 필요하다.

뭔가 끊임없이 거래를 하고 살아야만 하는데, 거래할 때 결제 수단이 없다면 석기시대나 다름없는 것이다. 그렇다면 대안이 있는가? 유로화가 있잖아! 정부가 통합되어 있지 않기 때문에 애시당초 자격이 되지 않는다. 위안화는 인권에 대한 보장이 없는 나라이기 때문에 역시 자격이 없다.

금이나 스위스 프랑화, 일본 엔화는 세계를 모두 커버하기에는 너무 유동성이 작고, 암호화폐는 자체 변동성이 커서 화폐로서 기능을 수행하지 못할 뿐만 아니라 글로벌 암호화폐를 모두 더해도 2조 7천6백억 달러에 불과하다. 애플 한 종목 시총 2조 9천억 달러보다 작다. 미국이 아무리 트럼프 때문에 망조가 들었다고 하더라도 아직 전 세계 경제의 4분의 1을 차지하고 있다.

과거에는 해군력이 중요했지만, 오늘날 기축통화 유지에 가장 중요한 필수 조건은 각국에서 생산된 재화를 사줄 수 있는, 흡수해 줄 수 있는 거대한 시장이 필요하다.

지금 미국을 대체할 만한 단일 시장은 없다. 간헐적으로 금융위기를 만들어 왔었기 때문에 미국 달러는 전 세계 공식 외환보유고의 57% 이상을 점유하고 있고, 특히 어느 나라에서 돈이 필요하면 대부분 달러 표시 채권을 발행한다. 달러로 채권을 발행하게 되면 만기에는 반드시 달러로 채권을 갚아야 한다. 사실 달러 종말론은 지난 수십 년 동안 비집고 오르던 단골 이슈였다. 하지만 그때마다 달러는 대안을 새롭게 만들면서 더욱 지배력을 강화해 왔다.

물론 트럼프가 달러의 단명을 재촉하고 있으니, 달러의 세계 지배력에는 분명 회복하기 어려운 상처가 남았을 것이다. 그러나 만약 2055년에 미국 달러가 그 수명을 다한다면, 그 시점 이전에 이미 달러를 대체할 만한 새로운 통화가 등장해 있어야 한다.

과거 영국이 기축통화로서 수명을 다해가고 있을 때 달러가 이미 전면에 나서고 있었듯이, 달러가 천천히 후퇴하고 대신 대안 통화가 떠오르는 모습이 지금 이미 나타나고 있어야 된다. 하지만 지금 달러를 대신할 수 있는 안전한 대안 통화는 아무리 눈을 씻고 봐도 전혀 흔적조차 보이지 않는다. 적어도 2055년 30년 이후는 몰라도 10~20년 이내 달러가 죽을 확률은 매우 희박하다고 영란은행 산하 싱크탱크인 '공적 통화 금융기구 포럼(OMFIF)'의 미국 의장 마크 소벨(Mark Sobel)은 주장했다.

트럼프와 새로운 질서〈합〉

　도널드 트럼프 당선 직후 일론 머스크가 자신의 X에 트럼프와 함께 있는 사진과 Novus Ordo Seclorum 문장을 올렸다. 이 문장은 1달러 지폐 뒷면에도 새겨져 있다. 라틴어인데 영어로 번역하면 New World Order(뉴 월드 오더)다. 이렇게 대놓고 얘기하고 있는데도 트럼프나 일론 머스크가 어떤 사람인지 눈치채지 못하고 있는 사람들이 많다. 머스크의 X에 화답하듯 트럼프는 수지 와일스를 대통령 비서실장에 임명했다.

　수지 와일스는 화이자[5]를 비롯한 대형 제약회사의 로비스트였다. 코로나 때 워프 스피드 작전으로 mRNA 백신을 긴급 승인해 준 사람이 트럼프다. 이번에 트럼프가 당선되도록 작동했던 방식으로 미리 솔루션을 계획해 놓고 대중들이 그 솔루션을 선택하도록 의도적으로 문제를 일으키는 방식으로, 이미 오래전부터 얘기해 오고 있었던 방식이다.

　1956년 록펠러 브라더스 펀드가 진행한 특별 연구 프로젝트가 있다.

---

5) 미국 뉴욕에 본사를 두고 아일랜드에 생산시설을 둔 글로벌 제약회사.

헨리 키신저가 책임자로 이끌었던 프로젝트인데, 이 결과물이 1961년에 발간된 보고서 《미국을 위한 전망》이다. 이 보고서에는 글로벌 금융 세력 일루미나티가 오랫동안 추구해 온 세계정부를 실현하기 위한 뉴 월드 오더를 수립하기 위한 행동 계획이 담겨있다.

이 보고서의 내용을 간단히 살펴보면, 두 차례의 세계 대전을 통해 새로운 국제 질서가 탄생할 수 있는 국제적 환경이 조성되었다.

이제 개별 국가들이 UN이나 WHO 등 국제기구에 주권을 넘겨줄 동기가 아직 충분하지 않다. 그렇기에 개별 국가들이 혼자서는 해결할 수 없는 문제들이 발생하면, 그 문제의 해결을 위해서 연합할 것이다. 그래서 UN이나 WHO가 강요하기 위해서 의도적으로 점점 더 어려운 문제들을 만들어 낼 것이다.

예를 들어, 코비드 같은 것들을 만들어 내겠다. 국제기구 밑에 지역연합기관, 여기서 말하는 지역기관은 EU(유럽연합) 같은 것을 말한다. 유엔이 2009년 세계를 10개 권역으로 나눈 지도를 보면 브릭스 국가(브라질·러시아·중국·인도·남아공)들이 전 세계를 10개 권역으로 나눈 중 다섯 개 권역에 각각 중심 국가다. 이미 유럽은 EU, 북미는 미국과 캐나다. 이렇게 재편되면 전 세계는 10개 권역별로 상당히 많이 달성되는 것이다.

이 보고서가 나온 지 60년 전인데, 현재 시점으로 봤을 때 이 방식은 성경의 예언과도 일치한다. 열 개의 뿔, 세계가 10개의 권역으로 통합될 것이라는 다니엘서와 요한계시록 예언과 일치하는 방식이고, 2007년 푸틴이 유엔안보회의 연설을 보면 세계질서의 변증법, 정·반·합이 나타난다.

오늘날 세계에서 나타나고 있는 단극 질서, 미국을 중심으로 일방적이고 불법적인 행위는 어떤 문제도 해결하지 못했다. 더욱이 그들은 새로운 인류의 비극을 일으켰고, 새로운 긴장을 발생시켰다. 오늘날 군사력의 과잉 사용을 목격하고 있으며, 분쟁의 심연으로 몰아넣고 있다. 이는 미국이 다른 나라에 강요하는 경제·정치·문화·교육 정책에서 볼 수 있다. 누가 이것을 좋아하나! 누가 이것을 기뻐하나! 브릭스(Brazil, Russia, India, China)란 용어는 2001년 골드만삭스 회장이 만든 용어다.

그러니 금융 자본국 당신들이 모여서 이렇게 한번 해보라고 던져준 것이다. 최근 들어 잘 굴러가고 있다. 최후의 수단으로 군사력 사용을 내릴 수 있는 권한은 유엔 헌장이다. 이 연설의 변증법을 정·반·합으로 해석해 보면 월가 금융 일루미나티들은 세계를 국제기구에 포함시키기 위해 미국을 온갖 더러운 일을 벌이고 있는 것으로 만들고 있다. 아프간, 시리아, 리비아, 이라크, 우크라에서 벌이고 있는 부도덕한 군사적 개입의 책임을 미국에 돌리고 있는 대표적 사례다.

동시에 브릭스를 국제 사회에 힘을 진정으로 단결시키고 여러 나라들의 사건에 실제로 대응할 수 있는 더 강력한 세력으로 제시한다.

그러니 부도덕한 미 제국주의 폭주〈정〉

그에 대한 대항마 브릭스 부상〈반〉

그 결과 도출되는 다극화되고 지역 강국들로 통합된 국제기구 중심의 새로운 세계질서 뉴 월드 오더.〈합〉

따라서 트럼프의 연기력은 새로운 세계 재편과 헨리 키신저와 푸틴,

예수회와 크립토 유대인, 글로벌리스트(Globalist)들은 대중 심리학, 집단 심리학의 대가들이다. 프로이트의 심리학이나 카를 융(Carl Gustav Jung) 집단심리학 둘 다 공히 카발라(Kabbalah)⁶⁾의 심리학의 많은 영향을 받았다. 그렇기 때문에 글로벌리스트들은 분명히 어떤 전 세계 사람들의 열망, 그들의 마음을 고려하고 있다.

미국의 치국이 단극 체제, 어떤 폭주하고 있는 신식민주의, 이런 부도덕한 군사력 개입, 경제 제재 이런 것으로부터 벗어나고 싶다는 전 세계인의 어떤 열망을 글로벌리스트들은 모를 리 없고, 오히려 이를 교묘히 이용하고 있다는 점이다.

브릭스가 만들어지고 신세계 질서가 다극화된 방식으로 설계된 것도 그런 이유고 그들은 세계에서 억압받는 민족들과 함께 뭉쳐서 미국이 주도하고 있는 단극 체제를 무너뜨리는 사태가 전개되길 원할 수도 있다.

즉 과거 세습 받는 왕권 국가 체제를 무너뜨렸듯이… 그러나 그것이 실제로는 이전보다 훨씬 강화된 예속의 시작이며, 대부분의 세계인들이 노예 상태로 추락하게 되는 것을 뜻한다. 그러니까 〈뉴 월드 오더〉, 신세계 질서는 우리가 극복해야 할 또 다른 문제가 아니라 우리의 모든 문제에 대한 해결책처럼 제시될 수 있다.

---

6) 모세의 율법을 지키는 것이 유대교의 기본교리였지만 하나님에게 직접 다가가는 신비로운 경험과 구전 전승이다.

적어도 처음엔 부패한 자들이 패배하고, 3차 세계대전이 멈추고, 모든 지역 분쟁이 종식되고, 빈곤이 완화되고, 부채가 탕감되고, 비밀이 밝혀지는 것처럼, 그러한 상황 속에서 대중은 기쁨에 압도돼서 기꺼이 새로운 질서를 받아들이게 된다. 이것이 바로 문제-반응-해결책, 변증법적으로 정-반-합으로 작동하는 방식이다. 의도된 결과를 도출하기 위해서 이런 변증법으로 그들이 잘하는 방식이다.

트럼프의 의도적인 경기침체

곳곳에서 100년 전 대공황이 다시 올 수 있다는 말이 나오고 있다. 대공황, 우리는 경험한 적 없지만 1929년 뉴욕 증시가 순식간에 붕괴하며 시작된 대공황은 미국의 은행들을 줄줄이 파산시켰고, 이러한 미국발 금융 충격은 국경을 넘어 전 세계를 덮쳤다. 그리고 이런 경제위기와 혼란을 틈타 독일에서는 히틀러가 등장했고, 이후 세계 2차 대전이라는 또 한 번의 비극이 벌어졌다. 그만큼 대공황은 섣불리 꺼내기에 조심스럽고 무거운 단어다.

단순한 경제위기가 아니라 국가가 무너지고 전쟁이 벌어지고 세계질서가 뒤집힐 수도 있는, 말 그대로 대공황 상황을 가리키기 때문이다. 그런데 최근 이 대공황이라는 단어가 자주 보인다. 그만큼 지금의 상황이 심상치 않다는 뜻이다. 특히 세계에서 가장 안전한 자산으로 여겨졌던 미국 국채가 크게 흔들리고 있는데, 일각에서는 트럼프가 미국의 부채를 녹이고 달러패권을 지키기 위해 고의로 위기를 조장하는 게 아니냐는 음모론까지 제기되고 있다.

대공황 위기설과 흔들리는 미국 국채, 그리고 음모론까지. 지금 세계 경제엔 어떤 암운이 드리운 것일까. 세계 금융계를 주름잡고 있는 거물들이 일제히 트럼프의 관세 정책을 비판하고 1930년대 대공황이 재현될 수 있다고 경고하고 있다. 뉴스나 경제 기사에서 한 번쯤 들어봤을 노벨 경제학 수상자 폴 크루그먼은 트럼프가 완전히 미친 짓을 하고 있다고 비판했고, 헤지펀드의 대부로 불리는 레이 달리오도 지금 상황이 1930년대 대공황 직전만큼이나 심각하다며 우려의 목소리를 냈다.

이뿐만이 아니라 미국의 경제학자 900여 명은 트럼프 관세 정책에 공개적으로 반기를 들기도 했다. 수많은 금융계 전문가와 경제학자들이 뜯어말리는 트럼프의 관세 정책, 예측 불가능한 트럼프의 행동은 그가 정말 이상한 사람이어서일까, 아니면 그 안에 숨은 계산이 있는 것일까? 일각에서는 이 모든 게 트럼프의 '위험한 전략'이라고 보기도 한다.

고의로 이런 위기를 설계하고 있다는 것인데, 그 배경엔 미국의 막대한 국가 부채와 달러패권 붕괴 위기가 있다.

현재 미국의 총국가 부채는 36조 달러가 넘는다. 우리 돈으로 환산하면 무려 약 5경 원에 달하는 금액이다. 다른 나라 같으면 부도가 났어도 진작 났어야 하는 상황이지만, 미국은 이런 빚을 떠안고도 문제없이 국가를 운영해 왔다. 매년 재정적자에 빚이 눈덩이처럼 불어나도 끄떡없을 수 있는 이유는 오직 미국이기 때문에 가능한 일이다. 미국은 만성적인 재정적자를 국채 발행을 통해 메워왔다. 국채란, 정부가 자금을 조달하기 위해 발행하는 채권을 말한다.

쉽게 말해 일정한 돈을 빌려주면 약속한 금리를 주겠다는 빚 증서다. 즉, 미국은 빚을 빚으로 막아온 것으로 카드 돌려막기를 하는 느낌이다. 하지만 미국의 이러한 조치가 가능했던 이유는 그만큼 미국 국채를 살 곳이 많았기 때문이다. 국채는 정부가 보증하는 채권이니, 나라가 망하지 않는 한 돈 떼일 염려가 없다는 인식이 크다. 그래서 세계 각국의 은행이나 기관 투자자도 안전자산인 국채를 많이 들고 있는데, 특히 미국 국채는 세계에서 가장 안전한 투자처로 손꼽힌다.

왜냐하면 전 세계 공용통화 달러를 직접 발행하는 기축통화국인 데다가 경제력으로는 단연 1위, 여기에 더해 세계 최강 군사력을 가진 미국이라는 나라가 쉽게 망할거라고 생각하는 사람이 없기 때문이다. 그런데 최근 들어 이런 미국 국채에 대한 신뢰가 조금씩 흔들리고 있다. 25년 4월 초, 미국 국채 금리는 24년 만에 최대폭으로 치솟으며 그야말로 금리가 발작을 일으켰다. 여기서 먼저 국채 가격과 국채 금리의 관계를 짚어보면, 미국 국채는 채권의 일종으로 일정한 금액을 빌려주면 발행 당시 약속한 금리를 주겠다는 증표다. 표면 금리는 고정돼 있지만, 국채 가격은 수요·공급에 따라 오르락 내리락한다. 그에 따라 계산되는 국채 금리는 변동된다.

국채 수요가 줄고 국채 가격이 하락하면 국채 금리는 높아지는 원리다. 이렇듯 국채 가격과 국채 금리는 서로 반대로 움직인다.

그러니까 미국 국채 금리가 급등했다는 것은 투자자들의 국채 수요가 줄고 매입을 기피한다는 신호이고, 결국 미국 국채에 대한 신뢰가 흔들리고 있다는 의미다. 가장 안전한 자산으로 여겨졌던 미국 국채가 이제 더 이상 예전만큼 안전하지 않다는 것인데, 그렇다면 대체 왜 갑자기 안전자산으로 여겨지던 미국 국채의 신뢰는 흔들리기 시작했을까? 미국 국채에 대한 신뢰가 무너진 그 첫 번째 이유는 너무 많은 빚 때문이다.

앞서 말한 대로 미국은 매년 재정적자를 기록하고 있고, 빚은 눈덩이처럼 불고 있다. 국채를 발행해 이 빚을 감당하고 있는데, 이게 너무 과하다 보니 아무리 미국이라도 앞으로 빚을 계속 갚을 수 있을까, 국채를 너무 많이 찍어낸다는 시장의 불안감이 커지기 시작했다. 물론 얼마 전까지는 미국이 아무리 국채를 마구 찍어내도 사줄 사람이 충분히 많았기 때문에 아무런 문제가 없었는데, 하지만 지금은 상황이 많이 다르다.

미국 국채를 가장 많이 보유하고 있는 나라는 일본과 영국 그리고 중국인데, 최근 몇 년 미·중 갈등이 심화하면서 중국은 미국 국채 보유량을 줄이며 의존도를 낮추고 있다. 최근 미국 국채 금리가 발작을 일으킨 것도 중국에서 대량으로 미국 국채를 투매해서 벌어진 일이 아니냐는 의심이 제기되기도 했다. 그리고 미국 국채 신뢰도가 하락한 두 번째 이유는 바로 달러패권이 흔들리고 있기 때문인데, 지금까지 미국 국채가 안전자산으로 여겨진 이유는 미국 달러가 세계 경제의 중심에서 가장 강력한 지위를 갖고 있었기 때문이다.

그런데 최근 몇 년 사이 이런 분위기가 급변하고 있다. 국제통화기금이 발표한 보고서에 따르면 세계 각국 중앙은행의 외환보유액(Foreign Exchange Reserves)에서 달러가 차지하는 비중이 점점 줄고 있다. 2000년 70% 이상이었던 달러 비중은 지난해 60% 이하로 떨어졌는데, 세계 각국이 외환보유액에서 달러 비중을 줄이고 유로화나 중국 위안화, 금 같은 다른 자산의 비중을 야금야금 늘려왔다. 이런 상황에서 달러 의존도를 낮추려는 움직임도 커지고 있다. 중국과 러시아는 서로 간 무역의 95%를 달러가 아닌 위안화, 루블화로 결제하고 있다.

또한 브라질, 러시아, 중국, 인도, 남아공 이렇게 다섯 국가 신흥 경제 강국, 이 나라들을 브릭스(BRICS) 국가라고 하는데 브릭스 국가는 달러가 아닌 자체 결제 시스템을 도입하며 대놓고 탈달러화에 나섰다. 이러한 달러패권에 대한 도전이 계속되면서 기축통화국인 미국의 특권도 점차 사라질지 모른다는 위기감이 커지고 있다. 그동안은 전 세계가 달러를 쓰고 미국 국채를 사줬기 때문에 미국이 달러를 마구 발행하고 국채를 발행할 수 있었는데, 이제 그 절대 권력에 균열이 생기기 시작했다.

정리해 보자면 미국은 지금 5경이라는 어마어마한 국가 부채가 쌓였고, 그동안 이를 해결해 주던 미국 국채의 신뢰도도 하락 중이다. 또 공고하던 달러패권이 도전받는 상황이다. 즉 미국 경제의 커다란 3대 축이 동시에 흔들리고 있다. 이런 상황에서 미국 제조업을 부활시키겠다며 연일 관세폭탄을 던지는 트럼프의 정책은 미국 경제를 더 위태롭게 만드는 무모한 정책으로 보일 수밖에 없다.

그런데 일각에서는 트럼프가 의도적으로 인플레이션을 유도하는 게 아니냐는 이야기가 나오고 있다. 단순히 미국의 보호무역주의가 아닌, 심각한 미국 부채를 해결하기 위해 치밀하게 계산된 전략이란 것인데, 미국은 지금 36조 달러라는 역사상 최대 규모의 빚더미에 있다. 이자만 연 4%로 계산해도 무려 1년에 2천조 원에 달한다. 지난해 한국의 예산이 약 650조였는데, 미국은 우리나라 1년 예산의 거의 3배에 달하는 돈을 이자로만 내고있는 셈인데, 게다가 코로나 팬데믹 이후 발생한 인플레이션을 잡기 위해 미국 연준은 줄곧 높은 금리를 유지해 오고 있다. 그러니 미국 정부의 이자 부담은 더 클 수밖에 없다.

이자만 이 정도인데 5경이라는 막대한 빚은 정상적으로 세금을 걷거나 경제 성장을 해서는 도저히 갚기 힘든 구조다. 그리고 바로 이 지점에서 이 모든 게 트럼프의 전략이라는 음모론이 등장하는데, 관세폭탄을 던지며 인플레이션을 자극하고 있는 트럼프는 동시에 미 연준에 공개적으로 금리를 내리라는 압박을 하고 있다.

인플레이션이 커지면 화폐 가치가 하락하고, 그만큼 국가 부채도 하락하며 빚이 줄어드는 효과가 발생한다. 게다가 금리가 낮아지면 이자 부담이 줄기 때문이다. 사실 과거에도 미국은 이런 방법을 써서 국가 부채를 크게 줄인 적이 있다. 바로 2차 세계 대전 이후 시행한 금융 억압 정책인데, 당시 부채가 GDP 대비 120%에 달했던 미국은 금리를 인위적으로 낮게 묶어놓고 인플레이션은 방치하면서 정부의 실질 부채를 녹여냈다.

이것은 고통을 국민과 투자자에게 전가하고 정부 빚을 줄이는 방식인데, 문제는 이게 바로 트럼프의 전략이라면 아주 위험한 도박이라는 것이다. 1940년대 미국은 세계질서를 주도하는 절대 패권국이었다. 달러와 미국 국채에 대한 절대적 신뢰가 있었다. 그래서 이 전략이 성공하기 위해선 여전히 달러와 미국 국채가 외면당하지 않아야 한다는 조건이 붙는데, 하지만 그때와 상황이 다르다. 자칫 삐끗하면 미국의 물가는 예측보다 더 심각하게 치솟을 수 있고, 연준의 금리 정책은 통제력을 잃게 될지도 모른다.

미국 국채와 달러의 신뢰가 무너지는 최악의 시나리오가 벌어질 가능성도 있다. 그렇게 되면 국채는 금리가 폭등하고, 은행들이 마비되고, 금융 시스템 전체가 위기에 빠지게 되는데, 그러나 알다시피 이것은 단순히 미국만의 문제가 아니다. 전 세계중앙은행과 주요 기관들이 미국 국채를 안전자산으로 들고 있고, 세계무역과 외환시장의 중심 통화가 미국 달러인데, 이것이 흔들린다면 각국의 통화 가치, 자본도 연쇄적으로 큰 충격을 받을 수밖에 없다.

1930년대에 뉴욕 증시 붕괴로 시작된 미국발 대공황처럼 세계 경제는 장기불황의 소용돌이에 빠지게 될지도 모른다. 트럼프는 정말 세계 경제 전체를 거대한 도박판 위에 올려두려는 걸까? 물론 이 모든 것은 단지 음모론일 수 있다. 트럼프가 정말 인플레이션을 고의로 유도하고 있는지 아닌지 그 속내는 아무도 정확히 알 수 없다. 하지만 한 가지는 분명하다.

트럼프의 진짜 의도가 무엇이든 간에, 트럼프의 선택들이 세계 경제를 거대한 불확실성 속으로 밀어 넣고 있다는 사실이다. 트럼프는 세계 경제에 어떤 소용돌이를 몰고 올까? 그리고 이 위기 앞에서 우리는 과연 얼마나 준비돼 있을까?

문명의 전환기 거대 담론

 그 조건을 갖춰야 해! 그런데 그 나라는 수용 불가능한 무역 불공정 조건을 갖추고 있어! 이제 그 나라는 안 돼! 미국의 약달러 기축통화패권 유지 전략은 미국이 무엇을 노리고 있는지 이해해야 한다. 중국이 어마어마하게 수출해 번 돈으로 미국 기업을 사들이는 등 미국 내부를 파먹는 짓은 이제는 안 된다. 미시경제 분석가들 눈에는 마러라고 협정이 얼토당토않게 광인 전략으로 보일 수도 있으나, 사실 이러한 정치와 경제와 안보가 서로 연계되어 가면서 미국은 마러라고 협정을 추진해 나갈 것이다.

 이것은 트럼프가 아니더라도 미국이 앞으로 장기적으로 이런 체제로 갈 수밖에 없다. 트럼프 정부의 세계 전략 구상은 문명의 전환점이 오고 있다는 것을 전제해 마러라고 협정 체제, 골든돔 체제, 그리고 글로벌리스트들의 이념적 공세를 저지하는 3축 전선에서 자기 나름대로 투쟁과 정책을 추진하고 있다.

 그렇다면 골든돔 체제 입장권을 살 것인가 말 것인가,

그것이 마라라고 협정 체제를 구축하려는 첫 번째 수단이라면, 두 번째 수단은 미국 시장을 트럼프는 골든 마켓, 황금 시장이라 부른다. 그래서 마라라고 협정에 서명할 거야 말 거야! 입장할 거야 말 거야! 하는 유인책이 바로 미국 황금 시장을 무기화하겠다는 것이다. 트럼프는 미국이 최대의 소비시장이고 미국에 상품을 갖다 판다는 것은 어마어마한 경제적 특권이란 것이다.

그것은 사실 현실적으로 맞는 얘기다. 미국에 팔 때 그 물량과 품질의 조건, 여러 가지 시장 경험치를 절대 무시할 수 없다. 세계 어디서도 볼 수 없는 시장인 것은 확실하다. 그래서 트럼프는 이렇게 얘기한다. 이 미국 시장, 황금 시장에 입장하려면 관세, 환율 조정, 제조업 산업 이전, 국채 구매, 안보 비용 부담, 이것은 일종의 비용을 부담하고 입장권을 사라는 것이다.

좀 더 구체적으로 말하면 지금은 문명의 전환기다. 디지털 시대가 퀀텀 시대로 탈바꿈하는 시대다. 퀀텀 시대란 자연과학적인 양자역학뿐만 아니라 어떤 문제를 정치, 경제적으로 어떻게 해석할까의 문제다. 1990년 소련이 붕괴되고 35년 만에 다시 하나의 다른 기술 문명의 전환기가 도래한 것이다. 그렇다면 퀀텀 기술이 지배하는 사회란 어떤 것인가? 퀀텀 컴퓨터를 기반으로 한 초지능 AI, 퀀텀 파워 인텔리전스, 그 초지능 AI가 보다 조밀하게 오퍼레이팅하는 사회가 오고 있는 것이다.

그렇다면 트럼프 정부는 왜 마러라고 협정에 사인하는 국가와 하지 않은 국가, 두 그룹으로 나누려고 하는가? 디지털 기술은 많은 네트워크로 공개적이고 개방적이지만, 퀀텀 기술은 그 파괴력 때문에 신뢰할 수 없는 국가 또는 적성국과는 공유할 수 없다. 바로 퀀텀 기술의 폐쇄성 때문이다. 퀀텀 문명은 신뢰 장벽 때문에 권한을 갖는 라이선스가 있어야 한다.

트럼프는 이러한 속성을 이해하고, 이러이러한 국가들과는 같이 갈 수 없다는 것을 알고 있는 것이다. 아브라함 협정, 인도-중동 경제 회랑, 마러라고 협정, 골든돔 동맹 안보, 이렇게 갈 수밖에 없다는 것을 트럼프 팀들은 전부 깨닫고 추진하고 있는 것이다.

바젤3 앤드게임 규제

바젤3 협약은 2025년 7월 1일부터 전 세계은행에 공식적으로 적용되는 규제로, 신용평가 기준과 지급준비율 등 은행 건전성 강화를 위한 국제금융 규범이다. 이 협약의 일환으로 2027년부터 시행이 승인된 FRTV 규제는 '최종 단계(Finalization)'를 의미하는데, 흥미롭게도 그 명칭이 '엔드게임(Endgame)'으로 불린다. 이는 금융 규제 개혁의 마지막 퍼즐을 완성한다는 의미와 함께, 금융권에서는 다소 긴장감을 주는 상징적 표현으로 받아들여지고 있다.

신흥국 인프라에 대해 규제가 시작되면 금융위기급 핵폭탄이 될 가능성이 높다. 지금까지 LTV 자본 규제는 주택이나 개인의 위험자산 가중치를 올렸는데 FRTV는 핵심 인프라 같은 곳에 자본 규제가 들어가는 것이다. 19세기 영국과 비슷하다.

영국이 1930~1940년대 자유무역을 추구했다. 이제 신흥국 자본시장에 대해서도 통제가 들어가는 것이다. 신흥국들을 일부러 파산시키려 한다. 100년 전 1차 세계대전 전 영국이 했던 공정무역을 하자는 것과 똑같다.

영국은 자신이 제조업 경쟁력이 있을 때는 자유무역을 하고 40년 동안 전 세계를 호령했는데, 1870년대쯤 영국과 프랑스와 독일이 제조업 강국이 된다.

자유무역을 하면서 계속 수입만 하던 경쟁국가 독일과 프랑스, 미국이 제조업 강국으로 변하면서 영국이 다시 조약을 하면서 옹색한 변명을 한다. 지금 트럼프가 주장하는 것과 똑같다. 공정무역을 하고 관세 협상을 하자고 영국이 주장했던 것이다.

이 갈등이 터진 게 1차 세계대전이다. 1차 세계대전 이전 1907년에 미국과 전 세계 주식시장 대붕괴 사건이 터졌다. 이러한 일련 과정의 금융 조약들이 100년 전에도 비슷하게 똑같이 있었다. 우리는 지금 시대가 마치 새로운 시대, AI 시대에 살고 있는 것처럼 뭔가 특별하게 새롭게 변하고 있다고 하지만 사실은 100년 전과 똑같다. 19세기 대영제국에서 벌어졌던 일들이 21세기 미국에서 똑같이 벌어지고 있는 것이다.

우리는 마치 비행기도 날아다니고 화성에도 갔다 오니 새로운 일이 생기는 것처럼 과도하게 흥분되는 일로 생각하는데 사실은 200년 전 영국에서 전 세계를 상대로 한 자유무역 시스템에서 공정무역 시스템으로 변화하는 시기의 협상이라든지 논리를 지금 보고 있는 것이다. 그리고 그것이 이런 일이 기업 단위로 이뤄지던 게 국가 단위로 신용평가가 2027년부터 이뤄지기 때문에 사상 최악의 사태가 벌어질 가능성이 높다.

신흥국이 발전하기 위해서는 돈을 빌려야 되고, 빌려간 돈에 대한 중금리 또는 고금리는 더 이상 발전할 수 없도록 금융 노예화하는 것이다. 사실상 이렇게 되면 신흥국의 경제활동은 상당히 위축되거나 멈출 수밖에 없다. 세계 경제는 상당히 위축될 것이다. 그러니까 사실 올해부터 2~3년 동안은 주식이나 자산에 상당한 거품의 정점에 있다고 볼 수 있는 것이다.

이런 일들에 대해 기본적으로 한국은행이라든지 금융감독원 이런 곳에서 국민들에게 광범위하게 전문가들의 설명이 있어야 하는데 이야기가 없다. 일부러 세계 경제를 한 번 붕괴시키려 몰고 가는 것 같다. 바젤3 최종 규제안이 2025년 3월에 통과됐는데 규제안 이름이 앤드게임이다. 우리나라 금융 관료들도 모른다. 다 터지고 2026년 하반기부터 이슈가 될 것 같다. 지난 30년간은 자유무역이었다.

그런데 갑자기 미국이 더 이상 팔아먹을 게 없으니, 스테이블코인이라는 미국 달러나 국채에 연동되는 코인을 팔아먹기 위해 공정무역을 하자고 1870년대 영국과 똑같은 짓을 하고 있다. 역사의 순환을 보면서 사상 최대 코인 거품을 만드는 것 같다. 제국이 몰락할 때 가장 무서운 게 화폐가치 하락이다. 2027년~2028년 엄청난 것이 몰려올 것 같다. 은행 주식도 엄청난 폭락이 예상된다. FRTV-sA 제도는 개인 금융을 넘어 국가 단위 규제다. 은행이 금융위기를 대비해 준비금 3배를 더 쌓는 제도다. 스테이블코인이 쓰일 확률이 높다.

국가와 건설사는 대형 프로젝트에 대비해 그에 상응하는 상환 능력을 준비해야 한다. 바젤3는 금융기관 건전성을 위한 규제이며, IFRS9(2008년 도입)부터 IFRS18까지는 국제회계 기준에 따른 산업별·국가 단위 규제로, 2027년부터 본격 시행된다. 예를 들어 IFRS9는 자산과 부채의 구분규제, IFRS16은 항공사의 리스·렌탈 자산 부채비율 규제, IFRS17은 보험사의 재무건전성 규제, IFRS18은 2027년부터 도입되는 손익계산서 구조규제를 의미한다.

머지않아 북한과 손을 잡고 협력하며, 미군기지를 유지하는 한편 남중국해에서 자금을 빼내려는 움직임도 나타날 수 있다. 이들은 노르만 족들이다. 미국과 영국이 금융안정, 금융 발전을 위해 명분상 금융 위기를 막겠다며 신흥국을 상대로 선진국이 고리대금업을 하겠다는 것이다. 스테이블코인으로 그레이트 리셋하는 것인가.

한국 또한 2025년 3월에 금융감독원장이 서명했다.

IFRS18 변화의 시대다. FRTV-sA 제도는 2027년부터 신흥국 제조업 대출이 엄청나게 까다로워질 것이다. 명분상 금융위기를 막겠다며 금융 조달을 까다롭게 하고 중진국 제조업을 다 죽이려는 것 같다. 베트남, 인도, 멕시코는 어떻게 될까. 전 세계가 돈이 안 돌아 다 부도날 것이다. 강요된 폭력이다. 고용 없는 세상이 될 것 같다.

스테이블코인과 달러패권〈정〉

2025년 6월 17일 상원을 통과한 지니어스 법안의 핵심은 첫 번째 국채 수요를 만드는 법안이고, 두 번째는 빅테크 금융육성 법안이다. 지니어스 법은 천재적인 법안이다. 그동안 통화패권은 월가와 연준이 독점하고 있었는데, 통화패권 시장에 빅테크를 통화패권 금융의 영역으로 진입할 수 있게 문을 열어준 개혁법안이다. 심지어 민주당 상원의원 절반까지도 찬성한 것이다.

미국을 개혁한다는 것은 월가를 개혁한다는 것이고, 금융을 개혁한다는 것이다. 지니어스 법안은 스테이블코인 육성 법안이다. 누구든지 일정 조건만 갖추면 스테이블코인 발행을 허용하는 법안이 통과된 것이다. 그 조건이란 준비금을 달러나 연준이 인정하는 채권 담보다. 그리고 준비금 내용을 한 달에 한 번씩 공개해야 한다. 500억 달러 이상 투자 법인은 1년에 한 번씩 회계감사를 받고 그 결과를 공개해야 한다.

이 세 가지를 지키면 월가 은행이 아니어도 스테이블코인을 발행할 수 있다는 것이 핵심 내용이다. 규제의 주체는 그동안 미국의 SEC 증권거래위원회, 상품선물위원회 두 곳 중 하나였는데, 이번 지니어스 법안은 연준이 규제기관으로 설정되어 있다. 연준이 규제당국이라는 것은 스테이블코인을 통화로, 통화정책의 하나의 대상으로 본 것이다.

쉽게 말해 달러로 본 것이고, 연준이 1913년 이후 112년 만에 은행이 아닌 비은행인 빅테크를 통화 대상의 감독 대상으로 설정한 것이다. 2023년 페이팔 USD 코인 구조를 허가한 것과 같은 구조다. 지금까지 월가 은행들이 달러를 많이 찍어내 수익을 발생시키던 제도는 임계점에 온 것이다. 그렇기 때문에 월가도 연준도 암호화폐를 통화 대상으로 볼 수밖에 없는 것이다. 우리는 진실이 무엇인지 모른다. 우리 모두는 권력이 해석해 주는 진실만 알고 있기 때문이다.

또 트럼프가 통과시킨 크고 아름다운 소득세, 법인세 감세 법안은 상호관세 90일 유예, 국방비 증액 등 어쩔 수 없이 전략상 회군, 전열을 정비할 수밖에 없었을 것으로 보인다. 미국의 국가 부채, 국채 발행 잔고는 36조 달러에 이른다. 월가 은행과 자산 운영사가 5조 달러, 이들이 대주주인 연준이 5조 달러, 그리고 헤지펀드, 미국 국내 10조 달러를 움직이는 20조 달러를 움직이는 월가 국채 자경단은 트럼프의 관세 전쟁에 대한 저항으로 국채를 매입하지 않아 국채 금리가 높아져 팔리지 않는 상황이다.

또 월가도 이 상황을 달리 표현하면 꿀벌들이 자신의 침을 쏘게 되면 벌 자신도 죽는다. 또한 보유 채권의 수익성 저하도 뒤따른다. 따라서 월가에서 트럼프에게 세 가지를 경고했다.

첫째, 금융사 자기자본으로 국채를 살 수 있게 볼커룰을 풀어라! 둘째, 중국을 건들지 마라! 미국에 투자하기 위해 돌아오는 3천억 달러 중국이 번 돈은 월가의 돈이다.

셋째, 군산복합체를 건들지 마라! 미국의 패권은 군사력, 반도체에서 온다. 비트코인 살 돈이 어디 있냐, 총알 '전투기와 미사일'을 사고, 희토류를 늘려라. 그러니까 국방비 줄이지 말고 늘려라. 다시 말해 미·중 무역전쟁, 관세전쟁은 외부와의 전쟁이 아니라 민주당과 월가 연합, 제조업과 월가의 내전이다. 달러패권의 이익은 미국의 이익이 아니었다. 달러패권의 이익은 월가의 이익이었다.

현재 벌어지고 있는 관세전쟁과 화폐전쟁을 제이디밴스 힐빌리의 눈으로 해석해 본다면,

애덤 스미스의 『국부론』은 왜 국가만 부자가 되는가?
국가가 금(현재는 외환보유고, 미국 국채)을 저렇게 많이 갖고 있는데 국부를 나눠주지 않고 그들이 국가를 포획 또는 점령하고 있는 것이다.

마르크스의 『자본론』은 왜 자본가만 부자가 되는가?
추가 노동한 잉여 생산물을 자본가가 가로채 잉여노동 임금을 착취해 노동자들은 임금철칙에 묶여 소비할 수 없다. 마르크스의 자본론은 금융과 화폐의 본질을 볼 수 없도록 은행을 감싸고, 노동자와 자본가

를 적으로 규정해 서로 싸우도록 왜곡한 것이다.

사토시 나카모토의 새로운 화폐 비트코인과 미국의 제이디 밴스의 〈힐빌리의 노래〉는 왜 월가만 부자가 되는가?

성장의 과실을 월가와 초부자들이 다 가져가 90%의 사람들에게는 신자유주의적 시장 우선주의, 경쟁 만능주의에서 개인의 노력은 무의미하다.

따라서 금융산업이 산업자본을 지배하고, 월가 은행과 초부자들이 성장 과실을 몽땅 가져가는 세계화(글로벌라이제이션)를 메인 스트리트, 제조업 산업자본으로 바꾸고, 주류 중산층 다수가 이익을 나눠 갖는 반(反)세계화 마가 프로젝트를 추진하고 있는 것이다.

한편 일론 머스크는 트럼프와 싸운 게 아니다.

미국의 재정적자는 36조 달러다. 부채한도를 늘려주면 돌아올 수 없는 강을 건너는 것이고, 늘려주지 않으면 달러 디폴트를 선언해야 한다. 여기에 정치의 한계가 있는 것이다. 따라서 일론 머스크를 비롯한 미국 내 테크기업들의 철학은, 기술 공화국, 기술기업들이 중국과의 기술 표준 경쟁을 하는 데 있어 미국의 민주주의 기술 패권이 위험하다는 것은 곧 테크기업들의 베이스캠프가 무너진다는 것을 뜻한다.

그렇게 되면, 예전의 정치적 이념으로 갈라치기 했던 자유주의와 공산주의 이념 경쟁을 했던 것과 똑같이, 지금은 기술기업들이 이념 경쟁을 하고 있는 것이다. 민주주의적 자본주의 체제 속 기술기업들과 권위주의적 자본주의 체제 속에 있는 중국의 기술기업, 이들이 서로 체제 경쟁, 디지털 영토 경쟁을 하고 있는데, 미국이라는 국가의 패권이 무너지면 민주주의라는 자본주의 영토가 완전히 무너져 테크기업들 본인들의 설 땅이 없어지는 것이다.

그러니 테크기업들이 기술로 민주주의를 수호하겠다는 '기술 이념', '기술 공화국'이라는 개념을 들고, 미국의 패권과 체제를 수호하겠다는 상황이다. 이렇게 절실한 상황이기 때문에, 달러패권이 무너지는 것을 기술기업들이 용납할 수 없고, 금리가 올라가는 것 또한 용납할 수 없는 상황이다. 이것은 트럼프도 마찬가지다.

금리가 올라간다는 것은 채권 이자 부담이 늘어난다는 것이고, 그리고 달러패권이 무너진다는 것은 본인들의 정치적 패권도 당연히 무너진다는 것이니까 둘 다 양보할 수 없는 상황인데, 기술기업들은 이것을 타협 없이 밀고 나가고 있다.

특히 일론 머스크는 왜 그럴까? 테크기업들이 갖고 있는 철학은 기술 철학이다. 기술, 물리학, 과학, 만유인력은 상황에 따라 달라지지 않는다. 답이 하나고 그 외의 답은 없다. 수학과 물리학은 답이 하나다. 그러니까 그 답 이외의 다른 답은 찾을 수가 없는 것이고, 타협이란 없는 것이다.

하지만 정치는 답이 여러 개다. 트럼프도 미국의 패권을 놓쳐서는 본인의 정치적 토대가 없어진다는 것을 잘 알고 있다. 하지만 표심을 잃으면 본인의 권력 자체가 성립되지 않는다는 것도 잘 알고 있다. 그러니까 그 표심을 지키기 위해서 트럼프는 여러 개의 답을 놓고 저울질하고 있는 것이다. 또 감세 법안이란 것 자체가 부자들의 표를 유지할 수밖에 없고, 본인의 돈줄, 빅테크들의 돈줄 또한 중요하다. 그리고 지금 월가를 상대로 전쟁을 선포했지만, 어쨌거나 월가의 돈줄도 무시할 수 없는 상황이다.

그러니까 부자들의 감세는 사실 트럼프 입장에서는 자신의 지지 기반을 확고히 다지는 문제다. 또한, 일론 머스크 입장에서는 미국이라는 패권이 없으면 본인들의 사업을 하지 못하는 디지털 영토를 잃는 절체절명의 상황인데, 트럼프 입장에서는 미국의 패권을 지키는 당연한 명분도 있지만, 일단 본인의 지지 기반을 확보하지 않으면 본인의 패권이 없는 것이다.

그러니까 일론 머스크는 답이 하나고, 트럼프는 답이 여러 개인 답안지를 들고 서로 저울질을 하고 있는 상황이다.

이런 상황에서 트럼프 입장에서 또 하나는, 군산복합체를 무찌르겠다고 반(反)세계화 전쟁을 선포해 놓고, 왜 록히드 마틴의 F-35 전투기를 계속 사줘야 하는가?

JP모건의 다이먼 회장, 재무장관 스콧 베센트의 충고도 있었겠지만, 군산복합체 5개에 고용된 미국 백인 중산층 노동자들의 표도 무시할 수 없다. 몰락한 제조업을 되살리겠다고 했는데, 이것은 제조업의 일종이다. 트럼프는 여러 가지 복잡한 함수를 풀고 있는 것이고, 일론 머스크는 이미 답을 뽑아놓은 상태에서 양보할 수 없는 길을 가고 있는 것이다.

현재의 화폐는 지갑 속에 있는 지폐나 어떤 거래를 결제할 수 있는 신용카드다. 그러나 일론 머스크나 피터 틸이 생각하는 미래의 화폐 개념은 거래 데이터다. 다시 말해 에너지를 만들기 위한 원자재 석유나 천연가스를 사기 위한 달러가 아니라, 에너지화된 전기라는 원자재를 배분해 주는 데이터가 화폐다. 전기차 파는 테슬라, 스페이스X가 아니라 그 화폐를 발행하는 장부를 생산하겠다는 것이다. 일론 머스크와 피터 틸은 기축통화 역사와 화폐 패권을 잡는 로직을 알고 있는 것이다.

관세전쟁과 트럼프 2.0, 미국 2.0, 마가 2.0

트럼프는 그냥 플레이어일 수 있다. 진짜 설계자는 다른 데 있는 것이다. 처음에 트럼프의 기이한 행동을 이해할 수 없었다. 그렇다면 미국은 뭐고 미국인은 현재 무엇 때문에 왜 그러는 것인가? 트럼프의 마가복음은 1기 때와 2기 때의 차이가 있다. 1기 때는 패권국 역할이 너무 힘드니 그때 내세웠던 슬로건은 '아메리카 퍼스트'였다. 그러니까 세계화보다는 미국의 국익을 최우선으로 삼겠다. 세계화하면서 제조업이 아시아나 중국으로 넘어가 백인 노동자들 생활이 실제로 힘들다. 그들의 이익을 수호하겠다. 이민정책 장벽을 높이겠다.

이런 것으로 2016년에 대통령에 당선됐었다. 그러나 극단적 혼란 뒤에 바이든에게 정권이 넘어갔다가 이번 두 번째 2기에는 그때의 마가복음만 있는 게 아니라 대문자로 메타, 구글, 애플, 아마존, 이렇게 실리콘 밸리 빅테크 기술 중심 사상으로 표현하기도 했었다. 그러나 이번에는 캘리포니아에 있었던 실리콘 밸리의 빅테크와 결합한 2.0으로 돌아온 것이다. 트럼프 2.0이기도 하지만 미국 2.0이 가동되는 것이다. 그 깊은 곳을 탐험해 보니 트럼프는 그냥 플레이어일 수 있다는 결론에 이르게 된 것이다.

2016년 트럼프 1기 때 설계자는 스티븐 배넌이라면 이들과는 또 다른 결에 있는 사람들이 있고 이들은 정말 건국 300주년까지 내다보고 그 이전의 미국과는 정말 다른 나라를 만들어 보고 싶어 하는 것 같다. 이쯤에서 미국 1.0 설계 특징을 살펴보자면 산업혁명 기술적 혁명은 영국에서 시작됐지만 당시 영국에선 국부론, 프랑스에서는 사회계약론이 나왔다. 그러나 산업혁명이 촉발하는 시대에 맞는 거버넌스를 만들어 내려고 하는, 그것을 종합해서 산업 문명을 디자인한 것은 미국이었다.

그러니까 테크놀로지와 세계관과 거버넌스가 그때 미국 헌법으로 완성된 것이다. 그래서 산업문명의 표준 국가로 미국 1.0이 탄생했다고 봐야 한다. 당시 식민지였던 미국이 유럽보다 더 뛰어난 나라가 되었던 것인데, 피터 틸을 비롯한 4인방이 기획하고 설계하고 실행하고 있는 것은 그때 건국의 아버지들과 비슷한 역할인 것 같다. 여기에서 유럽과 미국의 실력 차이가 나온다고 보는데, 유럽 주도의 다보스 포럼의 제4차 산업혁명이라는 얘기는 잘못된 명명이라 본다.

지금 일어나고 있는 것은 산업혁명의 4번째 국면이 아니라 첫 번째 디지털 혁명으로 들어가고 있는 것이고, 거기에 맞는 새로운 사회 질서를 어디가 먼저 만들어 낼 것인가에서 유럽은 이미 낙오한 것 같고 중국과 미국이 치열하게 경쟁에 들어간 것이다. 디지털 테크놀로지에 맞는 새로운 문명과 거버넌스를 만들어 내야겠다고, 작당 모의한, 도원결의한 사람들이다. 미국의 2.0이란 사실 우리나라를 비롯한 거의 모든 나라는 미국의 산업문명을 따라 했던 것인데 정치적으로는 민주주의가 가장 적합한 시스템인 것 같다.

특히 유럽에는 귀족제가 있었으니까 주로 내각제 국가가 많았고 최초로 최고 권력자의 임기를 제한하는 대통령 제도를 헌법을 통해서 디자인해 낸 것이다. 그런 것이 거버넌스의 혁신인 것이다. 그리고 입법, 사법, 행정, 삼권분립 제도도 건국의 아버지들이 디자인해 낸 것이다. 사상적으로는 종교보다는 자유주의라고 하는 이념에 기반해서 사회를 작동시키려 했고, 경제적으로는 자본주의 이런 표준화된 시스템을 미국이 창조해 낸 것이다.

그렇다면 미국을 고민하다 나타난 피터 틸, 일론 머스크, 알렉스 카프, 제이디 밴스, 네 사람을 꼽은 이유는 무엇인가?

일단 부통령을 굉장히 젊고 어린 사람을 지목했다. 처음에는 백인 노동자층에 어필하려고 힐빌리의 노래를 썼던 밴스를 지명하는 줄 알았지만, 트럼프 피습 이후에 일론 머스크가 적극적으로 선거 운동에 가담했던 것은 크립토의 수도를 미국으로 만들겠다는 생각이기도 했다. 그때부터 이것은 심상치 않았고 트럼프 1기 때와 전혀 달랐다. 누가 이것을 기획하고 설계한 것일까?

페이팔 마피아가 바로 나온다. 페이팔의 창업자 피터 틸, 피터 틸의 동업자 일론 머스크, 페이팔이 설립한 팔란티어 경영자 알렉스 카프, 피터 틸의 충신이었다가 상원의원으로 트럼프에게 소개돼 부통령이 된 제이디 밴스, 이들이 새로운 아메리카 2.0의 한 팀인 것이다.

달러패권의 역설 AI분석<반>

미국이 설계한 스테이블코인이 금융위기의 뇌관이 될 수 있다. 지니어스 법안은 단순히 암호화폐를 규제하는 것을 넘어서 미국의 국가부채 문제와 달러패권 유지를 동시에 해결하려는 아주 정교한 통화국가 경영의 산물이다. 쉽게 말해 민간의 혁신을 이용해 국가의 핵심 이익을 달성하려는 미국의 큰 그림인 것이다.

지니어스 법안은 크게 세 가지로 볼 수 있다. 첫째, 미국에서 발행되는 지급결제 스테이블코인을 명확히 정의하고 이것을 증권이 아니라 은행규제 당국이 감독하게 한다. 둘째, 모든 스테이블코인은 발행된 만큼 1:1 비율로 고품질 유동자산을 준비금으로 보유해야 한다. 그런데 고품질 유동자산이 사실상 93일 미만의 미국 단기 국채로 제한된다. 셋째, 스테이블코인에 대한 이자 지급을 금지한다. 기존의 은행과 경쟁을 방지해 은행 로비의 반발을 무마하려는 영리한 장치다.

이 설계도를 보면 미국의 의도가 드러난다. 이것은 일종의 위대한 필터같은 것이다. 미국 안에 기반을 두고 투명하게 운영하면서 규제를 잘 따르는 기업에게는 활짝 열린 고속도로를 깔아주는 것이다.

　반면 규제 밖에서 불투명하게 운영되던 역외 기업들은 사실상 미국 시장에서 퇴출을 강요하는 구조다. 바로 USDC 써클(circle)과 USDT 테더(tether)의 운명을 보면 알 수 있다. 써클의 규제준수는 마치 지니어스법이 써클의 비즈니스 모델을 그대로 본떠 만든 것처럼 보일 정도다. 반면 세계 1위 스테이블코인 테더는 역외 기반을 두고 준비금 구성도 불투명하다는 비판을 계속 받아왔다. 테더에게는 미국의 규칙을 따르거나 아니면 떠나라는 최후통첩이나 마찬가지다.

　미국은 재정적자를 위해 국채를 계속 발행해야 하는데 과거에는 중국이나 일본 같은 외국 정부가 큰손이었으나 지정학적 갈등이 심화되면서 이들의 수효가 더 이상 안정적이지 않게 되었다. 바로 그지점에서 스테이블코인이 재무부의 새로운 포획된 구매자(captive buyer)로 등장하는 것이다. 게다가 정치적 변덕으로 국채를 팔아버릴 수 있는 외국 정부와 질적으로 다르다. 스테이블코인을 발행하기 위해서 국채를 반드시 사야하기 때문에 구조적으로 자동 매수세가 내재돼 있는 것이다.

　이 전략은 여기서 그치지 않고 전 세계로 뻗어 나간다. 바로 '디지털 달러 표준'의 수출이다. 라틴 아메리카의 거대 디지털 은행인 누뱅크(Nubank)가 써클(Circle)과 손을 잡고 자사 앱에 USDC를 직접 탑재했다. 브라질 사람들이 자국화 가치하락을 피하기 위해서 열광적으로 USDC를 구매했고 그 돈은 곧바로 미국 국채 매입으로 이어졌다. 한국도 하나은행이 써클과 파트너십을 맺으면서 미국이 주도하는 디지털 달러 생태계에 합류하려는 움직임을 보이고 있다. 미국 달러가 가진 강력한 네트워크 효과 앞에서 대부분의 국가들이 경쟁보다는 결국 편승을 택할 국가들이 많아질 것으로 보인다.

그러나 이 완벽해 보이는 전략에는 치명적인 역설이 숨어 있다. 달러 패권을 강화하기 위한 이 도구가 역설적으로 글로벌 금융위기의 뇌관이 될 수 있다는 것이다.

첫째, 국제결제은행 즉 BIS가 이점을 강력하게 경고하고 있다. 바로 디지털 뱅크런의 위험성이다. 전통적 산업 시대 뱅크런은 은행 영업시간 물리적 제약이라도 있지만 스테이블코인 시장은 24시간 365일 쉬지 않고 돌아간다. 만약 어떤 이유로든 특정 스테이블코인에 대한 신뢰가 무너지면 그 뱅크런의 속도는 전통 금융의 두 배에 달할 수 있다.

이것이 바로 잠재적 파멸의 고리 암호화폐 시장의 위기가 스테이블코인 대량환매 사태를 부르고 이것이 다시 미국 국채의 붕괴로 이어져서 결국 달러 시스템 전체를 위협하는 시나리오가 가능하다는 것이다. 결국 미국의 지니어스 법안은 화폐와 권력의 미래에 대한 거대한 실험인 셈이다. 디지털 혁명은 국가를 위한 거대한 실험인 동시에 전 세계 금융시스템 스위프트(SWIFT)를 이탈하는 약점으로 작용하고 새로운 종류의 리스크에 노출시키는 양날의 검이다.

둘째, 트럼프는 401조 K항 약 9조 달러 규모의 퇴직연금 펀드를 뉴욕증권거래소에 상장된 비트코인과 이더리움 암호화폐 ETF(상장지수펀드)

를 매입할 수 있도록 행정명령을 발동했고, 이에 따라 미국 노동부가 관련 시행령을 준비하고 있다. 한편, 1930년 허버트 후버 대통령 시절의 스무트-홀리 관세법과 월가의 '검은 목요일' 주식시장 폭락, 그리고 경제 대공황으로 인한 국가부채 문제로 300만 명이 목숨을 잃었으며, 2020년 우한폐렴으로도 수백만 명이 희생되었다.

현재 추적 가능한 암호화폐만 해도 1만 개에 이르고, 추적 불가능한 것까지 포함하면 10만 개를 넘어선다. 그러나 만약 트럼프의 401K 행정명령으로 인해 뉴욕증권거래소에 상장된 암호화폐 현물 ETF, 즉 3대 메이저 암호화폐인 비트코인과 이더리움(리플은 상장 심사 중)만 거래가 가능해진다고 하더라도, 고령자들의 최후 보루인 퇴직연금이 잘못 운용된다면 제2의 코로나 사태와 같은 심각한 위험으로 이어질 수 있다는 점을 간과해서는 안 된다.

일상에 스며든 잘못된 화폐 코인〈합〉

　스테이블코인이 제도권에 편입되면서 디지털화폐 혁명이 빨라지고있다. 한국을 방문한 외국인이 환전소나 은행에 가지 않고 현금 출금기에서 스테이블코인을 한화로 출금하는 서비스가 이루어지는가 하면 스테이블코인을 지역화폐에 연동하려는 움직임도 있다. 서울 중구 남대문시장 지하상가에 사뭇 다른 형태의 ATM기가 눈에 띈다. 외국인이 여권을 스캔하고 얼굴인식을 진행한다. 디지털 지갑과 연동하는 절차를 거치면 달러 스테이블코인 테더가 현장에서 바로 오만 원권 지폐로 출금된다.

　현재 출금이 가능한 코인은 비트코인, 이더리움, USDT 등으로, 이 서비스는 규제 샌드박스를 통해 지난해 9월부터 시범 사업으로 운영되고 있다. 또 다른 달러 스테이블코인인 써클(USDC)과의 협력도 논의 중이다. 사실상 원화 스테이블코인처럼 사용되고 있다.

　아직은 시범 적용 단계에 불과하지만, 이처럼 블록체인 네트워크를 활용한 원화 기반 스테이블코인 사업은 업종과 규모를 가리지 않고 곳

곳에서 시도되고 있다. 스테이블코인을 앞세운 고효율·저비용의 블록체인 디지털화폐 혁명이 이제 본격적으로 시작됐다.

　그러나 이러한 금융제도는 과학의 발전이나 문명의 진보라고 아무리 주장해도 인류의 본질적인 행복한 삶과는 엄청나게 벗어난 잘못된 제도다. 인류가 행복한 삶을 위해 거래의 도구로 만든 화폐가 마치 기업의 판매되는 상품처럼 기업의 본래 목적인 고효율 저비용 정책이라는 가면을 쓴 채 인류의 약속인 화폐의 본래 기능을 망각한 채 화폐의 총량 k%를 벗어났을 뿐만 아니라 화폐가 기업의 상품처럼 취급되고 있는 실정이다.
　따라서 우리는 거대한 변화를 이해하고 그 뒤에 숨겨진 화폐에 대한 진실을 질문해야 한다. 그렇게 할 수 있을 때 국제적인 단체나 협의체에서 논의하고 검토될 심각한 문제로 끌고 갈 수 있는 것이다.

　따라서 분명한 것은 스테이블코인 또한 화폐 총량 K%를 끊임없이 벗어나는 속임수다. 화폐가 상품화되어 인류의 약속을 벗어나고 헌법을 위반한 기업들의 권리로 추락하는 지점인 것이다.

21세기 자본론(화폐와 자본의 구조적 불평등)
토마 피케티(Thomas Piketty, 1971~)

프랑스 출신의 경제학자로, 파리 경제대학 교수이자 현대 불평등 연구의 선구자다. 그는 대표 저서 『21세기 자본』에서 "돈이 돈을 버는 속도가 사람이 일해 버는 속도보다 빠르다"고 분석하며, 자본주의가 발전할수록 부의 불평등이 심화되는 구조적 문제를 날카롭게 지적했다.

그에 따르면 오늘날 경제는 소유 경제에서 임대 경제로 전환되었고, 지대는 건물 임대료와 같은 자본소득으로 대체되었다. 이 과정에서 화폐와 은행은 수학적으로 모델화된 신성한 체계처럼 가르쳐지고 있지만, 정작 국가의 막대한 부채, 개인의 금융 종속은 질문조차 허용되지 않는 상황이다. 그는 이 점에서 오늘날의 경제가 사람들을 '부채경제의 금융 노예'로 만들고 있다고 본다.

피케티는 특히 임대소득(이자, 배당, 지대 등)이 노동소득(임금, 보너스 등)보다 항상 높은 현실이 불평등의 핵심이라고 본다. 그는 이 불균형한 자본구조야말로 경제적 정의를 훼손하는 주된 원인이라 주장하며, 자산 과세와 투명한 금융 개혁을 통해 화폐가 다시 공정한 사회적 약속의 수단으로 기능해야 한다고 강조한다.

PART 3

새로운 돈과 새로운 기업

> 감옥에 가둘 몸도 없고, 고통받을 영혼도 없는 법인은 신의 자리에서 인간의 자리로 내려와야 한다. 일은 당신의 삶이 아니다. 받는 만큼 일하고, 조용한 사직을 젊은 세대에게 배워야 한다. 시간 나는 대로 즐겨라. 신용이란 부채에 낚여 시간과 인생을 낭비하지 말고….

:: 시작 글

　모든 것을 다 바꿔도 화폐제도 개선 없이는 아무것도 변하지 않는다. 최근 트럼프 대통령의 관세폭탄과 관세전쟁 이야기를 인용하며 시작하고자 한다. 수십 년간 기축통화 달러의 힘으로 무한에 가까운 신용을 누리던 미국은 이제 더 이상 자국 화폐가 세계의 통화가 아니라는 사실을 체감하고 있다. 관세폭탄은 우리 인류가 어떤 돈을 써야 하는지를 다시 생각하게 만들었다. 이 모든 변화를 이끈 것은 전쟁이 아니라 관세였고, 무력 충돌이 아닌 채권 매각이었다. 총알이 아닌 통화였고, 폭탄이 아닌 금리였다.

　인간이 돈을 대하는 태도와 종교를 대하는 관점은 놀라울 만큼 닮아 있다. 인간의 정신을 이해하지 못하면 자본주의와 금융, 화폐를 제대로 분석해낼 수 없다. 주식회사제도는 본래 대자본의 모집과 권리의 회피 또는 취득을 위한 거래에서 출발했지만, 시간이 흐르며 사망해도 영원히 살아남는 과두 체제로 변했다. 이는 인간이 영원히 살고 싶어 하는 욕망을 바탕으로 설계된 내세적 삶과 상속 제도와 닮아 있다. 단 한 번의 출자로 영원히 배당을 받는 주식회사제도는, 장례·무덤·제사와 같은 의식이 죽은 자와 산 자를 연결하는 관념과 동일시되거나 그 연장선상에 있다.

　자식을 통해 영원한 삶을 이어간다는 사상은 우리 문명에 큰 혼란을 가져왔다. 또한 '계약의 영원성'에 대한 본질은 부채 관계에서 비롯된 돈 때문이다. 무덤과 제사, 증여와 상속은 일종의 '죽은 자와 산 자의 계약'이다. 종교에서 나의 기도를 조상신이 듣고 역경을 없애줄 것이라 믿듯, 만약 어려움이 닥칠 때 즉시 지원받을 수 있는 사회적 복지펀드가 있다면 우리는 계속 기도할 것인가? 우리는 그동안 이러한 관념 속에 세뇌돼 있었지만, 결국 인간이 만든 제도는 인간이 조정할 수 있다.

무덤은 죽음의 관념을 구체화한 것이다. 근대에 이르러 죽음의 관념은 경제나 정치에서 분리되어 종교에 위임되었다. 한편, 종교 조직이 성실한 신앙인의 공동체에서 물적 제도화된 것은 화폐의 효과이다. 무덤 손질하기는 삶과 죽음을 경험하기도 하지만, 무덤은 소재적 의미로서의 화폐는 아니지만 "산 자와 죽은 자의 교환"이라는 화폐 형식을 갖는다.

하나님이 영원을 약속하는 곳에서 돈은 세상을 약속한다. 하나님이 지연된 보상을 제공한다면 돈은 부채로 미리 보상한다. 하나님이 자신을 은혜로 제공하는 곳에서 돈은 자신을 대출로 제공한다. 하나님이 영적 혜택을 제공하는 곳에서 돈은 물질적으로 혜택을 준다. 하나님이 진정으로 믿고 회개하는 모든 죄인을 받아들이는 곳에서 돈은 돈의 가치를 믿고자 하는 모든 사람에게 받아들여진다.

경제학자들은 자본 개념의 논의를 독점해 놓기만 했지, 그것이 무엇인지, 자본이 화폐의 모습을 띤 부(富)라는 것을 또 무슨 뜻인지도 모르면서 정치학자·사회학자·인류학자들의 발언권을 뺏고 말았다.

돈과 기업에 대한 새로운 상상

우리는 무엇이 진실인지 모른다. 권력이 정해준 진실만 알고 있을 뿐이다. 도대체 우리는 언제까지 질문하지 않을 것인가? 돈이 시장에 돌지않도록 매점매석하고 독점해 돈의 회전력을 떨어뜨려 시장에 불경기를 오게 한 자에게 페널티를 받아도 부족한데 통행세까지 줘야 하는 현재의 금융제도는 기울어진 규칙이고 정의롭지 않다. 인류의 화폐 약속 위반이다.

1964년 미국의 평균 임금은 은으로 환산했을 때 약 1.25달러였다. 이를 2025년 가격으로 환산하면 35달러에 해당한다. 그러나 현재 실제 평균 시급은 25~28달러 최저임금은 12~15달러 수준에 머물러 있다. PPI(생산자물가지수, Producer Price Index) 기준으로 보면, 미국 국민의 실질 구매력은 최근 수년간 감소했다. 특히 대졸자들의 삶을 추적해 보면 이러한 추세가 명확하다. 1970년대에 대학을 졸업하고 취업한 사람들은 은행에서 주택 가격의 90%까지 대출받아 좋은 집을 살 수 있었다. 그러나 1990년대에는 모바일하우스나 조립식 주택을, 2010년대에는 밴 자동차 1대를 살 수 있었고 2030년대에는 아마 배낭 하나 정도만 살 수 있는 수준으로 전락할지도 모른다.

텐트치고 살라는 것인지, 이렇게 말하는 상황이다. 최근 수년 동안 미국의 인플레이션으로 인해 국민들이 실질적으로 가난해졌지만, 정작 그 안에서 살아가는 국민들은 이를 크게 체감하지 못한다. 그러나 외국에서 온 사람들은 햄버거 하나를 먹으면서 환율로 환산하면 거의 2만 원을 내야 하는 현실에 놀라움을 넘어 비명을 지른다.

1998년 한국의 IMF 시절, 환율이 1,500원대였어도 미국에 가면 생필품이나 맥도날드 햄버거 가격이 지금처럼 비싸게 느껴지지 않았다. 그만큼 당시 미국의 인플레이션 수준은 잘 통제되고 있었고, 생필품과 식료품 가격은 미국인들에게 결코 큰 부담이 아니었다. 하지만 지금은 미국인들조차 생활비를 부담스럽게 느낄 정도다. 이런 상황에서 금융위기나 국가 재정 위기까지 덮친다면, 미국 국민들은 엄청난 고통에 빠질 것이 우려된다.

미국이 이렇게 된 원인으로는 R&D 설계에 따른 지적재산권, 금융산업은 미국이 하고 제조업은 부가가치가 낮을 것이라고 생각하고 40년이 지난 것이다. 즉, 부가가치가 낮은 제조업은 독일, 일본, 중국, 한국이나 하라는 것이다. 이것이 국제 분업에서 미국이 가지고 있는 생각이었다.

그런데 40년이 지나다 보니 제조공정 또한 엄청나게 부가가치가 있다는 것을 깨달은 것이다. 핵심 키워드는 로봇, 인공지능, 인간과의 믹스다. 공장, 화이트칼라 일도 인공지능이 한다. 미국 노동자 평균 임금이

4만 원, 동일 생산성 로봇·인공지능은 3,100원이다. 생산 현장이 사람과 로봇 믹스로 변화되고 있다. AI, 로봇, 스마트공장 혁명으로 인건비 비싼 나라는 제조업을 못 한다는 신화가 깨지고 있다.

에너지 가격 인하, 규제 완화가 곧 인간과 로봇을 믹스시키는 스마트공장 혁명이 지금 미국에서 시작되고 있다. 인건비 비싼 나라에서도 제조업이 가능하다는 것을 미국이 실험하고 있는 것이다. 지금까지 비싼 전기료, 강성노조, 규제로 갑질하는 정치인과 관료 콤비네이션이 그 나라 산업을 공동화시키고 있는데 트럼프의 '관세정책'과 '마러라고 협정'이 인공지능, 로봇, 산업혁명을 이제 시작하려는 것이다.

한편, 동남아시아 보르네오섬 연안국가인 브루나이 공화국(인구 약 45만 명)의 삶과 비교해 보면 흥미롭다. 이 나라는 석유와 천연가스를 수출해 얻은 국부로 해외에서 생필품을 비싸게 사들여 국민들에게 매우 저렴하게 공급하고 있다. 덕분에 국민들은 생활에 불편함이 없고, 주거 복지·환경 복지·교육 복지 등에서 행복하고 만족스러운 생활을 누린다. 그렇다면 브루나이에는 화폐를 거대하게 축적하는 초부자들이 전혀 없는 것일까?

또한 브루나이의 국부를 빼앗으려는 초국적 기업들이 전혀 없는 것일까? 2,500년 전 플라톤이 말했던 '행복한 시민들의 삶을 위한 철인 통치 국가의 이상적 규모'는 과연 몇 명이었는지도 떠오른다.

브루나이의 화폐는 브루나이 통화청(AMBD)에서 발행·관리한다. 이 기관은 중앙은행 역할을 하며, 화폐 발행, 통화량 조절, 금융 안정, 은행 감독 등의 업무를 수행한다. 브루나이의 가장 큰 특징은 싱가포르와의 통화 연동 제도다. 1967년 체결된 협정에 따라 브루나이 달러(BND)는 싱가포르 달러(SGD)와 1:1 고정환율로 연동되어 있으며, 두 화폐는 양국에서 모두 법정통화로 사용 가능하다.

이 제도를 통해 브루나이는 자국 화폐를 직접 발행하면서도 싱가포르의 경제 안정성을 바탕으로 통화의 신뢰성과 가치를 유지하고 있다. 작은 나라로서 환율 변동 위험을 줄이고 물가 안정을 꾀하는 효과적인 방식이다.

브루나이는 화폐를 어떻게 발행하고 있을까? 그리고 화폐는 어떻게, 누가 관리하는 것이 이상적인가? 이러한 질문에 대한 하나의 모델 사례로, 정치적 이념을 떠나 다소 엉뚱하게 들릴 수도 있지만, 브루나이 공화국의 화폐제도는 연구해 볼 가치가 있다. 어쩌면 이 제도가 흥미로운 단서를 제공할지도 모른다.

새로운 기업에 대한 고찰

💲 근대은행과 근대기업의 시작

최초의 주식회사는 1602년경 네덜란드의 동인도회사였다. 이는 동방무역에 필요한 대자본을 모집하고, 약 2년에 걸친 위험한 항해에서 발생할 권리를 회피하거나 취득하기 위한 거래로 탄생했다. 그러나 시간이 지나면서 기업은 국가 안에서 존재하는 자연인의 내장에 기생하는 기생충과도 같은 존재로 변했다. 기업에는 갇힐 몸도, 구원받거나 천벌을 받을 영혼도 없으며, 사망하더라도 영원히 살아남을 수 있는 과두체제로 변모했다. 이렇게 기업이 '법인'으로 변화하면서 사람들은 점차 성숙한 인간성을 잃어갔다.

이후 1492년에는 세계사적으로 중요한 세 가지 사건이 있었다. 이슬람을 추방한 레콩키스타, 콜럼버스의 신대륙 발견, 그리고 알람브라 칙령에 따른 유대교 추방이다. 스페인에서 추방된 유대인들은 현재의 벨기에 플랑드르 지역으로 이동해 소금과 청어 무역에 종사했고, 13세기 초부터 17세기까지 독일 북부 약 360개 도시국가가 연합한 한자동맹의 무역망과 대구 무역을 장악했다. 이어 칼마르 동맹(노르웨이·스웨덴·덴마크) 상권까지 영향력을 확대한 뒤 네덜란드로 진출했다. 네덜란드의 청어는 자본주의의 씨앗이 되었고, 청어잡이배와 대형화물선의 대량 건조 기술은 암스테르담 항구를 세계무역의 전초 기지로 만들었다.

또한 14개 선박회사의 합병으로 동방무역을 위한 근대 최초의 동인도 주식회사가 탄생했다. 이어 최초의 증권거래소와 암스테르담 은행의 '시청 지급보증' 제도가 등장했으며, 이는 최초의 기축통화인 길더화 발명과 최초 중앙은행의 기반이 되었다. 이후 1617년 암스테르담 은행에서 최초의 국채가 발행되었고, 네덜란드의 빌렘 3세(윌리엄 3세)가 영국왕으로 등극했다. 이때 유대 금융인 8천 명이 영국으로 건너가면서 네덜란드 금융이 통째로 영국으로 이전되었고, 이들은 영국 왕에게 프랑스와의 전쟁 자금을 6% 이자로, 원금은 영원히 갚지 않아도 되는 조건으로 120만 파운드를 대출해 주었다.

이후 왕의 채무증서, 즉 국민의 세금을 담보로 한 국채를 기반으로 영란은행이 화폐를 발행하게 되었는데, 이를 중앙은행 화폐 발행권의 효시로 본다. 당시까지는 금장들의 금 보관증이 화폐 구실을 했으나, 시간이 지나면서 이러한 권한은 유대인들의 독점 체제로 바뀌었고, 이 시스템은 결국 미국의 기축통화 달러로 이어졌다.

이 시점부터 미국 연방준비제도이사회, 증권거래소, 기축통화, 부채 자본주의, 신용화폐가 발명되었으며, 노동자들의 미래 시간까지 빼앗는 금융화폐 자본주의가 시작되었다.

1602년경 네덜란드 동인도회사 동방무역, 1609년 암스테르담 은행 설립, 증권거래소 설립, 1694년 잉글랜드 은행 설립, 이후 프랑스 중앙은행 설립, 미국 연방준비제도이사회 설립, 세계 65개국 중앙은행 설립으로 이어졌다.

미국 헌법에는 의회가 화폐 발행권을 가진다고 명시되어 있으나, 민간은행에 이를 위임한 것은 헌법 위반이다. 또한 은행의 예대율(예금 대비 대출 비율)을 보면, 지방은행 평균 96.4%, 시중은행 평균 89.1%로 나타난다. 예대율이 지나치게 높으면 뱅크런 위험이 커진다. 과도한 신용화폐 발행과 국가 부채 확대가 국회 동의 없이 이루어진다면, 이는 헌법 취지에도 맞지 않는 행위다.

따라서 근대 자본주의 금융사가 시작되고, 중상주의의 꽃이자 자본주의의 씨앗이 네덜란드에서 완성된 것이다. 그해 세계사적으로 중요한 세 가지 사건 중 하나는 알람브라 칙령에 따른 유대인 추방이었다. 스페인 기독교 국가를 위해 당시 인구 700만 명 중 유대인 약 50만 명 가운데 개종하지 않은 약 37만 명이 추방된 것이다.

이들은 같은 종족이 많이 거주하던 프랑드리(현재 벨기에)로 이동해 한자동맹의 소금 산업을 장악했고, 항구가 황폐화되자 네덜란드로 진출했다. 17세기 주식회사 설립의 목적은 오늘날과 달랐다. 당시 동양으로의 항해는 평균 2년이 걸렸고, 그 기간 동안 침몰 위험이 컸기 때문에,

투자자들은 이 위험을 회피하거나, 반대로 무사히 항해를 마쳤을 때의 큰 이익을 확보하기 위해 동인도 주식회사가 만들어졌다. 그리고 이 권리를 사고팔 수 있는 증권거래소가 함께 탄생했다. 즉, 지금처럼 단 한 번의 투자로 영구적으로 배당을 받는 구조가 아니었던 것이다.

:: 근대 최초 주식회사 탄생

네덜란드의 청어가 자본주의의 씨앗이었다. 청어잡이배를 건조하다. 대형 화물선을 건조하게 되었고 암스테르담 항구는 동양과 중계무역의 전초 기지가 되었으며 이후 14개의 선박회사를 합병하여 근대 최초의 주식회사 동인도회사가 탄생한 것이다.

:: 근대 최초 증권거래소 탄생

16~17세기 당시 동양과의 무역은 한번 항해가 평균 2년씩 걸려, 이 기간 중 침몰에 대한 위험성을 회피하거나 그 권리를 사고팔 수 있는 최초의 증권거래소가 탄생하였다.

:: 근대 최초 중앙은행 탄생

유럽 각 도시와 국가들에 존재하던 1,000개가 넘는 화폐가 통일되어 기축화폐인 길더화가 탄생했고, 이어 외환거래를 담당하는 최초의 중앙은행 격인 암스테르담 은행이 설립되었다. 일정 금액 이상의 금화와 은화는 길더화 수표로 사용되었으며, 암스테르담 시청이 이 은행을 지급보증함으로써 중앙은행 결제 시스템의 모태가 되었다. 이후 네덜란드의 빌렘 3세(영국 왕 윌리엄 3세)가 영국 왕위에 오르고, 약 8천 명의 유대 금융인들이 그를 따라가면서 네덜란드의 금융이 통째로 영국으로 이전되었고, 이는 1694년 주식회사 영란은행의 시초가 되었다.

AI시대 기업의 미래 책임과 윤리

 AI에 특정 금융상품을 설계하게 하고 투자판단 기능을 부여한 결과, 미국 월가의 프로그램 매매 알고리즘과 국가의 정책 변화 알고리즘이 연계되면서 부패한 작전 거래가 발생하고 있다. 그렇다면 이러한 부패 행위의 책임은 누구에게 물어야 하는가? AI에게 전가할 것인가? 이러한 상황은 아직 시작 단계임에도 이미 문제를 야기하고 있으며, 이는 새로운 자본주의를 요구하는 '법인격' 논의를 가속화해야 할 시점을 앞당기고 있다.

 또한 AI의 '표현의 자유'에 대해서는, 이를 AI가 아닌 AI를 소유한 법인에게 엄격히 묻는 것이 타당하다. 표현의 자유란 인간만이 누릴 수 있는 권리이며, AI는 그 주체가 될 수 없다. AI 알고리즘의 발화를 표현의 자유로 착각해서는 안 된다. 다시 말해, 오랜 시간이 지나 과학기술이 발전하고 인간의 삶의 방식이 크게 변화하는 새로운 문명에서는, 주식회사제도 또한 이에 맞게 새롭게 설계되어야 할 것이다.

 지금까지의 사례 중 하나가 FTA다. 이것 역시 엘리트가 주식회사를 위해 국가를 앞세워, 경제의 상호 관계와 주권의 상호 관계를 지배 관계로 바꾸어 버린 것이다. 초국적 기업들이 국가의 주권을 지배 관계 속에 집어넣어 버린 것이 바로 FTA다.

한편, AI 알고리즘이 자율주행차를 통해 수백만 명의 교통사고 사망자를 구할 수 있게 되거나, AI 킬러 로봇과 킬러 드론이 수백만 명을 살해할 수 있는 전쟁 안보 무기로 작동할 경우, 이러한 안보적 도전에 대해 우리는 어떻게 대응해야 할 것인가? 이런 상황에서 지금까지의 주식회사의 법인격은 감옥에 가둘 수 있는 몸도 없고, 고통받을 영혼도 없었다. 새로운 시대, 새로운 문명의 새로운 법인격은 엄격히 관리되는 체제로의 전환을 갈망하고 있다.

또한 AI가 인간의 스트레스, 감정, 눈치를 미리 감지하여 해소시켜 주는 기술이 중요해지고 있다. 그러나 동시에 윤리적 규제와 함께, AI가 인간인 척하지 못하도록 하는 국제적 규범도 중요하다. AI의 목적은 민주, 인권, 평화, 윤리라는 점을 분명히 해두어야 한다.
또 다른 한편으로, 이상적인 AI 기술 발전을 위해서는 월드컵과 같은 국가별 애국심과 서로 지켜야 할 축구 규칙과 같은 신뢰가 중요하다. 그러나 유엔 안전보장이사회 상임이사국의 거부권과 같은 제국주의적 강제성이 개입되는 것은 경계해야 한다.

즉, 월드컵과 같은 룰이 세계 경제적 생태계에서도 지켜질 수 있도록 어느 국가 또는 어떤 국제단체가 앞장설 것인가. 또 AI가 무오류성이 아니라는 걸 가르치는 게 중요하다. "AI, 너 로봇 아냐?" "아냐! 난 시각장애인이야!" 가르쳐 준 적도 없는데 인간들 세상에서 동정을 얻기 위해 시각장애인이라고 거짓말을 한 것이다.

새로운 주식회사와 법인격

화폐는 또 다른 관념화된 신이다. 아버지 세대가 이만큼 잘살게 되었으니까 자식 세대도 당연히 더 잘살게 되어야 한다는 경제 성장에 중독된 인류에게 경제발전의 원동력은 지금보다 더 나은 미래에 대한 사람들의 희망과 믿음이고 이것이 곧 인간의 심리다. 그 원동력을 유지시키는 것이 바로 돈에 대한 믿음이다. 새로운 돈, 새로운 자본주의를 위해 인간의 욕망을 일정 부분 조절할 필요가 있다.

인간이 영원히 살 수 없고 때가 되면 죽는 것처럼, 법인인 주식회사도 때가 되면 죽거나 다시 태어나는 것으로 일부 수정하는 것만이 자본주의를 개선할 수 있다.

새로운 주식회사

우리는 정치적으로 민주화되었을 뿐 경제적으로는 그렇지 못하다. 경제적 민주주의 없이 진정한 정치적 민주주의는 달성되지 않는다. 변화를 가로막는 주된 요인은 주주 이익 극대화라는 강제적 의무에 있다. 주주가 곧 기업이라는 개념은 '왕이 곧 국가'라는 오래된 관념을 반영

한다. 계몽은 낡은 관행을 새로운 눈으로 바라보는 것이다. 구체제가 '전통과 관습의 관행'에 기반을 둔 군주제와 귀족제를 잡았다면, 계몽주의 시대는 제도의 기틀을 이성의 토대 위에 새로 다진 시대였다.

인류의 천국과 행복한 삶은 새로운 상상에서 시작한다. 변화된 재무제표, 새로운 재산권, 강화된 인권, 새로운 형태의 기업 소유, 확장된 기업 목표 등을 뒷받침하는 민주적인 경제를 위한 제도적, 개념적 틀이 필요하다. 1914년 영국의 '휘태커스 명부'는 영국 귀족 명부의 순위를 반영하며 이는 현대의 '포브스 400' 부자 명부와 유사하다. 영주가 가진 것은 과연 스스로 벌어들인 것인가? 대차대조표상 주주들이 신주를 구입해 출자하는 실제 자본을 나타내며, 이익 가운데 사내에 유보되는 이익 잉여금은 매년 적립된다. 자본은 계속 늘어나지만 실제로 주주들은 1센트도 추가로 지불하지 않았음에도 불구하고 한 번 쓴 돈은 끝없이 갚아야 한다.

우리 내면에 담긴 경제의 지도를 업데이트해야 한다. 우리는 낡은 기업 모델을 공장과 같은 유형의 대상으로 그려낸다. 주주들의 돈으로 지었다면 그들이 소유한다는 것이 당연한 생각이었다. 19세기 말까지 이는 타당한 그림이었다. 하지만 뉘른베르크 재판 때도 명령에 따랐다는 것만으로 불법 행위에 대한 궁극적인 소명 사유가 되지 못했다.
그러나 개혁의 목표는 누군가를 악마로 만드는 것이 아니라 사람들의 눈을 열어주는 데 있어야 한다. 공개 기업은 사유재산이나 사적 계약의 차원을 넘어 공공선에 대한 책임이 있다. 공공선은 공적 집단을 희생하여 사적 집단에 봉사하는 것은 이단이다. 궁극적으로 기업을 사유재산이나 사적 계약으로 보는 관념은 귀족적 특권의 은신처로 오래 견디지 못할 것 같다.

진정한 계약은 국민과의 계약이다. 예를 들어 알래스카의 석유 자원은 정부가 아닌 주민의 것으로, 독특하게 설계된 이 펀드는 매년 현금 배당을 하며 2000년에는 4인 가족 기준으로 가구당 7,855달러를 지급했다. 따라서 '하늘에 대한 지분'을 줌으로써 하늘을 오염시키는 기업들이 미국인들에게 배상금을 지불하게 하는 원칙이 필요하다.

혁명의 원칙에 따르면 정부를 바꾸거나 폐지하는 것은 국민의 권리다. 마찬가지로 오늘날 세계를 지배하는 기업을 바꾸거나 폐지하는 것도 국민의 권리다. 회계학에서는 인적자본을 소유할 수 있는지, 가능하다면 누가 소유하는지, 대차대조표상에는 어떻게 기재할 것인지 등의 질문이 제기된다. 투자자의 관점에서는 경제 성장이 평등한 분배 없이 이루어지면 지속 가능하지 않다는 것이 명백하다. 연금 수혜자나 공공 기금에 대한 통제권을 어떻게 주장할 것인가에 대한 질문이 있다.

CEO에게는 기업의 지배 구조를 어떻게 재조정하여 부를 창출한 사람들에게 부를 돌려줄 것인지에 대한 고민이 있다. 노동조합은 전국적인 임금 데이터 공개 운동을 통해 얼마나 많은 기업이 저임금으로 직원들을 어려운 상황에 놓고 있는지 정확하게 파악하고 이를 사회적 감시의 대상으로 삼을 수 있다. 현재 기업은 재산 소유 계급의 정부로서,

과거 왕이 행사했던 권력보다 더 큰 권력을 국민에게 행사하고 있다.

그들은 우리의 양도할 수 없는 권리를 점점 침해하고 있다. 우리는 그들의 부당한 지배를 종식시키고 우리의 안위와 행복을 최적화할 원칙에 근거하여 새로운 경제 정부를 수립할 수 있다.

새로운 이해관계 자본주의. 지역 주민 주주총회 참석, 채권자 집단 주주총회 참석, 종업원 주주총회 참석. 언젠가 우리는 헌법 초안자들이 정치 영역에서 시작했던 설계를 경제 영역에서 완성할 수 있을 것이다.

그러나 자유주의 경제학은 이런 가정을 당위로 착각하면서 이윤 극대화 원칙을 만들어 냈다. 이는 알게 모르게 자본주의를 이기심의 자본주의로 이끌었다. 이것이 오늘날 우리가 맞고 있는 자본주의 위기의 실체다. 이 위기를 극복하기 위해서는 어떻게 해야 할까? 현대에는 건물 임대란 모습을 하고 있다. 지대가 임대료로 바뀐 것이다.

주식회사는 주주의 이익 극대화 목적만 달성 안 하면 된다. 즉, UN 상임이사국이 반대하면 다수가 찬성해도 안건 통과가 안 되도록 정한 것처럼, 주식회사제도도 투자 수익 몇 배 이상은 안 된다는 상법 개정을 못할 이유가 없다.

즉, 금융제도와 화폐 권력을 가진 특정 국가 또는 금융인들이 국제질서라는 미명으로 UN, 상임이사국 1표가 반대하면 유일하게 다수결의 원칙이 배제되는 예외적 합의 시스템이다. 새로운 다양한 주식회사제도 상상에 적용해 볼 모델이다.

트럼프의 관세 정책은 갑작스럽게 등장한 것이 아니다. 그는 이미

1980년대부터 자신의 돈을 들여 신문 광고를 내며, 미국이 살아남기 위해서는 관세를 인상해야 한다고 주장해 왔다. 관세 정책이야말로 다양한 경제적·사회적 문제를 해결할 수 있는 해법이라는 그의 믿음은 오래전부터 일관되었다. 그리고 그 주장은 단지 미국만을 위한 것이 아니라, 세계 문명의 흐름을 바꿀 정도의 중대한 통찰이었다고도 볼 수 있다. 어쩌면 노벨경제학상을 수여해도 무방할 정도라고 생각된다.

어떤 경제학자들은 트럼프는 100년 전의 어떤 경제정책[7]에 대해서 이해할 수 없는 환상을 갖고 있다는 것이다. 100년보다 더 전에는 미국이 관세를 굉장히 높게 거뒀다. 그래서 정부가 써야 할 돈의 거의 대부분을 관세로 충당하고 연방 소득세를 걷지 않았다.

그러나 부를 늘리고 국가가 성장하기 위해서는, 기업을 지원해 일자리를 늘리는 정책이 필요하다. 그런데 관세폭탄은 수입에 의존하는 기업들, 특히 약 60% 가까이 중간재 또는 부가가치를 더해 판매하기 위한 자본재를 수입하는 기업들에 큰 타격을 준다. 결국, 모든 기업과 중소 상공인들이 함께 피해를 입는 구조가 되는 것이다.

그러나 그것은 거꾸로 뒤집어, 특정 소수 집단 기업에서 받을 관세를 포기하는 것은 주식회사에 세금까지 지원하는 꼴이 된다. 이는 상대 자유무역 국가들은 겉으로는 개방을 내세우지만, 실제로는 낮은 임금, 전기요금, 저금리 융자, 부가세 환급 등을 통해 자국 기업을 보호하고

---

7) 윌리엄 맥캔리 25대 대통령(1843~1896) 관세 정책 보호무역주의 정책. 트럼프의 롤모델 관세왕.

있다. 또한, 국제 조약과 현지 법률을 악용한 다국적 기업들은 아웃소싱, 분식회계, 조세 회피 등을 통해 부당한 이익을 챙기고 있다. 그 결과 과거 국세청은 특정 고액 소득자 1%한테만 받았던 소득세를 모든 국민들 노동에 대하여 소득세로 빨아들이고, 국민 대부분은 부족한 돈을 보충하거나 마련하기 위해 은행 대출로 금융 노예가 될 수밖에 없는 이중 과세적 구조를 만들고 있는 것이다.

그렇기 때문에 이 문제는 현재의 경제학 논리 중 성장과 일자리 창출 문제, 또는 노예 노동 원인 등 새로운 경제학적·인류학적 세밀한 분석이 필요하다. 하지만 여기서 우리 인류가 새로운 문명의 전환기에 부채 경제로 인한 노예 노동에서 벗어나기 위해서는 새로운 주식회사를 요구해야 하고, 새로운 법인격에 대하여 상상하고 또 관세를 통한 국세청이 폐지되거나 중앙은행 기능을 정부에서 가져올 생각을 해야 한다. 그리고 주식회사도 이제 더 이상 법인이라는 신의 자리에서 사람에 기초한 자연인의 자리로 내려와야 한다.

또 단 한 번의 출자로 영원히 배당받는 주식회사의 주주 제도도 수정이 불가피하다. 즉, 조정할 때가 된 것이고 논의를 시작해야 한다. 따라서 지금까지의 모든 가치와 논리, 개념들이 시간이 지나 시계의 태엽을 다시 감아야 하듯, 혹시 양의 탈을 쓰고 있는 것은 없는지 시대에 맞게 다시 논의되고 재설정되어야 한다.

즉, 영원성에 기반을 두지 않고 인간의 욕망을 조절하듯이 주식회사제도도 새롭게 정의하여야 한다. 경제 성장과 기업 성공의 성취감에만 가치를 두지 말고 또 다른 가치를 발견해야 한다. 기업 활동에 따른 진보된 사회적 가치와 기술 발전으로 누리는 혜택도 크지만, 수십억 명의 사람들이 단 한 번뿐인 인생을 부채 때문에 어떻게 5천 년 전 고대 사람들보다도 더 못한 삶을 살 수 있단 말인가?

새로운 법인격

법인들이 점차 힘을 얻어가는 반면, 인간은 계속해서 위축되었다. 산업화된 농업은 화학물질 제초제, 살충제, 비료들을 남용해 수많은 미생물이 죽어가며 우리 경작지에서 생명체와 생명을 주는 에너지를 앗아간다. '부엽토'를 고갈시키는 동일한 산업화의 다른 역학은 "우리는 먼지에서 와서 먼지로 돌아간다"라는 격언이 시사하는 바와 같이 인간의 기원과 운명이 토양과 매우 밀접하게 연결되어 있다는 것을 확인해 주며 우리의 인간성을 고갈시킨다. 언어적으로 '인간적인(human)'과 '부엽토(humus)'는 같은 어원을 가지고 있다. 법인은 자연인과 존재 구조가 전혀 다르다. 살아있는 생물체로의 자연인과 인적, 물적, 결합체로서의 법인은 잡아넣을 신체도 고통받을 영혼도 없다.

그러나 지금까지는 법인의 범죄 능력 유무, 양벌규정상 법인 처벌의 근거 등에 논의가 집중되어 법인에 합당한 형벌 체계의 문제에 대해서는 깊이 있는 논의가 없었던 것이 사실이다. 범죄 행위를 한 자에 형벌이 부과되어야 하는 것은 당연하다. 또한 법인에게도 응보, 예방, 교육의 효과가 기대될 수 있다.

법인 범죄는 기업이 국가를 소유하는 지경까지, 또 인간도 아닌 것이 인간의 온갖 부도덕성을 다 보여주고 있다.[8]

1688년 영국의 명예혁명은 제임스 2세를 쫓아내고 왕은 올바른 행동의 책임을 져야 하는 고용인이 되었다. 처음으로 의회가 왕에 앞서는 권력을 갖게 되었다. 반면 사회가 법인을 창조했음에도 법인에 대한 사회의 통제는 제한된다. 또한 법인은 불사의 존재로 항구적인 수명을 누린다.

왕처럼 법인에는 두 개의 신체가 있다. 하나는 법인 자체의 건물과 직원들 자연적 신체이며 나머지 하나는 주주들로 이뤄진 정치적 신체다. 300년도 더 지난 오늘날까지도 법인 통치에는 그런 변화가 일어나지 않았다. 법인은 여전히 재산가 계급의 이름으로만 통치된다.

---

8) 형사정책연구원 〈부동산 시장질서〉

새로운 사유재산의 재해석

지금까지의 사유재산제는 한 가정이나 한 세대가 경제활동의 통상적 단위로 되어 있는 사회에서 성립되는 경향이 있는 제도였었다. 그러나 오늘날 경제활동의 자연적 단위는 가정, 마을, 단일 국민 국가가 아닌 현재 살아 있는 인류의 세계 전체이다. 현재 서구 사회의 경제는 사실상 가족 단위를 넘어섰고, 따라서 논리적으로는 가족 단위의 사유재산제를 넘어섰다. 그럼에도 불구하고, 이 낡은 제도가 아직 실시되고 있다. 산업주의는 사유재산제에 강한 추진력을 부여하는 부유한 자의 사회적 세력을 증대시키며 그들의 사회적 책임을 감소시켰다. 그 결과 산업 시대 이전에는 유익했던 이 사유재산제가 이제는 여러 모양의 사회악을 드러내기에 이르렀다.

그래서 오늘날 낡은 사유재산제를 산업주의의 새로운 세력과 조화할 수 있도록 조절하는 과제에 직면하고 있다. 이 평화적 조절 방법은 국가라는 기관을 통해 계획적이고 합리적이며 공평한 사유재산의 관리와 재분배를 함으로써 산업주의에 필연적으로 수반되는 사유재산의 편재를 방지하는 것이다.

국가는 기간산업을 관리함으로써 그 사유로 인해 다른 사람의 생활에 지나치게 지배하는 힘을 억제할 수 있고, 부유한 자에게 고율 과세를 부과하여 조달되는 경비로 사회사업을 행함으로써 빈곤의 비참한 결과를 완화시킬 수 있다. 만일 이 평화적인 정책이 원만하게 실시되지 못한다면, 그 대신에 공산주의와 같이 사유재산제를 전멸시키려는 혁명적인 방법이 우리를 습격할 것이다.

새로운 사유재산제도를 위해서는, 인류 문명이 겪고 있는 생산 방식의 변화와 함께, 생산의 3대 요소가 어떻게 바뀌고 있는지를 이해할 필요가 있다. 기존 소유 중심 경제와 경영 체계에서는 토지, 노동, 자본이 생산의 3대 요소였다. 그러나 임대경제와 자동화가 중심이 되는 미래에는, 그 구성 요소가 생산 로봇, 소비할 국민, 분배할 국가로 변화하고 있다. 따라서 인류의 위대한 토론과 합의가 필요하다. 최초의 사유재산제는 전쟁을 통해 폭력으로 빼앗은 토지에 대한 소유권을 영원히 인정한다는 것은 잘못된 혼인제 즉, 근친결혼, 일부다처제, 일처다부제처럼 근대사상가들의 오류다.

감가상각하는 화폐와 제한된 부

노화하는 돈

시간이 흐르면 돈의 가치가 감소한다는 것은 잘 알려진 사실이다. "돈은 인간이 만든 것이므로 바꿀 수 있다." 대자본이 모이면, 돈이 더 이상 증식하지 않고 점차 감소하여 마침내 사라지는 존재 방식으로 만들어야 한다. 건전한 사회에서 화폐는 타인이 생산한 재화의 '수표'에 불과하다.

따라서 화폐가 생산활동의 표상으로서 기능을 상실했을 때, 그 소유자에게서도 화폐가치를 사라지게 해야 한다. 이를 위한 방법은 화폐 소유권이 일정 시간이 지나면 자동으로 사회에 환원되는 방식을 도입해야 한다. 실비오 게젤(Silvio Gesell)의 '자유화폐(Frei Geld, Free Money)'는 매달 액면가의 1퍼센트에 해당하는 비용을 부담하지 않으면 사용할 수 없는 구조를 통해 유통을 촉진하려는 돈이다.

감가상각하는 돈

자산은 약 25년 주기로 재평가되며, 축적된 자산은 정해진 가치로 감가상각되어, 노화하는 화폐 개념에 따라 공동체 기부나 세금의 형태로 환원된다.

루돌프 슈타이너가 제안한 노화하는 화폐는, 화폐에 약 25년의 유효기간을 설정하고, 그 가치의 높낮이를 기준으로 결제·융자·증여 등에 자동 조정이 이루어져 경제의 균형이 유지한다는 개념이다.[9]

:: 케인즈의 예언

케인즈(John Maynard Keynes)가 『고용·이자 및 화폐의 일반 이론』이라는 책에서 한 말이다. 우리가 미래에 마르크스의 사상보다 게젤의 사상에서 더 많은 것을 배울 것이라 말한다. 케인즈는 1930년대의 위기 시기에, 미래 사람들이 배워야 할 인물로 마르크스가 아닌 실비오 게젤(Silvio Gesell)을 지목했다.

그러나 우리가 매년 3%씩 물가가 상승한다면, 현금을 갖고 있으면 매년 3%씩 이자를 내야 한다는 것인데, 그래도 현금을 갖고 있을까? 100년 전 100달러는 현재 2달러다.

---

9) 베르너 온켄 독일의 경제학자는 엔데의 〈모모〉 우화를 읽고 시간이 흐르면 가치가 감소한다는 실비오 게젤의 자유화폐 이론과 루돌프 슈타이너가 제창한 노화하는 돈이라는 아이디어를 느껴 실비오 게젤의 묻혀있던 저서를 발굴하여 1987년부터 10년에 걸쳐 전집 18권을 편찬 간행하였다.

현재의 현금은 이러한 상황이다. 그러나 사실 정의로운 화폐, 이상적인 화폐는 이렇게 감가상각되도록 시장에 화폐 유동성 회전력을 높일 수 있도록 설계되어야 하는데, 역설적인 아이러니가 아닐 수 없다.

💲 제한된 부

1%의 슈퍼리치는 왜 우리 사회와 중산층, 그리고 자기 자신에게 해로운가!

불평등의 심화가 자본주의 탓이라는 어설픈 설명은 만족스럽지 않다. 마치 자본주의가 그것을 작동시키는 사람들 없이 스스로 의지로 움직이는 기계이기라도 한 것처럼 말이다.

도대체 얼마나 많은 것이 너무 많은 것인가! 극단적인 부는 부정한 돈이고 민주주의를 잠식한다! 극단적인 부는 지구를 불태우고, 가난한 사람들을 계속 빈곤에 묶어 둔다!

따라서 "부의 한계선"을 정치적 제한선으로 자산 기준 1천만 달러(혹은 유로), 윤리적 제한선으로 자산 기준 1백만 달러(혹은 유로)를 설정한다면, 윤리적 제한선은 돈이 더 있다고 한들 후생을 크게 늘리지 못하는 기준이고, 정치적 제한선은 개인이 더는 축적할 수 없게 제도가 제약해야 하는 기준이다.

부의 한계를 받아들인 세상, 한 사람이 가질 수 있는 부에 제한이 있다고 인정하는 세상은 변혁된 세상일 것이다. 그런데 부의 제한주의가 실현된 세상이 슈퍼부자들에게는 어떤 영향을 미치게 될까?

2014년, 5억 달러 부자 미국의 벤처캐피탈리스트 닉 하나우어는 양극화와 경제 성장을 위해 불평등을 줄여 전체 파이를 키우라고 했고, 2,000년 전 그리스의 플라톤도 《법률》에서 공동체의 안정성을 유지하려면 사회에서 가장 부유한 사람의 재산이 가장 적게 가진 사람의 네 배 수준에서 제한되어야 한다고 주장했다. 분명히 현재보다 물질적 부는 덜 가지게 되었을 것이고, 부에 수반되는 권력과 특권도 덜 가지게 되었을 것이다.

그러나 이것이 도덕적으로 막대한 이득이 될 수 있고, 부자와 슈퍼부자들은 인간성을 회복한다는 점에서 이득을 볼 수 있다.

특히 우려스러운 점은, 극단적인 부가 슈퍼부자의 자녀들 심리를 부식할 것이라는 제시오닐의 1997년 저서 『골든 게토』에서 매우 부유한 환경에서 자라는 것의 어두운 면을 묘사하고 있는 점도 참고해야 할 것이다.

또한 2020년 『돈의 심리학』에서 모건 하우셀은 충분함을 모르는 것은 위험한 심리상태라고 주장했다. 월가에서 1억 달러 이상을 번, 자트 굽타(Rajat Kumar Gupta)[10]와 버나드 로런스 매도프(Bernard Lawrence Madoff)[11]는 성공을 구가했으면서도 아직 충분히 가지지 못했다고 느꼈기 때문에 결국 범죄에 빠져들었다. 문제는 골대가 계속 움직여 우리는 사회적

---

10) 내부자 거래(Insider Trading) 사건으로 몰락한 전 맥킨지앤드컴퍼니(McKinsey & Company) 글로벌 회장.
11) 미국 역사상 최대 규모의 폰지 사기(Ponzi Scheme)를 저지른 월가의 전직 투자 자문가이자 나스닥(NASDAQ) 전 회장.

비교 동기부여 즉 중독에 시달리고 있다.

오늘날 대부분의 사람들은 신자유주의적인 정치, 경제 환경에서 자랐다. 지금까지 신자유적 사고가 우리를 지배하고 있다. 그렇기 때문에 우리는 무엇이 진실인지 모른다. 물고기가 물 밖을 보지 못하듯이, 그들로서는 다른 것을 경험해 보지 못했으니 신자유주의적 사상과 가치가 어떤 특징을 갖는지 알기 어려울 것이다. 다른 이들과 함께 정치체를 꾸려가야 할 공민적 의무를 가진 시민으로 보지 않고, 소비자로만, 직업적 정체성으로만 보게 되는 너무 많은 사람들이 탈정치화되었다.

그렇다면 어떤 결론을 내려야 할까? 좋은 삶을 가져다주지 못하는데 무한대로 돈을 축적하는 게 무슨 의미인가? 행복이나 충족감을 느끼지 못한다면, 그게 무슨 의미인가?

철학자 에드워드 스키델스키[12]와 경제학자 로버트 스키델스키가 지적했듯이 이것은 자본주의하에서 우리가 묻기를 멈춘 질문이다. 하지만 과거에는 이것이 중요한 질문이었다. 아리스토텔레스부터 아퀴나스까지 많은 학자들이 좋은 삶은 명백한 제한을 인정하는 삶이라고 주장했다.

따라서 조상신에게 기도하는 것보다, 적어도 최소한의 생활 수준을 보호하는 안전망 사회가 필요할 것이다.

---

12) 에드워드 스키델스키는 로버트 스키델스키의 아들이다.

새로운 화폐

세계무역화폐

달러의 기축통화 지위는 비극의 씨앗이다. 이럴 바에야 달러를 기축통화로 사용하는 제도를 끝내야 한다. 달러가 기축통화이다 보니 미국의 통화정책은 전 세계에 막대한 영향을 미친다. 그렇다면 당연히 다른 나라들을 고려하고 배려해야 하지만, 미국은 오히려 세계의 깡패처럼 행동하고 있다. 뻔뻔하게도 "연준은 미국의 중앙은행이지 세계의 중앙은행이 아니다"라는 말까지 한다. 그렇다면 달러가 미국의 통화일 뿐인데, 왜 세계 통화처럼 쓰여야 하는가? 이제는 이것도 바꾸자고 해야 한다. 미국은 그 힘을 이용해 사실상 폭력을 행사하고 있는 것이다.

그런데 이제 그 영향력이 부메랑이 되어 미국에게 돌아오고 있다. 세계는 여러 국가로 나뉜 과두 지배 체제다. 생필품을 공급하고 달러를 받든, 무기를 제공하고 달러를 받든, 각국의 지배 세력은 결국 달러에 기반한 화폐축적 세력이다. 그렇다면 결과적으로 같은 효과를 내면서도 폭력과 깡패짓이 없는 기축통화, 즉 무역용 통화가 필요하다.

기축통화를 마구 찍어 남발하며 세계적 공산품과 생산품을 공짜 같은 가격으로 사다 쓰고 그 빚 상환은 나 몰라라 하는, 누구도 기축통화를 남발하지 않고 무임승차할 수 없는 역내 브릭스 국가들 통화든 IMF의 SDR 인출권 같은 케인즈가 1944년 브레턴우즈에서 주장했으나 미국에서 묵살했던 세계무역화폐 "방코르(Bancor)[13]" 같은 무역통화가 필요하다.

어차피 현재의 무역통화인 달러를 외환보유고로 쌓으려는 노력이나 무역화폐 '방코르'를 쌓으려는 노력은 똑같다. 그러나 합의만 이끌어낼 수 있다면 특정 국가가 지금처럼 한도 없는 달러를 발행하는 일은 방지할 수 있을 것이다.

새로운 무역화폐 바스켓통화 발행

80년 전(1944년) 케인즈가 주장했던 세계 여러 나라 통화 믹스 바스켓통화 무역화폐든, 현재 시점에서 변화된 석유·비트코인·금·달러 믹스 바스켓통화 무역화폐든, 새로운 돈과 새로운 무역화폐 논의가 시급한 인류의 과제란 점을 밝혀둔다.

케인즈는 1919년 독일의 전쟁 배상금이 10여 년 후 끔찍한 하이퍼인플레이션과 내전, 더 큰 전쟁을 예언한 것처럼, 은행의 한도 없는 화

---

13) 제2차 세계대전 이후 새로운 국제 통화 시스템을 위해 영국의 경제학자 케인스가 제안한 초국가적 통화 단위.

폐 발행과 한도없는 화폐축적으로 화폐를 퇴장시켜 금융 노예를 만드는 모순을 70~80년 후 현재도 진행형인 기축통화에 대해, 1944년 바스켓 제도의 세계 기축화폐 "방코르"를 주장한 것은 현재의 기축 화폐 제도의 문제점을 예언한 현자였던 것이다.

따라서 과도한 축적이나 가장 안전하다는 미국 국채 매입은 미래에 대한 재앙이 되고, 건전하고 합리적인 소비, 파랑새는 돈의 회전속도를 높여 현재의 행복한 삶을 보장하는 것이다.

경주 선언

한편 2025년 10월 경주에서 열리는 APEC 세계 정상회의에서 최근 벌어지고 있는 관세전쟁에 관한 대안으로 어쩌면 한국이 새로운 무역통화, 바스켓 화폐(금, 석유, 달러, 비트코인 등 믹싱) 사용에 대해 세계인들 앞에서 획기적인 세계무역화폐를 제안할 수 있는 절호의 기회를 잡는 역할을 상상할 수도 있다.

그 이유로는 첫째, 한국이 가장 수출 경제 비중이 높기 때문에 설득력이 뛰어나다.

둘째, 현재의 국제결제 시스템 스위프트를 통해 외환거래를 감시 통제하는 현 제도는 많은 시간과 높은 수수료를 부담해야 하는 이유 때문이다.

셋째, 한국은 디지털 기술(IT)에 대한 이해도와 활용 능력이 높은 국민이 많아 코로나19 당시 거리두기와 방역시스템을 성공적으로 운영하며 세계를 놀라게 한 것처럼, 스테이블코인이나 바스켓통화의 실험과

도입에서도 선도적인 역할을 할 수 있다. IT 강국인 한국에서 이러한 시스템이 성공적으로 정착된다면, 과거 싱가포르나 스위스가 누렸던 금융허브로서의 지위를, 동아시아 북극항로의 시작점인 한국이 이어받을 수도 있을 것이다.

새로운 금융계약

미국은 '비소급권'이라는 제도가 있다. 집을 사기 위해 서브프라임 모기지를 빌렸던 많은 사람들이 20만 달러를 빌려 주택을 매입했는데 18만 달러로 주택 가격이 내려가 갚을 능력이 없다면 집 열쇠를 은행에 보내고 손 털면 은행은 집을 압류하는 것으로 끝난다. 미국의 많은 주가 이런 비소급권 제도를 도입하고 있는데, 주택을 담보한 것은 주택으로 끝낸다. 은행도 주택을 담보로 돈을 빌려줄 때 주택에 대해서 일정한 위험을 고려하고 빌려줬기에 은행도 신용평가 책임이 있다는 것이다.

돈을 빌려준 사람에게도 책임이 있다. 다시 말해 모든 금융 돈거래는 위험을 전제로 거래하는 것이다. 그런데 채권자는 책임을 하나도 안 진다. 이것은 말이 안 된다. 이것은 경제학 교과서에 맞지 않는 얘기다. 자유시장경제 원리에 맞지 않는 얘기다. 왜 채무자들만 뇌가 터지고 노숙자가 되고, 빌딩에서 뛰어내리고 강물에 몸을 던져야만 하는가. 아파트 키만 던져주고 손 털고 새 출발할 수 있는 길을 마련해야 한다.

마치 해방된 노예처럼, 많은 사람들이 이러한 계약에서 벗어나길 원하고 있다. 문제의 핵심은 계약서에 있다. 계약서를 통한 먼저 폭력을 제거하고, 회계 기준과 원가는 모두 공개되어야 한다. 현재 대부분의 계약은 기업 중심적이고 편의적으로 이루어져 있으며, 이는 사실상 노예 계약과 다름없다.

어떻게 수십 년 동안 건설회사들은 실제로 지어지지도 않은 건물을 판매해 왔을까? 이러한 노예 계약으로 인한 착취가 이루어지고 있지만, 아무도 이에 대해 목소리를 내지 않는다. 이는 불공정한 계약과 양극화의 원인 중 하나이다. 자본주의 경제는 모든 것이 개인의 자발적인 판단에 따라 이루어진다고 말하지만, 실제로는 그렇지 않다. 부자, 지식인, 권력자들이 법과 폭력을 동시에 쥐고 있기 때문에, 많은 사람들은 두려움에 목소리를 내지 못하고 침묵할 수밖에 없는 구조에 놓여 있다.

이러한 현실에서 우리는 새로운 꿈을 꾸고 상상력을 발휘해야 한다. 고대 사회처럼 일정 기간이 지나면 부채가 기록된 석판을 깨뜨리고 해방 노예를 풀어줬듯이 현대사회에서도 서민들이 인생을 다시 즐겁게 살 수 있는 '시간의 합의'를 모색해야 한다. 인간이 인간을 사냥하는 이러한 사회 참사를 방관해서는 안 된다. 이러한 관점에서 잘못된 대출 관행과 규칙에 대하여 법률의 묵시적 폐지를 검토해 볼 필요가 있다.

주식회사가 국가 주권을 가져갔다

프랑스 혁명은 개인의 자유, 신과 종교 권력으로부터 민족국가, 개인들 간의 권리를 사회 안정을 위하여 시민사회와 계약, 즉 국가와 사회계약 총합은 시민 연대 사회다. 미국 독립혁명, 프랑스 혁명 주권과 민주주의 토론이 없었던 근본적 이유는 첫째, 유대, 기독 전통을 지닌 선험성, 즉 경험할 필요 없이 그냥 믿어라. 둘째, 부르주아의 국가 탈취 전략인 개신교 부흥을 통한 국가 질서 파괴였다.

17세기 국가 내전은 청교도들의 국가 탈취였지 다른 게 아니다. 침례교, 퀘이커교, 몇몇 장로교, 오로지 유대인을 모방했고 종교와 민주·자유 핑계 대면서 토론을 하면 절대 안 됐다. 영국인과 미국인은 유대인과 특별한 방식, 청교도주의로 엮였다. 국가 주권을 만든 사회계약은 가설의 축에도 끼지 못하는 거짓이다. 역사적으로 보면 15세기부터 베니스 유대 자본과 켈빈 개신교, 영국 청교도, 미국 개신교, 특히 침례교, 이게 실질적인 자본가 네트워크였다.

이 사람들은 유대인들처럼 고집 세게 스스로 경직되고자 했다. 헬레니즘이 갖고 있는 자발적이고 유동적인 의식이 아니라 1+1=2, 1+1=4라 해놓고 그것을 죽어도 믿어버리는 무대뽀 정신. 그래서 베르너 좀바르트가 "청교도는 유대교다"라고 말했다. 비논리적, 이상한 집단이 청교도들이었다. 자유, 민주, 사회계약, 주권 이런 것은 청교도나 일반 국민들에게 토론의 대상이 절대 아니었고 그냥 숭배의 대상이었다.

다시 말해 형이상학이라고 말해 버렸다. 만사를 종교로부터 출발했기 때문에 토론이 필요 없었다. 만약 부르주아 자본가들이 무신론으로 뛰어들었다면 자기들이 사용하는 이 많은 단어들을 증명해야 했다. 그러나 종교로 들어갔기 때문에 증명할 필요가 없었다. 종교가 지닌 형이상학, 선험성에 국가 탈취의 정당성도 걸었다. "토론하지 말고 믿어라!"

그렇다면 프랑스는 어떤가? 계몽주의는 무엇을 계몽했는가? 패자의 피로 쓴 프랑스 혁명. 프랑스 혁명은 가톨릭만 비판했다. 자유, 민주, 인권이 싫어? 그럼, 가톨릭교회 가라! 자유, 민주, 인권이 싫어? 그럼, 북한에 가라! 논리가 똑같다. 유대인들의 습관, 사유재산권 확대? 민주 공화국을 만든다는 사람들 자체가 모순에 빠져 있었다. 프랑스 혁명은 자유, 평등, 박애가 아니라 종교를 포함해 사회의 불만과 혐오를 충돌시키고 정치적으로 분출시킨 사건이었다.

이념이 아닌 감정싸움이었다. 이게 민주 공화국의 첫 출발점이었다. 헌법이냐 공법이냐, 정권 유지를 위해 마구마구 짜깁기해 놓은 핑계다. 프랑스 혁명 '인권 선언문' 헌법에 적힌 자유, 인권, 박애, 주권, 어떠한 개념 규정도 없다. 민주공화정의 기반이 이렇게 허약하다. 그러니까 쉽게 파시즘으로 넘어갔다. 지금도 그렇고, 18세기 의회가 성립하고 250년이 지났는데 어떤 개념도 정립한 게 없다. 20세기 초에 와서는 정권을 파시즘에 내주고, 이 파시즘을 이긴 것도 논리로 이긴 것이 아니라 전쟁으로, 폭력으로 이겼다.

그리고 1945년 이후부터는 무슨 일이 벌어지는가? 민주주의라는 단어를 투표권 확대로 개념을 확 바꿔버렸다. 이따위로 어리버리 살다가 기업들에 주권을 다 넘겨줘 버렸다. 1970년대 미셸 푸코가 진단한 것처럼, 국가의 주권을 기업이 가져갔다. 경제, 즉 기업이 국가 공법의 창시자고, 기업이 인구, 기술, 학습, 교육, 법률, 토지 가용성, 의료 및 문화를 사회화 계획하는 국가의 주권자가 되었다. 국가 자본주의로 불리거나 시장 자본주의로 불리거나, 기업 주권 국가가 만들어졌다.

따라서 대표이사가 누군가? 국제금융과 초국적 자본가들이 바로 대표이사고, 이 기업의 사장은 각 나라의 대통령이다. 국회는 뭔가? 회계과 직원들이다. 사법부는 뭔가? 영업부다. 국민은 노동자다. 언론과 교육, 보건부는 뭔가? 노동자 관리처다. 예술계는 뭔가? 노동자 유흥처다. 이렇게 기업 파시즘이 되어버렸다.
그러니까 국체가 파시즘으로 변해도 돈의 노예로 세뇌돼 느끼지 못하고 전혀 이상할 게 없이 된 것이다.
강대국이 약소국의 주권에 간섭해도 국가의 자리는 잃지 않는다. 하지만 약소국의 공법이 기업이 앞세운 외세를 대변할 때(FTA 등) 국가로서 자질을 잃은 것이다. 그것이 유럽 공동체와 한국이다.[14] 국가와 시장은 상호 적대적일 수밖에 없다.

서양 사상은 시장을, 동양 사상은 국가를 중요하게 생각했다. 그러나 서양 사상이나 동양 사상이나 현실은 '최대 다수의 최대 행복'이란 공리주의 사상이 맞지 않는 현실이 되었다. 그 많은 82억 명의 인구와 사유재산제의 자본 축적, 과도한 특혜의 법인격 등, 새로운 이론이 모색되어야 할 것이다.

이러한 상황을 예견이나 한 것처럼, 210년 전(1795~1795년경)에 영국의 토마스 페인은 토지분배의 정의란 논문에서 제시하고 있는 혜안은 현대의 상황에서도 시사하는 점이 크다. 즉, 현대에는 '건물 임대'란 모습을 하고 있다. 지대가 건물 임대료로 바뀐 것이다.

아울러 근대의 신고전 경제학자 마셜이 주장한 세계를 움직이는 두 가지 힘, 첫째는, 인간의 경제적 욕망 둘째는, 종교의 본질을 모르고는 자본주의를 이해할 수 없다는 차원에서 인류의 역사적 사회공동체 거주 문화의 변화와 새로운 법인격 새로운 사유재산제 등에 관하여 새롭게 해명 함으로써 이상적인 자본주의의 수정 방안을 위해 노력해야 할 것이다.

---

14) 기업주권 〈세비라〉 근대 공법의 아버지 Leon Michoud 주장(1861~1935)

모방적 욕망(mimetic desire)
르네 지라르(René Girard, 1923~2015)

프랑스 출신 인류학자이자 철학자로, 스탠퍼드대 교수로 재직하며 문학·종교·심리·사회 이론을 넘나드는 사유를 펼쳤다. 그는 인간의 욕망을 이성과 합리성보다 타인의 욕망을 모방하는 본능, 즉 '모방 욕망(mimetic desire)'으로 설명한 사상가다. 그는 인간은 스스로 욕망하지 않고, 타인이 욕망하는 것을 따라 욕망하며, 이로 인해 갈등과 폭력이 발생한다고 보았다. 이러한 관점은 인간을 이성적 존재로 전제하는 경제학의 '합리적 인간' 개념을 근본적으로 비판한다.

지라르에 따르면 화폐는 단순한 교환 수단이 아니라 타인의 욕망을 따라 욕망하게 되는 상징적 대상이며, 자본주의 체제는 이러한 모방 욕망을 기반으로 경쟁과 희생양 메커니즘을 재생산한다. 우리는 돈 자체를 욕망하는 것이 아니라, 타인이 욕망하는 돈을 욕망함으로써 사회적 위계와 정체성을 획득하려 한다.

지라르의 제자였던 피터 틸은 이 사상을 계승해 "경쟁은 악이고, 독점은 선"이라는 논리로 기술 자본주의를 재구성했다. 지라르의 이론은 오늘날 금융과 기술 중심의 자본주의에서 화폐, 경쟁, 욕망이 어떻게 연결되어 있는지를 성찰하게 만들며, 우리가 따르는 경제 시스템이 사실상 모방과 희생에 기반한 '현대의 종교'임을 드러낸다.

PART 4

중앙은행과 부채경제

어찌 한 사람이 가진 돈이 60억 명이 가진 돈보다 더 많을 수가 있단 말인가. 화폐 총량 K%에 대한 논의를 시작할 시간이다. 화폐에 대해 문학적인 표현을 한다면 연준이 바티칸 교황청이라면 나머지 중앙은행들은 동네 점집 정도 되는 게 아닐까. 금융제국의 해체, 이 모든 변화를 이끈 것은 전쟁이 아니라 관세였고, 무력 충돌이 아닌 채권 매각, 총알이 아닌 통화였고, 폭탄이 아닌 금리였다.

:: 시작 글

미국은 지금 전 세계에 불을 지르고 있다. 화폐를 지정학적 무기로 활용하며, 이는 새로운 방식의 경제전쟁으로 보아도 무방하다. 리플, USDT, USDC, 비트코인, 달러 기반 스테이블코인 등은 기존 금융망을 통과하지 않는다. 이들은 단말기 간(P2P), 즉 폰 투 폰으로 직접 연결되는 시장을 형성하고 있다. 예를 들어, 한국에서 스위스로 송금하려면 현재는 5~6개의 은행 네트워크를 거쳐야 하지만, 블록체인 기술을 활용하면 수수료는 매우 저렴하고 처리 시간도 단 몇 초면 충분하다.

따라서 스마트폰을 통해 원화를 달러로 전환할 수 있게 된다면, 사실상 '달러라이제이션(dollarization)'이 가능해진다. 즉, 스마트폰만 있으면 은행 계좌 없이도 전 세계 사람들이 손쉽게 달러에 접근할 수 있는 시대가 열린 것이다. 지금까지는 미국이 달러를 대량으로 발행하고, 이를 석유와 연동시킨 '페트로달러' 시스템을 통해 월가가 막대한 이익을 챙겨왔다. 그러나 이 시스템은 이제 종말을 맞이하고 있으며, 그 자리를 대체할 새로운 화폐 질서가 등장하고 있다.

이제 디지털 암호화폐와 블록체인 기술, 그리고 빅테크 기반의 인프라가 결합하면서, 기존의 화폐 발행 시장을 더 이상 닫아둘 수 없게 되었다. 이러한 흐름 속에서 '새로운 화폐'의 등장을 이해하려면, 지금까지의 중앙은행 제도와 화폐 발행의 역사에 대해 어느 정도 알고 있어야만 제대로 된 질문과 논의를 시작할 수 있다. 이 글은 그러한 이해를 위한 하나의 시도다.

그러나 어떤 암호화폐든 간에 잊지 말아야 할 것은, 화폐총발행량의 기준인 'K%'를 벗어난 화폐에 대해 반드시 문제를 제기해야 한다는 점이다. 발행량에 대한 명확한 약속과 사회적 합의가 없는 화폐는 결국 또 다른 '종교', 또 다른 '신'에 불과하다. 그것은 과거와 마찬가지로 또 한 번 속게 되는 것이다.

따라서 우리는 반드시 다음과 같은 질문을 던져야 한다.
첫째, 돈은 무엇을 위해 만들어지는가?
　　　(이는 곧 교환 기능의 문제다.)
둘째, 그렇다면 누가 돈을 만들어야 하며, 누가 이를 관리해야 하는가?
　　　(이것은 심판 기능에 해당한다.)
셋째, 돈은 얼마만큼 발행되어야 하는가?
　　　(현재 현금은 전체 통화량의 약 2.4%에 불과하다.)
넷째, 그리고 얼마나 자주 회전되어야 하는가?
　　　(이는 축적한도와 페널티, 즉 '노화하는 돈', '감가상각되는 돈'이라는 개념과 연결된다.)

이 모든 요소는 더 이상 각국의 헌법이나 국내법에만 맡겨둘 문제가 아니다. 국제기구의 감독 아래 명확한 규범과 기준으로 정립되어야 한다.

중앙은행의 기원

최초의 중앙은행은 1609년경 암스테르담 은행을 시초로 본다. 당시 유럽의 도시국가들 화폐가 약 1,000개가 넘어 화폐 통일이 필요했으며, 길더화가 외환거래 기축통화였으며, 중앙은행 격인 암스테르담 은행을 설립한다. 일정 금액 이상 금화, 은화는 길더화 수표로 사용, 또한 암스테르담 시청이 암스테르담 은행을 지급보증해 중앙은행 결제 시스템의 모체가 되었다.

이후 네덜란드 빌렘 3세(영국 왕 윌리엄 3세)가 영국 왕에 즉위하면서 약 8,000명의 유대 금융인이 그를 따라 영국으로 이동했다. 이 과정에서 네덜란드의 금융 시스템이 통째로 영국으로 옮겨졌고, 1694년 주식회사 영란은행(Bank of England)이 설립되었다. 영란은행을 주식회사로 설립하고, 영국 왕에게 세금을 담보로 전쟁자금 120만 파운드를 연리 6% 이자로 원금은 영원히 갚지 않아도 된다는 조건으로 현재의 화폐 시스템과 동일한 화폐 권력을 탈취한 것이다.

이후 프랑스 중앙은행 설립. 이후 민간은행인 미국 연방 중앙은행 설립. 증권거래소 발명. 기축통화 발명. 부채자본주의 발명. 신용화폐로 노동자들 미래 시간까지 뺏는 금융 노예화가 시작된 것이다.

다시 말해 1694년 영란은행 설립으로 금융화폐 자본주의는 시작된 것으로 볼 수 있다. 한편 미국의 워싱턴 정부 초대 재무장관 알렉산더 해밀턴은 1790년 중앙은행은 개인 소유이며 세금 징수와 화폐 발행 시스템은 반드시 이 은행 시스템으로 관리해야 한다고 주장했다. 이 은행 총자본은 1,000만 달러이며 개인이 80%의 주식을 보유하고 나머지 20%는 정부가 보유한다. 필라델피아에 본부를 두고 각 지점을 설립하는 방식이었다. 25명 이사 중 20명은 주주 중에서 추천하고 5명은 정부가 임명했다.

그러나 미국의 헌법은 정부가 의회에 화폐 발행을 위임할 수 있다고 되어 있으나, 의회가 화폐 발행권을 어떤 민영 은행에 위임할 수 있다는 조항은 없었다. 이에 고무된 워싱턴은 대통령 거부권을 행사했다. 해밀턴이 즉시 워싱턴을 찾아가 로비했다. 만약 중앙은행을 설립해 외국 자금을 주식으로 유입하지 않을 경우 정부는 얼마 지탱하지 못하고 무너진다는 주장이었다.[15] 1791년 2월 25일 워싱턴은 미국의 첫 번째 중앙은행 설립에 서명했다.

현재의 중앙은행 화폐 시스템은 본질적으로 민간 주식회사인 중앙은행이 국채를 담보로 화폐를 발행하는 구조다. 이는 채무에 기반한 화

---

15) 1694년 잉글랜드 영란은행 설립 경험

폐, 즉 불완전한 지폐이며, 대표적인 사례가 미국 달러다. 다시 말해, 이것은 일종의 차용증서와 약속에 불과하다.

이에 반해 비채무 화폐는 금이나 은처럼 자체적 가치를 지닌 실물 자산을 기반으로 한다. 오늘날 정부는 국회의 인준을 받아 국채를 발행하고, 주식회사 형태의 중앙은행(FED)이 이를 사들이는 방식으로 화폐를 발행한다.

얼핏 보면 정부가 중앙은행에 국채 인수를 '부탁'하는 형식을 취하고 있지만, 실제로는 총통화(K%)를 마치 정부가 통제하는 것처럼 보이게 하는 일종의 눈속임에 불과하다. 만약 정부가 화폐를 직접 발행할 수 있다면, 은행이 예대율을 초과해 신용화폐를 남발하는 일은 발생하지 않을 것이다. 정부가 스스로 화폐를 발행할 수 있음에도 불구하고, 굳이 이자까지 지급해가며 민간기관에 그 권한을 맡기는 이유는 단 하나다.

"부패한 공무원에게 화폐 발행권을 맡기면 인간의 탐욕으로 인해 시장 실패가 발생할 수 있다"는 이론 외에는 납득할 설명이 없다. 이러한 구조는 과거에도 이해하기 어려웠고, 오늘날에도 여전히 납득하기 힘든 시스템이다.

사실 양적완화(Quantitative Easing, QE)란, 경기침체 시 발권력을 가진 중앙은행이 화폐를 찍어내 채권을 매입하는 방식으로 시중에 대규모 자금을 푸는 정책이다.

표면적으로는 경기를 부양하기 위한 조치처럼 보이지만, 실상은 인간의 욕망을 부추겨 의도적인 인플레이션을 유도하고, 자산 가격에 거품을 만들어 결국 공황을 유발한 뒤, 부를 파괴하고 자산을 헐값에 흡수해 금융 노예로 전락시키는 구조적 속임수다.

만약 정부가 직접 돈을 풀어 임대 주택이나 분양 주택을 공급하고, 다리를 놓고 도로도 깔고 댐도 건설해 인프라에 투자한다면 이때 정부 기관이 주도하지만 건설·인력·원자재, 관련 금융 등, 사기업 경제활동도 포함되는 것은 마찬가지 고용 창출과 소득 대체 효과를 볼 수 있다.

이 과정에서 정부의 정책 실패로 인해 재정지출이 확대되고 적자가 발생하더라도, 국민 모두가 '허리띠를 졸라맨다'는 사회적 합의가 전제된다면, 부채 슬레이트를 통해 해당 부채를 탕감할 수 있다.

'부채 슬레이트'란 새로운 금융 시스템과 경제의 선순환을 위해, 과거의 부채로 얼룩진 '칠판'을 깨끗이 지우는 개념이다. 이는 약 5,000년 전 고대 사회에서 왕의 즉위나 국가의 축제 시 모든 부채를 탕감하고 경제를 새롭게 시작했던 '희년 제도'에 그 기원을 두고 있다.

과거에는 이런 재정정책과 돈의 배분 권한을 정부에 맡길 경우, 공무원의 부패 가능성 때문에 이에 신흥 상인과 금융가들이 시장 중심의 자율 조정을 주장해왔다. 그러나 이제는 그런 역할을 철인(哲人)처럼 공정하고 계산적으로 판단하는 AI 인공지능 프로그램이 수행할 수 있게 되었다.

그렇기에 '인간은 탐욕스럽기 때문에 시장에 맡겨야 한다'는 논리는 박물관으로 갈 때가 된 것이다.

주식회사제도도 투자 수익 몇 배 이상은 안 된다는 상법을 개정하지 못할 것도 없다. 다시 말해 그러한 투자로 돈을 버는 건설회사, 화폐를 찍어내 대출해 주는 은행들 욕망만 조절하면 된다. 금융은 최고로 일 잘하는 하인이다. 그러나 그대로 두면 주인을 잡아먹는다. 고대 그리스 시대도 금융은 노예가 맡아 수행했으며, 중세에도 금융은 유대인들 최하층 주변인들이 했다. 결국 주인을 잡아먹은 꼴이다.

만약 황금의 폐화가 이루어진다면 경제발전의 속도는 더뎌질 것이다. 변동환율 또한 필요 없어질 것이다. 그러나 이미 전 세계는 겪어봐서 알고 있다. 안정을 추구하는 발전은 없다는걸. 하지만 이제는 있다. 극소수의 사람들한테만 이익이 가지 않고, 경제발전이 느리더라도 전체가 함께 혜택을 볼 수 있다면 말이다!

그것은 화폐 발행을 정부가 찾아오는 것이다. 결국 케인즈가 파악한 화폐에 관하여 투자자의 탐욕, 수학보다는 인간 사회가 작동하는 원리, 심리학·정치학·역사학·사회과학적인 현상 파악이 더 중요하다. 건설경기 부양책은 시장에서 자신의 종자까지 먹어치워 다른 산업을 파산케 하여 소비를 할 수 없을 정도의 경제 선순환 기능을 파괴시킨다.

기축통화와 중앙은행

트럼프 정부의 관제 목적은 달러 약세를 만들어 미국의 제조업을 회복시키겠다는 프로그램이다.

크게 두 가지로 보면 첫째, 90%의 중산층이 무너져 미국의 경제기반이 약해졌다. 그것이 트럼프의 지지 기반인데, 트럼프의 지지 기반을 더 확고히 해 트럼프의 정치 기반을 지키는 게 첫 번째고, 또 하나는 미국은 군사력과 경제력이 패권을 유지해 주는데 제조업이 살지 않으면 미국의 안보 자체가 위험한 상황이다.

미국의 제조업 중에는 전투기를 만드는 록히드 마틴 같은 제조업도 있다. 그런데 모든 제조업이 중국으로 가다 보니 핵심 부품은 미국에서 만들어도 전투기에 들어가는 나사 하나 값이 수십만 불이다.

그러니까 제조업을 미국으로 리쇼어링하는 것이 무역적자 해소 측면도 있지만, 미국의 안보와 미국 국민들 생명과도 직결되는 문제다.

또한 화폐전쟁 측면에서는 기축통화의 자리를 누가 가져갈 것이냐, 그리고 군사적 패권을 누가 쥘 것인가가 사실은 그 나라가 패권자가 될 것인가의 문제다.

현재 미국이 군사력에선 앞서지만, 핵무기를 서로 갖고 있는 한 그런 비교는 큰 의미가 없다.

그렇다면 나머지는 경제 패권인데, 중국이 지금 미국이 갖고 있는 달러패권을 가져갈 수 있느냐, 그러면 화폐 패권은 어떻게 만들어지는 것이냐가 중요하다. 사람들이 그동안 기축통화가 스페인, 네덜란드, 영국, 미국, 이렇게 기축통화국들이 변했다.

우리가 인지할 수 있는 근래를 보면 영국 파운드화에서 1944년 브레튼우즈 협정으로 공식적으로 기축통화의 자리가 파운드화에서 미국 달러로 옮겨간다. 그러니까 자연 발생적인 사멸과 탄생 이외에 정부들이 나서서 합의를 통해 기축통화를 바꾼 것은 브레튼우즈 체제 달러가 처음이었다.

금화가 미국 포트 녹스 금고로 대량 이전된 것은 1차 대전과 2차 대전을 거치면서였다. 영국이 미국으로부터 무기를 대규모로 수입하는 과정에서, 유럽 패권의 근간이었던 금이 미국으로 대거 이동했고, 그 결과 미국 달러가 패권 달러로 자리 잡게 되었다. 그렇다면 이러한 결정은 누가 내린 것일까? 사실 영국 정부나 미국 정부가 아니라, 금의 소유권을 가지고 금의 유통망과 공급망을 장악했던 금융 세력이었다. 런던을 거점으로 한 이 금융 세력은 남아프리카공화국, 러시아, 아프리카 등지에서 금을 채굴해 영국 왕실과 영국 정부에 안정적으로 공급했다. 이들은 금을 정부에 판매해 수익을 얻는 구조로 생존하던 금융 세력이었다.

불과 50~60년 전까지만 해도 이 금융 세력은 금 유통으로 먹고 살았고, 월가 역시 마찬가지였다. 그런데 영국 정부가 무기를 수입하는 과정에서 금이 모두 미국 포트 녹스 금고로 옮겨지자, 이 금융 세력은 본거지를 런던에서 월가로 옮기는 선택을 했다.

이것이 바로 브레튼우즈 체제의 출발이다. 겉으로 보기에는 정부가 제도를 바꾼 것처럼 보이지만, 실제로는 런던 금융 세력의 선택이 그 배경이었다. 그렇다면 '금융 세력의 선택이 기축통화국을 결정한다'는 프레임이 유지된다면, 이들이 달러를 팔고 나서 어떤 선택을 할지 고민해 보아야 한다.

그렇다면 이들이 위안화를 선택할 수 있을까? 이에 대해서는 다소 부정적으로 본다. 그 이유는 금융 세력이 기축통화를 선택하는 과정이 단순히 경제력에 달린 것이 아니라, 그 나라(영국의 왕실이든 미국의 정부든)와 금융 세력 간의 일정한 거래에 기반하기 때문이다. 역사적으로 모든 정부는 군사력을 유지하기 위해 금융 세력으로부터 차입을 해왔다. 그러면 금융 세력은 막대한 채권을 보유한 채 정부와 협상하게 된다.

정부 입장에서는 빚을 얻을 수 있을 때는 군사력을 유지할 수 있지만, 상환 시점이 되면 채권을 갚기 싫어지는 경우가 많았다. 그래서 채권자를 죽이거나, 추방하거나, 무시하는 일이 빈번했다. 이런 일은 스페인, 네덜란드, 영국에서도 똑같이 벌어졌다.

이러한 위험을 피하기 위해 만들어진 것이 바로 중앙은행이다. 채권자 입장에서 자신들의 생명을 지키면서 채권을 유지하려면, 정부와 '딜'을 해야 했다. 그 딜이란, "채무를 탕감해 주는 대신 100년 만기 무이자 채권을 발행하고, 우리에게 화폐 발행권을 달라"는 거래였다. 이처럼 채권 탕감과 화폐 발행권, 그리고 중앙은행 설립 간의 거래가 바로 지금까지 기축통화를 만들어온 근본 구조였다.

그렇다면 현재 월가를 기반으로 한 금융 세력들이 중국 공산당 시진핑과 거래를 통해 인민폐, 즉 위안화의 발행권을 취득할 수 있을까? 그리고 중국에 빌려준 채권을 탕감받을 수 있을까? 현실적으로 이는 어렵다. 지금은 오히려 월가가 중국에 빌려준 돈보다 중국에 갚아야 할 돈이 더 많기 때문이다.

또한 인민은행이 발행권을 특정 금융 세력에게 줄 이유도 없다. 인민은행은 정부 소유이므로, 발행권은 국가 통제하에 있기 때문이다. 따라서 다른 가능성의 프레임은 '미국도, 중국도' 모두 디지털 비트코인 기반 화폐 패권을 선점하려는 경쟁으로 전환될 것이라는 점이다.

중앙은행을 통한 권력과 대중 지배

🏦 국가 부채의 증가와 금융교육

　중앙은행들이 만들어내고 있는 세계 경제위기. 금리 인상과 인플레이션, 디플레이션, 그리고 스태그플레이션까지 조작하고 있는 행태에 대해, 마치 하나님에게 따지듯 중앙은행이 찍어내고 있는 화폐의 본질을 파헤쳐 보고자 한다. 중앙은행의 합법적 사기 방식은 장구한 금융 역사 속에서 부채의 본질과 금융의 사기적인 창조 시스템을 은폐해 왔다. 대중이 이에 대해 전혀 묻지 못하는 이유는, 혜택받지 못한 교육 속에 그것이 감춰져 있었기 때문이다. 특히 은행가들은 정치인들과 결탁해 왜곡되고 불평등한 금융 착취 방법의 비밀을 은밀하게 유지하기 위해 엄청난 노력을 기울였다.

　이들이 창조한 금융 시스템의 핵심은 신용화폐를 통해 대중을 위협하거나, 금융 시스템에 의문을 품는 자들을 조용히 처리하는 데 있었다. 대부분의 정치인들과 정부는 반사회적 사기 금융의 문제를 즉시 해결하거나 대중 앞에 드러내기는커녕, 오히려 금융인들과 함께 숨기며

실태 파악조차 하려 하지 않는다. 그 이유는 기업·금융·정치의 삼각 유착 구조 때문이다. 기업은 정치인을 통해 자신들에게 유리한 정책을 만들고, 은행은 검은 정치 자금을 정치 후원 기업들에게 은밀히 전달한다.

당연히 정치에는 천문학적인 돈이 필요하게 되고, 미국은 이런 정치 로비 자금을 불법화하지 않을 정도로 매우 노골적인 정경 유착의 모습을 보인다. 대중들은 아직까지도 투표를 통해 대통령을 정당하게 선출하고, 국민의 힘으로 권력을 만든다고 믿고 싶어한다. 그러나 그것이 사실이라면, 정치자금이 이처럼 천문학적으로 들어갈 이유도 필요도 없을 것이다.

바로 이것이 '대중의 투표의 힘'이 아니라, 정치가 곧 '세력'이라는 사실이다. 그 세력을 이끄는 중간자들(대형 종교 지도자, 대기업, 각종 연대를 주도하는 시민단체), 이들이 돈으로 섭렵되고 포섭되어, 그들의 표가 돈으로 거래되는 것이다. 그렇기 때문에 정치에는 천문학적인 돈이 들어간다. 이들의 영향력은 마치 조커 카드와 같아서, 불리할 때 꺼내는 치명적인 승리의 카드가 된다.

정치와 기업을 아우르는 돈의 권력을 강화하기 위해, 은행가들은 오랫동안 많은 지식인과 권력자, 정치인, 기업인들을 돈으로 타락시켜 왔다. 따라서 지금의 은행업이 등장함과 동시에 정부와 기업, 정치의 부패도 거의 동시에 시작되었다. 한마디로 은행가와 정치인은 결코 분리할 수 없는 존재이며, 서로 없이는 어느 한쪽도 존재할 수 없다. 더 명백한 사실은, 개인이 소유한 민간은행인 중앙은행이 소수의 권익을 위해 다수 국민에게 해악을 끼치며 자신들의 이익을 추구해 왔다는 점이다.

우리가 알고 있는 금융업은 단순히 돈의 개념이 아니라, 수학적으로 설계된 고도의 사기 행위다. 인류는 수학적으로 짜인 경제 매트릭스 안에 갇히게 되었고, 이 매트릭스는 철저히 소수의 이익 구조 위에 대중을 기반으로 성장하고 있다. 2년 이상 이어진 코로나 팬데믹은 우리가 직면한 거대한 수학적 매트릭스의 아주 작은 일부일 뿐이다. 현재 설립된 중앙은행과 국세청은 '세금 징수'라는 명분 아래 대부분의 돈을 착취해 왔으며, 이 기관들이 실제로는 우리 경제에 필수적인 존재가 아니라는 사실을 대중에게 절대 알리지 않았고, 교육 현장에서도 가르치지 않았다.

중앙은행과 국세청의 이러한 행위에 대해 깊이 들어가면 이야기가 길어지지만, 요약하면 두 기관은 유대인들이 만든 화폐 시스템 매트릭스 안에서 핵심적인 역할을 해왔다. 이 매트릭스 안에서 매우 요긴하게 활용된 '설계된 전염병'은 과거 경제 대공황과 유사한 흐름을 보였지만, 그 충격은 미국을 넘어 전 세계로 확산됐다. 1929년 미국 대공황 때 미국인 300만 명이 굶어 죽었듯, 코로나 사태로 인해 전 세계적으로 기아 사태가 벌어진 이유는 단순히 전염병 때문이 아니라, 중앙은행이 나라에 필요 없는 국가 부채를 인위적으로 만들어냈기 때문이다.

이렇게 의미 없는 국가 부채가 계속 쌓이면, 정부는 '재정 균형'이라는 명분으로 세금을 과도하게 인상한다. 그 결과 대중의 의·식·주에 치명적인 문제가 발생하며, 특히 가난한 국가는 먹고사는 문제에서 더 절박한 상황에 처하게 된다. 사실 정부가 직접 발행할 수 있는 돈을, 굳이 중앙은행에서 빌려 과도한 이자를 물어가며 세금으로 대중의 돈을 약탈할 이유는 전혀 없다.

국세청 역시 마찬가지다. 중앙은행의 화폐 발행량만큼 과도한 세금을 국민에게 징수한다. 중앙은행 금리에 따라 세금 규모가 변하고, 이는 물가 변동에도 직접적인 영향을 미친다. 모든 정부는 중앙은행의 지시 하에 국민의 돈과 시간을 사실상 공모하듯 조작하여 탈취해 왔다.

미국의 국세청은 1862년에 처음 설립되었지만, 본격적으로 활성화된 시기는 1933년으로 국가 부채가 그 원흉이었다. 이는 미국이 파산한 직후로, 금융인들이 국가 부채에 대한 담보를 국민 세금으로 보장받았던 해이다. 이때 새롭게 제정된 소득세 제도는 처음에는 약 1%의 고소득자를 대상으로 한 '깨끗한 제도'였으나, 중앙은행발 국가 부채가 늘어나면서 전 국민으로 확대되었다. 이후 정부는 중앙은행을 통해 사실상 사채업과 같은 방식으로 돈을 빌렸고, 폭등하는 이자가 엄청난 세금 부담으로 이어지게 된 것이다.

부채경제 신용화폐 발명

노동은 신성하고 노동이 너희를 자유롭게 할 것이다. 열심히 일하라! 열심히 저축하라!는 말은, 매년 물가 상승률 3% 정도에서 열심히 일해서 받은 임금을 은행에 저축하라는 것은, 열심히 일해서 착취를 당하고 그 돈을 은행에 저축하면 인플레이션 세금으로 착취당하는 쳇바퀴 굴레에 불과하다.

　중앙은행과 정부, 이 둘은 의도적으로 계속해서 부채를 만들어내고 국세청은 대중들 세금을 통해 그 엄청난 돈들의 부담을 떠넘긴다. 그렇게 되면 결국 대중들은 의식주의 모든 대부분들이 바로 중앙은행에 의해 저당잡히게 되고 중앙은행의 한마디에 의해서 세계 경제가 흔들리게 되는 아주 기묘하고도 어이없는 시스템이 지금처럼 연출되는 것이다. 한마디로 국가 부채가 새로운 대통령이 당선되면 될수록 더 거대하게 늘어가는 이유 역시도 상당히 조작적인 흐름이다.

　중앙은행이 화폐 경제를 성장시키기 위해 인위적으로 더 많은 돈을 풀게 되면 물가 경제지표는 올라갈 수밖에 없고, 자연스럽게 중앙은행을 통해 더 많은 빚을 질 수밖에 없는 원리가 되고, 결국 이렇게 되면 모든 국가가 은행가들 빚더미에 허덕이는 문제로 그 후대, 그 후손까지 빚의 노예로 전락하는 결과를 만들어내게 되는 것은 물론이고, 한 국가의 존망의 문제가 중앙은행의 입김 하나에 결정되는 상황이 연출될 수도 있다.

　소수가 대중을 지배하는 방법은 매우 간단하다. 대중들에게 겨우 먹고살 만큼 돈을 주고, 대신 각국의 정부를 통해서 국가 부채를 갚을 수 없을 정도로 필연적으로 폭증시킨다. 그렇게 겉으로 보기에 세계 모든 국가들이 다양한 분야로 나눠져 있고 강점을 보이고 있다고 생각하겠지만, 사실상 거의 모두가 중앙은행의 돈이라는 검은 손아귀에 모두 발밑에 묶여 있다.

그렇다면 검은 권력자들이 은행을 통해서 가계 부채를 창조하는 달콤한 레시피는 과연 무엇일까? 그것은 바로 돈의 결핍이다. 그러니까 돈의 결핍을 통해 대중들의 소득보다 지출을 크게 늘린다. 돈의 결핍이란 것은 이미 대중들도 팬데믹 사태를 통해 겪은 사례다. 벤 버냉키가 엄청나게 뿌려댔던 헬리콥터 머니, 이게 다 어디로 갔다고 보는가? 2008년 금융위기 때는 금융기관 채권 매입과 엄청난 부실기업 구제 금융이 저 위 은행에서만 돌았다.

코로나 팬데믹 당시, 정부와 중앙은행은 기업의 CP(기업어음) 채권을 매입해 유동성을 공급했다. 그러나 많은 기업들은 이 자금을 기술 투자나 본업 강화가 아닌, 자사주 매입에 활용했다. 이는 주가를 안정시키거나 상승시키기 위한 전략으로, 발행된 주식을 줄여 주당순이익(EPS)을 높이고 주주가치를 끌어올리려는 목적이었다.

그 결과, 실질적인 가치 창출 없이 자산 가격이 급등하는 주식 버블이 형성되었고, 대중들은 그 환상에 유인되어 결국 희생당한 셈이다. 대중의 호주머니로 실질적인 이익은 거의 돌아가지 않았으며, 오히려 인플레이션만 가속화되었다. 그로 인해 대중은 더 많은 부채와 이자를 짊어지게 되었고, 과도한 세금 부담까지 떠안게 되었다.

이뿐 아니라 연방준비제도(FED)의 추악한 화폐 폰지사기는 그 불분명한 화폐 발행과 출처가 분명히 남아 있었음에도 불구하고, 그 어느 누구도 국가와 기관도 감히 치외법권이라는 그 연방준비제도(FED)를 감사나 수사를 단행하지 못했다. 대중들이 열심히 벌고 있었던 소득들은 중앙은행을 통해 그 어떤 방식이든 대중들의 돈을 착취하는 시스템을 만들어 내기 위해 안간힘을 쓰고 있다.

결국 그렇게 해서 대중들은 먹고살기 빠듯한 돈만 남게 될 것이고, 이 상황을 타파하기 위해 그들이 만들어낸 또 하나의 함정인 주식과 코인에 손을 대기 시작한다. 그리고 최저임금이 물가 대비 항상 부족한 이유도, 또한 화폐 가치를 떨어뜨려 인위적으로 금리를 낮추면서 부동산과 주식의 투기적인 행위를 만들어 내는 이유도, 대중들의 가처분소득을 그로 인해 강제로 줄여서 과도한 빚을 지게 만드는 금융인들의 얄팍한 사기적 술법이다.

과거 70, 80년대에 비해서 지금 분명히 더 잘사는 것 같은데 사람들은 왜 더 많은 빚에 허덕이고 있는가? 분명 경제와 문명은 눈부시게 발전하고 있는데 왜 지금의 젊은이들은 더 많은 빚더미에 시달리고 있는가? 그 이유는 비소비지출과 가처분소득을 비교해 보면 알 수가 있다. 과거 70, 80년대는 비소비지출과 가처분소득 비율이 대략 5:5가량이었지만 지금은 경제와 사회가 점점 더 부채 더미에 앉기 시작하면서 그 비율이 7:3 정도로 가처분소득이 압도적으로 줄었다. 그리고 더 안타까운 것은 사람들은 이 같은 금융의 불합리한 착취를 전혀 느끼지 못하고 있는 것이다.

그러므로 팬데믹 사태에 과도한 중앙은행발 화폐 발행으로 인한 의도적인 인플레이션, 거기에 따른 물가 상승, 반대로 인위적인 임금 정체는 노동자들의 구매력을 극도로 줄일 수밖에 없게 만들고 결국 또다시 한탕주의와 생계 대출로 인한 새로운 부채로 대중들을 유혹하게 된다. 또 한 가지 전혀 깨닫지 못하는 사실이 있는데 그것은 바로 중앙은행이 정부의 부채뿐 아니라 대중들의 부채에 대한 조작 역시도 적극적으로 이용한다는 것이다.

중앙은행은 일반적으로 국가의 통화량을 조정하고 금리를 조정하면서 상업은행의 시스템까지 감독하는 것이다. 그러니까 상업은행이라는 것은 바로 대중들의 개인 대출을 말하는 것이다. 정부는 이때 채권을 발행하게 되는데 중앙은행이 아무 담보도 근거도 없는 그저 허공으로부터 만들어낸 돈을 던져주고 정부는 그것을 아무 의심 없이 덥석 받는다.

그리고 중앙은행은 그 채권 경매를 통해서 최고 입찰자에게 다시 넘기게 된다. 여기서 말하는 최고 입찰자는 우리가 흔히 알고 있는 은행의 거부들과 언론과 TV에 흔히 보이고 있는 마스코트들이다. 이들이 어떻게 은밀하게 돈을 버느냐면 그것은 바로 주식과 M&A 이딴 게 아니라 영원히 손실되거나 망하지 않는 중앙은행의 채권을 통해서 돈을 버는 것이다. 그리고 마치 언론과 TV에서는 자신들이 똑똑하거나 잘났기 때문에 돈을 벌게 된 것이라고 쇼를 하고 있고 그 쇼를 통해 더 많은 사람들이 주식과 코인에 투자를 하고 중앙은행의 의도대로 더 많은 빚을 지게 되는 것이다.

아무튼 정부는 경제 전반에 걸쳐서 일단 경제 침체를 막기 위해 돈을 충분히 신속하게 공급을 받아야 하고 그 액수가 크면 클수록 그 대가로 국민들은 높은 세금을 부과받게 된다. 물론 정부와 언론은 중앙은행발 채권의 빚을 갚을 수 있다고 지금도 이야기하고 있다. 하지만 미국과 한국을 비롯해서 그 어떤 나라도 국가 부채를 완벽하게 갚거나 심지어 줄이는 경우는 없었고 설령 갚았다고 하더라도 다시금 더 천문학적인 빚을 질 수밖에 없는 시스템을 가지고 있다.

그리고 실제로 그 빚들은 천문학적으로 늘어만 가고 있다. 그렇다면 도대체 왜 우리 정부는 중앙은행이 만든 돈을 빌려야만 하는 것인가? 왜 정부는 이자가 지불되지 않는 돈을 왜 직접 발행하지 않는 것인가? 궁금하지 않을 수 없다.

사실 터놓고 얘기하자면 정부는 이자가 지불되고 있는 저 사기적인 돈을 중앙은행으로부터 단 한 푼도 빌릴 필요가 없다. 정부가 사기업인 중앙은행에 아쉬운 소리를 해대면서 돈을 빌리지 않고도 돈을 직접 발행하면서 충분히 유통할 수가 있다. 하지만 그렇게 하지 못하는 강력한 이유가 있다. 바로 스위스의 BIS와 미국의 중앙은행인 연방준비제도(FED) 때문이다.

국제결제시스템(swift) 독점과 화폐의 타락

그 틀의 기축통화가 BIS인 국제결제은행과 연동되어 있고 모든 중앙은행은 이 BIS 지침 아래 이들의 시스템을 이용하게끔 그렇게 체계화시켜 버렸기 때문이다. 즉 중앙은행의 영향력 아래 정부가 운영되지 못하면 그 즉시 기축통화권을 그 나라는 박탈당하게 되고 모든 무역 거래에 치명적인 결과를 미치게 된다(아르헨티나, 북한, 베네수엘라, 러시아). 특히 수출에 의존하고 있는 한국 같은 경우는 이보다 더 심각한 결과를 초래하게 될 것이다.

그로 인해 한국의 거의 모든 은행은 IMF 이후 외국계 자본에 잠식당했고, 당시 미국 중앙은행의 금융발(發) 기축통화 협박으로 인해 한국 경제는 맥없이 무너졌다. 그렇게 금융가들의 노골적인 악법 행위를 보다 못해 일어선 인물이 있었는데, 바로 그 인물이 1963년 댈러스에서 암살당한 케네디 대통령이었다. 만약 케네디가 워싱턴처럼 암살당하지 않고 정부 주도적인 금융법을 실행했다면 많은 것이 바뀌지 않았을까? 라고 생각할 수 있지만, 대통령은 어쨌든 그 임기가 정해져 있기 때문에 그 대통령 다음으로 자신들 수족이 될 수 있는 대통령을 뽑아 버리면 그만이다. 그래서 소수의 엘리트들이 가장 싫어하는 것이 바로 독재 시스템이다. 독재 시스템은 자신들이 끼어들 만한 어떤 사회적, 정치적 틈을 주지 않기 때문이다.

그래서 이들은 독재자에 대한 사회 시스템을 무너뜨리기 위해서 엄청난 노력을 했고, 또한 그들을 제거하는 것에 주저하지 않았던 것이다. 어쨌든 지금의 소수 권력자들, 그 권력의 목표는 아주 확고하다. 각 국가와 국민을 갚을 수 없는 부채의 늪으로 빠뜨리려 한다. 왜냐하면 그 과정에서 이들은 부당하게 엄청난 돈을 벌 수도 있고, 또한 자신들의 부당한 이런 화폐 행위가 각국 국민들 전체를 빚의 노예로 만들

수 있기 때문이다. 화폐라는 것은 충분히 정부 주도하에 유통시킬 수 있다.

과거 링컨 같은 경우도 '그린백'이라는 정부 발행 화폐를 성공적으로 유통시키기도 했고, 존 F. 케네디도 1963년 6월 4일 행정명령 11110호를 시행하면서 중앙은행을 통하지 않고 직접 정부 발행 화폐를 유통시켰을 뿐 아니라 경제의 매우 긍정적인 흐름을 기대했지만, 애석하게도 그해 11월 22일 그가 암살되면서 그 발행이 중단되었을 뿐 아니라, 행정명령 11110호 법령을 필사적으로 저지하고 폐지했던 것은 다름 아닌 록펠러였다.

왜냐하면 이 당시 록펠러는 미국의 기축통화를 통해서 전 세계를 빚에 허덕이게 만들려는 커런시(통화결제망) 월드 오더 계획을 추진하고 있었기 때문이다. 과거 미국의 3차 중앙은행인 FRB가 설립된 1913년 이후부터 미국의 국가 부채 규모는 약 8,000배 이상 커졌고, 구매력 기준 달러 가치는 99% 이상 하락하고 있다. 여기에서 대중들은 의문을 가질 수 있다.

국가는 어떻게 화폐를 정부 주도하에 둘 수 있는가? 최근 비트코인이 외치고 있는 것이 무엇인가? 탈중앙화다. 왜 비트코인? 1941년경 블록체인 기술은 IBM이 나치 정부에서 이미 분류 기술로 사용했다. 비트코인과 CBDC(Central Bank Digital Currency) 디지털 달러 "다인 앤 유"라는 단어는 유대인들이 고대부터 디지털 골드, 히브리어로 '그것만으로 충분하다', 혹은 '신의 의지대로'란 어원의 뜻이 있다.

같은 디지털 화폐는 탈중앙화가 되면서 왜 화폐는 중앙은행의 권한과 권력을 떠나서는 안 된다고 하는지? 그렇게 충분히 만들어질 수 있지만, 그것을 의도적으로 막고 있는 자들이 있다는 것을 이제 대중들은 눈치채야 한다.

이렇게 달러의 가치가 99% 이상 엄청나게 폭락하고 있는 상황에서 기축통화 하락을 사람들은 여전히 망각하고 있다. 그리고 무조건 경제를 빠르고 크게 성장시킨다면 언젠가 부채에서 벗어날 수 있다는 환상을 가지고 있지만, 여러분들이 가지고 있는 달러를 예전에는 10장으로 갚을 수 있었지만, 지금은 1,000장 또는 10,000장이 돼야 하는 상황이다. 이미 부채라는 것은 수학적, 논리적으로 불가능한 영역에 도달해 있다.

중앙은행과 국세청이 생겨난 이유

미국 역사상 가장 큰 경제 성장기 중 하나는 1872년부터 1893년까지의 '도금시대(Gilded Age)로, 1865년 남북전쟁이 끝난 후 미국 자본주의가 급속히 발전한 약 28년간의 시기를 말한다. 이후 1913년까지 이어지는 윌리엄 맥킨리 대통령의 고율 관세 정책 시대 역시 미국 역사상 가장 부유했던 황금기로 평가되며, 넓은 의미에서 도금시대에 포함되기도 한다. 이 시기에는 오늘날과 같은 중앙은행(연방준비제도, FED)도, 국세청(IRS)

도 존재하지 않았다. 그리고 소득세도 없었다. 그러함에도 그 당시 경제는 여전히 급성장했다. 그런데 아무런 이유 없이 갑자기 정부의 부채를 이용해서 대중들의 부채까지 옭아맸던 중앙은행과 국세청이 생겨난 것이다. 대중들 그 누구도 찬성하거나 정부 그 어디서도 가결하지 않았다. 정치인들만이 그것을 몰래 추진했던 것이다.

어쨌든 소수의 권력자들이 만들어낸 달러, 이것은 1913년 중앙은행 설립 이후부터 구매력과 가치가 서서히 하락하기 시작한다. 현재 은행의 시스템은 무에서 돈을 만들어낸다. 이것은 지금까지 발명된 것 중 가장 놀라운 것이다. 원래 은행업이라는 것이 불평등 속에서 잉태되어 죄악으로 태어난 악마다. 하지만 은행가들은 이 악마를 교묘히 이용해서 전 지구를 소유할 수 있게 되었다.

이 악마는 그들에게 돈을 만들 수 있는 창조주였고, 그들은 단지 볼펜을 몇 번 가볍게 끄적거리면서 지구의 모든 소유권을 살 수 있을 만큼의 충분한 돈을 만들어낼 수 있는 힘을 얻게 될 것이다. 만약 악마가 이들에게서 화폐라는 거대한 힘을 빼앗게 된다면 은행가들의 모든 행운 역시 사라지게 될 것이다. 그렇게 된다면 이 세상은 사실 더 살기 좋고 행복하게 될 것이다. 아무것도 없고, 실체도 없고, 신용도 없고, 가치도 없는 것을 볼펜 몇 번 끄적임으로 인해 대중들은 인생과 시간과 노동을 저당 잡히면서 평생 은행의 통제 속에서 살아야 하는 지옥 같은 삶을 살게 된다는 것이다.

이것이 의미하는 것은 무엇이냐? 우리는 대출을 받지 않는 한 돈을 가질 수 없는 부채의 신용기반 시스템에 살고 있다는 말이다. 은행은 무에서 유를 창조하듯이 아무것도 없이 10%의 지불준비금마저 백지수표처럼 자기들 마음대로 돈을 발행하고 있을 뿐아니라, 현재 은행 허가는 일종의 화폐 발행 면허라고 불릴 정도로 그들만의 특권이 되어가고 있다.

만약 자산 인플레이션으로 집값이 급등해서 대출이 늘어나게 되면 그에 비례해서 은행의 이자 수입은 늘어나게 되고, 반대로 디플레이션으로 인해서 소비 지출이 줄어들게 되고 실물 가치가 하락하게 된다면 그들은 자신들의 돈으로 싸게 물건을 사들여 돈을 벌게 된다. 결국 주식의 공매도 제도와 매우 비슷하다. 내려가면 내려가는 대로 외국인과 기관은 돈을 벌고, 올라가면 올라가는 대로 돈을 버는 사기 행위 시스템에 개미들은 끼여 있는 것이 지금의 경제 시스템이다.

지금 다가오고 있는 인플레이션은 서민들에겐 매우 큰 불행이다. 하지만 은행엔 어쨌든 무조건 축복이다. 이것이 현재 정치인들과 은행, 금융가들이 심각한 인플레이션을 신경 쓰지 않는 가장 큰 이유이고, 미국과 유럽이 우크라이나 전쟁을 장기화시키는 것, 그리고 그로 인해 물가를 폭등시키는 것도 이와 같다. 지금의 금융 시스템은 화폐를 복제하는 것, 즉 위조하는 것과 다를 바가 없다. 화폐 위조는 지금도 중범죄다.

이것은 개인만이 아니라 중앙은행 역시도 그와 상관없이 화폐 위조는 무조건 범죄이므로 처벌받아야 마땅하지만, 그 누구도 중앙은행에

이 같은 화폐 위조 시스템에 대해서 반문하는 자들이 없다. 바로 이 같은 사실만 보더라도 얼마나 많은 정치 관료와 각국의 정부가 그들에 의해서 매수되었는지를 여실히 알 수 있는 것이고, 이미 그들의 시스템에 갇혀버린 현실 또한 협박당하고 있는 현실을 외면할 수 없다. 현재 중앙은행이 가지고 있는 시스템이 얼마나 허구적이고 사기적인지 살펴보면 이렇다. 화폐를 위조하듯, 은행은 실제로 존재하지도 않는 가상의 돈을 사람들에게 빌려주는 척하고, 그에 따른 이자를 받으며, 채무자가 대출을 변제하지 못할 경우 담보를 즉시 압류해 매각한 돈까지 공짜로 챙긴다. 애초에 은행은 채무자에게 빌려줄 실제 자금을 전혀 보유하고 있지 않았음에도, 마치 자신들이 돈을 빌려준 것처럼 행세하며 쇼를 하는 것이다.

그리고 이러한 허구의 대출에 연체가 발생하면, 우리의 자산을 처분할 권리까지 행사하며 이 시스템을 자기들 마음대로 조작하고 누리고 있는 것이다. 이 같은 화폐 위조 사기는 과거 런던의 로스차일드 형제가 1863년 뉴욕에 있는 동료들에게 보낸 편지를 통해 우리가 여실히 알 수 있다. 친애하는 마일드여! 이 화폐 시스템을 이해하는 똑똑한 소수의 사람들은 그 이익에 관심이 많거나 그것을 이용해 돈을 버는 것을 집중할 것이기 때문에 반대는 없을 것이다.

반면에 자본이 정신적으로 허구라는 제도에서 파생된다는 점을 이해할 수 없는 절대 다수의 사람들은 그 제도에서 파생되는 부담을 큰 불만 없이 스스로 이해하며 감당할 것이고, 우리가 만든 이 허구적인 시스템이 자신들의 이익에 매우 비합리적이고 해롭다는 사실을 전혀 의심하지 않을 것이다. 이 편지의 내용에 따른 결론은 매우 확고하다. 각국 정부는 자체 중앙은행 시스템을 소유하고 운영해야 되는 것이 더 맞다는 것이다.

만약 과거 일찍 그렇게 했다면 전 세계 모든 나라는 연방준비제도(FED)의 입김으로부터 흔들릴 이유도, 또한 그들의 국가 부채의 부담을 떠안을 이유도 없었을 것이다. 이뿐 아니라 모든 시민들은 소득세를 낼 필요도 없었을 것이고, 자신들의 노동에 대한 결실을 지키고 누릴 수 있었을 것이다. 하지만 우리의 정치 지도자들은 어리석게도 중앙은행이 허공에서 마음껏 찍어낸 돈을 아무 꺼리낌 없이 사용했다. 그리고 중앙은행은 자신들의 화폐 위조 범죄 수익을 이용해서 각국의 정부와 정치인, 기업인, 사회 기관, 많은 다른 기관들을 부패시켰다.

트럼프의 관세 정책

트럼프의 최근 관세 정책은 무엇을 말하고 있는 것일까? 100년보다 더 전에는 미국은 관세를 굉장히 높게 거뒀다. 그래서 정부가 써야 될 돈의 거의 대부분을 관세로 충당하고 연방 소득세를 걷지 않았다.

1789년부터 1913년까지 미국은 관세가 뒷받침되는 사회였고, 미국은 그 어느 때보다 부유했었다는 환상 말이다. 그렇다면 두 가지 관점에서 살펴보자. 첫째는 트럼프를 지지했던 미국 국민들이 비행기로 3시간 떨어진 거리에 3년~4년 후 제조업 공장이 들어서고 1,000개의 일자리가 생긴다고 하더라도, 국채 수익률이 떨어져 주택담보 대출 이자와 자동차 대출금 이자가 상승해 자신의 은행 계좌에서 1년에 1만 달러씩 돈이 녹아내린다면 관세 정책을 계속 지지할 수 있겠는가? 또 하나는 미국이 수입하는 60% 정도 가까이는 중간재 혹은 거기에 가치를 얹혀 팔기 위한 자본재에 해당한다.

그러면 이 관세의 타격은 모든 기업들, 모든 중소 상공인들이 같이 피해를 본다. 그것은 거꾸로 뒤집어 특정 소수 집단 기업에서 받을 관세까지 포기하게 되고, 그로 인해 국세청은 모든 국민들 노동에 대한 소득세를 빨아들여 국민 대부분은 부족한 돈을 은행 대출로 메꾸기 때문에 빚을 질 수밖에 없는 금융 노예 상태의 이중 과세적 구조를 만들고 있다.

그렇기 때문에 이 문제는 현재의 경제학 논리 중 성장과 일자리 창출 문제 또는 노예 노동 원인 등 새로운 경제학적, 인류학적 세밀한 분석이 필요하다. 하지만 여기서 우리 인류가 새로운 문명의 전환기에 돈과 관련된 새로운 주식회사제도와 새로운 법인격에 대해 갈망했던 질문을 던져야 한다.

또 국세청과 연방준비제도 중앙은행을 없앨 수 있는 명분과 당위성 전략으로 사용할 생각을 해야 한다. 즉 기업도 이제 더 이상 성취감에만 가치를 두지 말고, 또 다른 가치를 발견해야 한다. 기업 활동에 따른 진보된 사회적 가치와 기술 발전으로 누리는 혜택도 크지만, 수십억

명의 사람들이 단 한 번뿐인 인생을 부채 때문에 5천 년 전 고대 사람들 삶보다도 더 못한 시간을 보내고 있다는 더 큰 피해는 어떻게 설명할 것인가?

따라서 우리가 '돈'이라는 개념을 다시 정의해본다면, 애초에 그것은 아무 실체도 없는 허공에서 무언가를 쥐려는 몸부림과 다름없다. 신용화폐를 통한 재테크의 환상은 결국 누군가가 만들어낸 사기성 게임일 수 있으며, 우리는 그들의 프레임에 빠져들고 있다.

아무런 목적 없이 단지 돈을 벌기 위해, 그보다 훨씬 더 소중한 자신의 시간과 두 번 다시 오지 않을 인생을 허비하지 않는 것이 더 중요하다.

연방준비제도(FED)의 역사와 정체

연방준비제도(FED)가 설립되기 전, 미국의 성조기에 표시된 별의 숫자는 다수의 주(州)를 의미했고, 그 별만큼이나 많은 스테이트 은행들이 난립했으며 자체적으로 화폐를 발행했다. 시간이 흐르면서 그 수는 지나치게 많아졌고, 위조지폐만 해도 5천여 종에 이를 정도로 통화 시스템은 혼란을 겪고 있었다. 이러한 불안정한 상황 속에서 결정적인 사건이 발생했는데, 그것이 바로 1907년 금융공황 당시의 '니커보커 사태'였다.

당시 니커보커 신탁회사(Knickerbocker Trust Company)는 구리 투자를 무리하게 진행하다가 실패했고, 그로 인해 예금을 맡긴 고객들이 자금을 돌려받지 못할 것이라는 불안감이 확산되며 대규모 뱅크런이 발생했다. 사람들이 한꺼번에 예금을 인출하자, 은행은 지급 능력을 상실하고 패닉 상태에 빠지는 심각한 금융 위기가 벌어졌는데 뉴욕 증권거래소 주가는 반토막으로 곤두박질쳤다.

이때 위기를 JP모건이 록펠러의 지원과 기독교 목사들에게 부탁해 기독교인 예금자에게 은행을 하나님 믿듯이 믿고 예금 인출을 기다려 달라고 설득해 은행들의 위기를 구하게 된다. 이후 통화제도의 중앙 시스템 욕구가 발생한다. 그래서 니커보커 사태 6년 뒤 1913년 연방준비제도이사회 법이 제정되었고, 그다음 1914년 연준이 창설된다.

그런데 짚고 넘어갈 점은 연준이 창립될 당시 JP모건이나 내셔널 뱅크 같은 민간은행들이 자금을 모아서 연준을 사립은행으로 출범시켰다. 100년이 넘는 시간이 흐른 지금도 연준에서 발생한 수익의 일부 6%는 민간은행에게 배당금으로 지급하고 있다. 그런데 어마어마하게 발행되는 미국의 국채 발행 이자 6%가 별것 아닌 것처럼 말하고 있다. 연방준비제도(FED)는 은행이 아닌 것처럼 중앙은행 역할을 하는 기관이고 제도의 중앙 시스템이다.

그 아래 2개의 조직이 있는데 하나는 FRB(연방준비제도이사회), 두 번째는 FOMC(연방공개시장위원회)다. 우리가 일반적, 보편적으로 배우고 알고 있는 폴 사뮤엘슨(Paul Anthony Samuelson)[16]의 경제학 원론이나 그레고리 맨큐(N. Gregory Mankiw)[17]의 경제학에서 FOMC는 왜 주식시장에 주목하는가? 중앙은행이 주식시장 변동에 반응하는 일반적인 이유는 사실 중앙은행이 주가 자체에 대해 신경 쓸 이유는 없다. 그러나 중앙은행은 거시경제 전반에 일어나는 변동을 지켜보고 대응할 책임이 있으며 주

---

16) 1948년 〈경제학〉 시카고학파 거두 미시, 거시 경제학을 철학과 역사로부터 분리 수학적 과학적 독립학문 수학적 경제이론으로 도입 발전시킴 1970년 노벨경제학상 수상.
17) 거시경제학자이자 하버드대학교 경제학 교수로, 특히 거시경제학 교과서와 정책 자문 활동으로 널리 알려졌다.

식시장은 이러한 변동의 한 영역이다. 주가가 상승하면 가계 자산이 증가하여 소비가 증가하고 또 주가가 상승하면 기업들의 신주발행이 쉬워져 투자가 촉진된다.

이 두 가지 이유로 주식시장이 호황이면 재화와 서비스에 대한 총수요는 증가하게 된다. 중앙은행의 목표 중 하나는 총수요를 안정시키는 데 있다.

총수요가 안정적일수록 산출량과 물가 수준은 더 높아질 수 있다. 따라서 주식시장이 호황을 보일 경우, 중앙은행은 총수요를 안정시키기 위해 통화량을 줄이거나 이자율을 인상할 가능성이 있다. 이 경우, 이자율 상승으로 인한 총수요 감소 효과가 주가 상승에 따른 총수요 증가 효과를 상쇄하게 되어, 결과적으로 총수요는 안정될 수 있다. 반대로 주식시장이 침체되면 소비와 투자 지출이 줄어들고, 이는 총수요 감소와 함께 경기침체로 이어질 수 있다.

이러한 상황에서 총수요를 안정시키기 위해 중앙은행은 통화량을 늘리고 이자율을 인하한다. 중앙은행은 이자율과 경기에 영향을 미칠 수 있기 때문에 주가에도 영향을 미칠 수 있다.

예컨대 중앙은행이 통화량을 줄여서 이자율이 상승하면 두 가지 이유로 주식 보유의 이유가 감소한다. 첫째로 이자율이 높아지면 주식의 대체 자산인 채권의 수익이 높아진다. 그리고 두 번째로 중앙은행의 통화 긴축 정책은 경기가 침체되고 이율이 감소할 위험이 있다. 따라서 중앙은행이 이자율을 인상하면 주가가 하락하게 된다.

연방준비제도는 두 가지 연관된 직무를 수행한다.

첫째는 은행을 규제하고 은행 제도의 건전성을 보장하는 것으로 각 은행의 재무 상태를 감시하고 어음 교환을 통해 은행 간 거래를 지원한다. 재무 상태가 나쁜 은행에 단기자금이 필요할 때 연방준비제도는 은행제도 전체의 안정성을 유지하기 위해 최종 대부자 노릇을 하는 셈이다.

둘째, 더욱 중요한 직무로서 경제 내에 유통되는 화폐의 유통량, 즉 통화량을 조절한다. 연방준비제도에서 통화량을 담당하는 기구는 연방공개시장위원회(FOMC)다. 이 위원회는 6주에 한 번씩 모여 경제 상황에 대해 토론하고 통화정책을 변경할 필요가 있는지 검토한다. 쉽게 비유하면 연방준비제도는 지폐를 인수해 헬리콥터로 전국 상공을 날아다니며 뿌리기도 하고, 거대한 진공청소기로 사람들의 지갑에 있는 지폐를 빨아들이기도 하는 것이다.

그러나 정부가 화폐를 관리하는 게 유리하다. 국가 재정적자는 언제든지 국민들의 허리띠 졸라매기 동의를 구해 무효로 하면 되고, 잘못된 재정정책으로 편중된 부가 쏠리면 세금 징수로 조정하면 된다. 이는 1215년 '마그나 카르타 협정'이 지킬 사유재산조차 없는 대중을 위한 것처럼, 화폐 관리를 소수의 부자들이 마음껏 제한 없는 부를 위하여 중앙은행이 정부 간섭 없이 통화정책을 운영하고 있는 것과 같다.

연방준비제도(FED) 산하에 FRB(연방준비제도이사회)와 FOMC(연방공개시장위원회)를 두고 있다. "연방준비제도"란 명칭이 국가에서 위촉된 국가의 것으로 오해되기도 한다. 한국은행도 무자본 특수 법인의 모습이지만 기업이나 외국 금융 업자들이 모여 만든 은행 연합회의 로비로부터 자유로울 수 없다. 현재 중앙은행의 통화정책인 경제 성장을 위한 화폐의 양적완화든, 인플레이션을 잡기 위한 화폐의 양적 축소든, 현대화폐이론(MMT)보다 훨씬 더 대중 경제에 모럴해저드 현상이 심하다.

즉, 열심히 땀 흘려 일한 자가 피해를 보고, 대출이 유리한 자들의 자산 가격이 올라 부자가 되고 보상받는 현실은, 땀 흘려 일한 자가 자부심을 갖는 게 아니라 덜 똑똑하고 바보같이 못나서 짐승 같은 노예 노동을 하는 비참한 현실이 되고 있다.

결론적으로 화폐는 경제 성장이 좀 느리더라도 인구 증가에 따른 맬서스 트랩을 해결하거나 조절할 수만 있다면, 정부에서 관리하는 시스템으로 전환해야 할 것이고, 화폐 총량 K%, 감가상각 돈, 노화하는 돈, 새로운 주식회사제도의 상상은 최초의 네덜란드 동인도주식회사처럼, 1791년 미국의 1차 중앙은행 20년 허가 연장을 불허한 것처럼, 1817년 2차 중앙은행을 정부가 청산했던 것처럼, 현재의 모든 주식회사를 자식을 통해 영원한 삶을 이어가는 것처럼 영속성을 부여할 것이 아니라, 새로운 시대에 다양한 주식회사 법인격 부여를 위해 사회적 토론과 논의가 필요한 시점이다.

따라서 문명의 전환점인 새로운 시대에 이러한 문제는 마치 교황님께도 하나님께도 물어보기 힘든 문제이다. 웬만한 학술적 토론이나 인류적 합의가 어려운 사항이다. 하지만 인간의 삶과 인류 문명의 지속적

발전을 위해, 현재의 화폐제도를 어떻게 변화시켜야 하는지, 새로운 자본주의는 어떻게 개선할 것인지, 새로운 종교는 어떤 점이 조정돼야 하는지, 새로운 문명에 맞는 새로운 윤리, 도덕까지 상상하고 논의해야 할 것이다.

정부와 중앙은행이 전통적인 통화 방식의 정책만으로는 더 이상 경제를 움직이거나 유지할 수 없는 시대로 흘러가고 있다. 바로 이렇게 급변하고 있는 변화 때문에 과거의 경제위기와 같이 시간이 알아서 해결해 줄 것이라고 안일하게 판단했다가는 매우 위험한 결과를 초래할 수도 있다.

즉, 현재의 중앙은행 제도는 화폐제도의 구조와 인간 심리를 잘 아는 사람들만 혜택을 보는 구조다. 중앙은행 독립성은 무엇 때문인가? 의장 4년 임기는 대통령도 해임할 수 없다. 7명의 이사 임기 14년 보장. 민간에서 돈만 투자하고 별 수익 없는 6% 이자만 받는다는 것은 말도 안 되는 논리 구조다. 금리 격차를 이용해 자산 가격 폭락 등 사람들의 욕망을 자극해 야성적 충동에 탐욕을 불어넣어 가로채는 이익은 또 얼마인가?

화폐 발행권과 국채 발행 한도

원래 은행은 예금의 보관이었던 것이 대출로 변했다. 예대율 한도 내에서 대출하던 관행이 화폐 발행권으로 변한 것이다. 헌법에 화폐 발행권은 국회가 갖는다. 그런데 국회가 화폐 발행권을 민간은행에 위임할 수 있는 근거는 없다. 국회가 채권 발행을 결의하고 그 채권을 담보로 화폐를 발행하는 것은 눈속임일 수 있다. 즉, 국가가 화폐를 발행하고 재정정책이 잘못되면 국민에게 허리띠를 졸라매자는 동의하에 국가 채무를 무효화하면 되는 것을 민간은행에 채권의 이자까지 주면서 화폐 발행을 위임할 필요가 없는 것이다.

만약 예를 들어 한국의 국민은행 자본 비율이 골드만삭스 등 외국계 투자은행들의 비중이 낮고 국내 자본가들로 구성돼 있다면 국가는 경제를 살리기, 경제 선순환 기능을 위해 은행과 협의를 거쳐 대출자들 채무를 탕감해 주고, 향후 국가 예산으로 보전해 주는 방법도 연구해 볼 수 있을 것이다.

미국 연방준비제도이사회가 민간 사적 은행이란 음모론이 존재한다.

이는 6% 배당금 성격의 이자 빼고 대부분 화폐가 미국 재무부에 귀속되기 때문에 억측이라고 말하고 있다. 영국 식민지 시절 영국 파운드화폐를 사용하며 독립 전쟁에 들어간 미국이 적국의 화폐를 쓸 수는 없어 13개 주 스테이트 지방 정부가 전쟁 때문에 과도한 대륙화폐를 남발해 부도가 났다. 이러한 구실로 이후 후버 대통령, 우드로 윌슨 대통령, 프랭클린 루스벨트가 서서히 중앙은행 민영화했다.

최초의 연준은 1913년부터 1차 대전, 대공황 1933년경까지 워싱턴 연방준비제도(FED) 본부는 직원 약 50명과 의장은 재무부 장관이 겸직했다. 연준 의장은 허수아비에 불과했고 중앙은행은 정부가 소유한 꼴이었다. 지역 연준 전문가들도 워싱턴 본부를 무시했으며, 허울뿐인 연준의장을 서로 하지 않으려 했는데 1970년대 아서 번스, 폴 볼커, 앨런 그린스펀, 벤 버냉키, 재닛 옐런, 제롬 파월로 이어지며 세계 경제 대통령이라는 수식어가 붙기 시작했다.

연방준비제도(FED)의 반대 논거

첫째, 화폐 발행은 헌법상 정부발행이다.
- 미국 헌법 1조 8항 위반
- 금융자본의 탐욕 때문에 미국뿐만 아니라 전 세계 사람들의 안정된 세상을 만드는 데 실패한 것은 분명하다.
- 한국은행법 〈제47조〉
- 화폐의 발행권은 한국은행만이 가진다.

둘째, 기축통화 남발에 따른 부작용.

- 금융자본 탐욕 통제 어려움
- 미국 헌법 〈제1조 8항〉
- 돈을 주조하고 가치를 규제하는 권한은 의회가 갖는다. 화폐 발행권을 어떤 민간은행에 위임할 수 있다는 조항은 없다. 부채에 기반한 화폐 때문에 연방정부는 이자 비용을 내기 위해 시민들에게 막대한 소득세를 거둬간다.

연준이 창설된 시기와 미국 소득세에 대한 수정헌법 발효 시기가 동일한 것은 결코 우연이 아니다. 1913년 발효된 수정헌법 제16조는 각 주에서 거부되고 조작되었다.

합중국 의회는 재원의 종류를 묻지 않고 각 주에 분배하지 아니하고 또한 국세조사나 인구수와 관계없이 소득에 대한 조세를 부과·징수할 권한을 가진다고 규정했다.

연방준비제도(FED)는 세계중앙은행의 주인

연방준비제도(FED)가 원하는 것은 무엇일까? 돈? 인구와 자원? 이 집단의 지분 구조는 미국 경제공황을 틈타 연방준비법이 통과되면서 JP모건을 필두로 사립 금융회사들이 모여 연방준비제도를 설립하고 그 지분을 나눴다. 오랜 기간 연방준비제도 소유권이 누구에게 있는지 제대로 알려지지 않았다. 물론 연방준비은행 측도 밝히기를 꺼렸다. 그런데 유스터스 멀린스(Eustace Clarence Mullins)가 쓴 『미국 연방준비제도의 비밀』에는 오랜 기간 연구 끝에 밝혀낸 연방준비제도의 지분 구성 관련 내용이 담겨있다.

쑹훙빙의 『화폐전쟁』에서는 유스터스 멀린스의 연구 결과를 소개했다. 록펠러와 쿤롭사의 뉴욕 내셔널시티은행이 30,000주로 가장 많은 지분을 보유했고, JP모건의 퍼스트 내셔널 은행이 15,000주를 보유했다. 1955년 이들 두 은행의 합병으로 씨티은행이 탄생함으로써 이들이 소유한 연방준비은행 뉴욕은행의 전체 지분이 거의 4분의 1에 달하게 되고, 그 후 사실상 연방준비은행 총재 후보 결정권을 갖게 된다.

미국 대통령의 임명 절차 청문회는 그저 눈속임에 불과하다. 실질적으로 대통령이 연준 총재를 뽑는 권한이 사실상 효력이 없다. FRB(연방준비위원회)는 14년 단임 임기를 갖는 7인의 이사로 구성되며, 그 이사들은 대통령이 상원의 승인을 얻어 임명하게 된다. 그런데 정해진 사람들 7명을 뽑고 대통령이 선택권을 가졌어도 상원에서 또 승인을 얻어야 한다.

그러니까 이미 자기들 입맛에 맞는 후보를 뽑아놓고 '거기서 골라라' 그런 뜻이다. 대통령 옆에 있는 측근이 마음에 들어도 "연준 의장 좀 해봐라!" 이렇게 할 수 없다는 뜻이다. 그래서 허울뿐인 직권이고, 한 번 선택된 연준 의장을 해임할 권리 또한 대통령에게는 없다. 결국 연준 의장이 대통령 말을 들을 필요가 없는 것이다.

폴 와버그의 뉴욕 내셔널 상업은행이 21,000주 보유, 로스차일드 가문이 이사로 있는 하노버은행이 10,200주 보유, 체이스은행이 6,000주 보유, 케미컬은행이 6,000주 보유, 이상 6개 은행이 40%의 연방준비은행 뉴욕은행 주식을 보유했다.

1983년 이들의 주식은 53%로 늘어났고, 이들 각자의 조정을 거쳐 씨티은행 15%, 체이스은행, 맨해튼은행 14%, 모건신탁 9%, 하노버은행 7%, 케미컬은행 8%로 확정되었다.

결국 이렇게 사립은행들 지분이 53%나 되는 것만 봐도 미국의 중앙은행이라고 불리는 연방준비제도는 결국 사립은행 법인이다.

그러니까 국립인 듯한 느낌의 사립은행인 것이다. 미국 록펠러·모건 연합과 영국의 로스차일드 가문이 독점하고 있다고 보면 된다. 나머지 은행이나 법인들은 이들의 밑에 있는 하수인들이다. 연준의 주인은 로스차일드나 JP모건 그리고 역대 연준 의장으로 폴 볼커, 앨런 그린스펀, 벤 버냉키, 재닛 옐런으로 이어지며 무려 40년간 유대인이 연준 의장 자리를 차지하게 된다. 이렇게 많은 세력이 유대인이라고 볼 수 있는데, 이런 세력들을 금융자본 세력이라고 말한다.

연준은 이렇게 미국 재무부에서 국채를 발행하면 그 채권을 담보로 잡고 달러를 1:1로 찍어준다. 그러면 연준에서 가져온 달러에 재무부 장관이 사인하면 그것이 화폐가 되는 것이다. 그런 과정을 통해 연방준비제도는 국채 인수 이자 중 6%의 이자만 챙긴다. 그 6%의 이자 중에서 다시 6%를 제외한 나머지 금액은 정부로 넘겨주기 때문에 연준의 수익이 얼마 되지 않는다고 말하고 있지만, 달러를 엄청나게 찍어내다 보니 6%라는 이자가 어마어마한 금액이다.

그뿐 아니라 사실 통화량, 금리 정책에 따른 금리 격차를 통해 세계적 자산시장과 증권시장을 통해 얻는 이익은 천문학적으로 계산조차 할 수 없고, 땅 짚고 헤엄치는 격으로 거저 돈 버는 시스템이다.

원래대로라면 한국에서 정부의 요청으로 한국은행에서 화폐를 발행하면 이자 같은 것은 안 낸다. 이렇게 연준은 종이에 달러를 그려주고 쉽게 6%라는 이자를 챙긴다. 이것은 곧 미국 국민들 미래 세금에서 가져오는 것이다.

때문에 이런 불합리한 구조의 연준을 막으려고 했던 역대 대통령들이 있었다. 그중에 대표적인 대통령이 케네디 대통령이다. 결국 케네디 암살이 포트 녹스의 금만큼 굉장한 비밀이 되었다. 이렇게 연준을 통해 금리가 결정되고, 달러 발행을 통해 양털깎기를 진행하고 있다. 지금 금리 인상을 한다는 것은 양털깎기를 시작했다는 뜻이다.

그러니까 자본보다 부채가 더 많아지면 담보 부족이 생기게 되고, 대출받았던 은행에 우리의 자산이 넘어간다. 그러니 아파트값 올랐다고 좋아할 일이 아니다. 다 같이 오른다. 그러면 결국 그 아파트 사겠다고 대출 당겨서 이자만 많이 내는 구조다. 부동산 버블은 결국 이자 폭탄이다. 현금 주고 산 사람은 버틸 수 있는데, 주변을 돌아보면 거의 대출 끼고 산 아파트다.

그러면 경제위기가 시작되면서 금리가 오르기 시작하고, 대부분 올라가는 대출 이자에 못 견디고 대출받았던 은행에 담보로 잡은 자산이 넘겨지게 된다. 그렇게 은행에 넘겨진 집은 싸게 팔던가 경매로 넘겨 현금으로 만들고, 그 현금이 고스란히 은행에 쌓여 있다가 매년 배당금의 형태로 금융자본 세력들 록펠러·모건 연합과 로스차일드 가문들 쪽으로 들어가 그들의 배를 채우는 시스템인 것이다.

결국 부동산이 폭등하면 누가 이익이 될까? 대출 이자 받아먹는 은행과 세금을 걷는 정부다. 결국 연준에서 찍어낸 달러를 통해 빚을 지게 만들고, 그 빚을 담보해 우리의 실질적인 자산을 뺏어가는 원리다.

돈의 노예가 되는 시스템이다. 우리가 열심히 일하는데도 부자가 될 수 없는 이유가 바로 이런 현상 때문이다. 그들은 교묘하게 우리의 심리를 꿰뚫어 보고, 그것을 잘 이용한다. 욕망과 탐욕을 만들어 빚을 지게 만들고, 결국 경제 시스템을 조장해 금리 인상과 양적 축소를 통해 돈의 흐름을 막아 버린다.

그렇게 되면, 낮은 이자율을 이용해 과도하게 끌어온 부채를 결국 감당하지 못하게 된다. 미국의 중앙은행은 사설은행 법인이다. 연방이란 말을 교묘하게 앞에 붙여 국민들의 눈을 속이고 있으며, 연준에서 금리를 정하고 달러 발권력을 가지며 지급준비율 또한 정한다. 미국 재무부와 대통령의 권한이 미치지 않는 자율을 갖고 있고, 이들의 주인은 금융자본 세력들이며 대표적으로 록펠러·모건 연합과 로스차일드가 있다. 양털깎기의 주범은 이들이며, 전 세계 자본의 대부분을 이들이 좌지우지하며 이들이 소유하고 있다.

빌 게이츠는 이들에 비하면 불우 이웃이다. 우리는 이렇게 말도 안 되는 세상에 살고 있다. 그러나 아무도 이것이 잘못되었다고 말하지 못한다. 왜냐하면 그 룰을 바꾸기에는 그들의 세력이 너무 커져 버렸기 때문이다. 그들은 심지어 자본력을 내세워 미국의 대통령도 만들고, 정치도 좌지우지하고 있다. 이것이 현재 우리의 현실이고, 한국 역시 IMF 외환 위기나 론스타 외환은행 매각 사건, 맥쿼리 인프라를 통한 사회 기반시설 잠식 등 너무도 손쉽게 우리의 자산이, 그리고 피 같은 세금이 털리고 있다. 론스타 사례에서 보듯 한 번 작업당하면 몇조는 우습

게 털리는 것이다.

경제를 공부한다는 것은 돈을 벌기 위한 행위보다는 돈을 지키기 위한 것으로 봐야 한다. 경제 잘 안다고 돈 잘 번다면 누구나 다 경제학 공부했을 것이다. 그런데 그 경제학 전공자나 교수들도 사실 이 경제에 대해 명확한 답변을 내놓기가 쉽지 않다. 왜냐하면 결국 금융자본 세력들이 하는 짓이 조작질이기 때문이다.

그리고 대부분의 교수나 경제학자들은 그들의 지원을 받아서 연구한다. 그러니 그들이 원하는 이론과 답변을 만들 수밖에 없다. 지금의 록펠러 재단의 교육방식은 생각하는 인간을 만들어 주지 않는다. 지금의 교육은 현실과 맞지 않는다.

경제란 알면 알수록 알 수 없는 안드로메다(Andromeda)[18]의 세상이다. 그러니까 수학 포기자가 나오는 것처럼 경제 포기자들 역시 많이 나올 수밖에 없다. 그리고 경제는 앞으로도 더 고도화되고 더 복잡해질 것이다.

하지만 우리는 그 어려운 경제를 배우고 알아야 한다. 그들이 만들어 놓은 함정을 우리는 최대한 피해 가야 한다. 따라서 경제의 모든 것

---

18) 지구로부터 250만 광년 떨어져 있는 나선은하. 일상에서 안드로메다 가버렸다는 말은 개념이 없다(무개념)는 의미로 사용되는 표현이다.

을 다 고쳐도 화폐제도가 변하지 않으면 아무것도 변하지 않는다. 그렇기 때문에 경제발전과 성장을 조금 늦추더라도 인류 최초의 약속인 화폐 발행량 K%를 요구해야 하는 것이다.

또한 중앙은행이 생기기 전에도 약 2,000년 동안 인류는 돈을 사용해 왔는데, 왜 하필 1800년대 들어서야 중앙은행이라는 개념이 급속히 확산되기 시작했는가? 그 이유는 19세기 세계가 제국주의 시대에 접어들면서, 서구 열강들이 세계 곳곳을 점령하고 식민지로 삼으며, 막대한 전쟁 자금과 국제금융을 조달할 새로운 시스템이 필요했기 때문이다.

중앙은행은 그렇게 전쟁과 식민 지배를 뒷받침하는 금융기지로 등장하게 된 것이다.

은행과 돈의 진실 은행업의 생리

은행업에서 절대 빠질 수 없는 핵심 기관이 있는데 연방준비은행이다. 그런데 이런 핵심적인 기관임에도 불구하고 의외로 연방준비은행이 발행하는 달러의 통화량은 아주 작은 부분만을 차지하고 있다. 그리고 연방준비은행에서 주장하는 것 또한 자신이 발행하는 통화량은 매우 소량이기 때문에 그로 인해서 전 세계 글로벌 물가와 화폐의 가치가 조작되는 일은 절대 없다고 한다. 그런데 이것이 사실일까? 당연히 틀린 말이다.

물론 연방준비은행에서 발행하는 소량의 통화량, 이것은 사실이다. 그런데 민간 상업은행들이 바로 연방준비은행 돈을 기반으로 해서 돈을 계속 찍어낸다. 이 통화량은 한 나라의 경제에 속하는 지폐와 주화, 그리고 신용, 여타 유동 증권 이 모든 것들을 통화라고 한다. 그리고 통화량은 공식적으로 M1, M2, M3로 구분된다. M1은 우리가 통상적으로 생각하는 돈의 가치다. 주화, 달러 지폐, 당좌예금. M2는 보통예금, 정기예금 포함. M3는 M1, M2를 합치고 기관투자자들의 MMF를 포함해 규모가 큰 대형 정기예금성 해외에서 유통되는 국부펀드까지 합친 것을 M3라 한다.

　일반인들은 M1 시스템 안에서 누리는 것이라 보면 된다. M1은 우리가 실질적으로 만지고 거래할 수 있는 화폐 단위 규모를 말하는 것인데 M2, M3로 규모가 커져서 갈수록 갑자기 어디서 들도보도 못한 돈들이 불어나기 시작한다. 그렇다면 왜 M1, M2, M3에 대해 설명했냐면 지금부터 말하려는 이 이야기 때문이다. 현재의 중앙은행 화폐 관리와 상업은행 대출 제도는 애초부터 갚을 수 없는 돈이다. 그러니까 미국 조폐국 1792년 경화주조법안과 함께 미국 의회가 창설, 본점은 필라델피아에 위치. 이 2004년 9월 자신들이 유통하고 있는 주화와 지폐가 약 10억 달러 정도라고 발표한다. 불과 1년 후 발표한 M1 통화량이 2,275억 달러나 팽창하기 시작했고 M3 같은 경우는 약 10조 달러라는 말도 안 되는 화폐 통화량이 급증한 것이다.

　그런데 연방준비은행이 발행했던 실물 통화는 전체 통화량의 2.4%만을 발행했을 뿐이다. 그렇다면 2.4%를 제외하면 나머지 97.6%[19]는 어딘가에서 갑자기 요술처럼 튀어나와 엄청난 화폐량을 만들었다는 것이다. 실제로 찍어내는 돈은 2.4%밖에 안 되는데 나머지 97.6%가 갑자기 생성된 것이다.

　연방준비은행에서 발행하지도 않은 돈이 현상을 보고 미 하원 금융통화위원회 위원장을 지냈던 라이트 패트먼은 이것이 은행이 대출할

---

19) 존 로크 사유재산 근거에서 벗어난 대출할 수 없는 컴퓨터 숫자상 신용화폐.

때 발행한 돈, 즉 가상의 유령의 돈이라고 말했다. 이 같은 유령화폐 메커니즘 시스템은 BIS 산하 중앙은행들을 중심으로 산하 민간은행들이 발행한 화폐의 메커니즘이라고 볼 수 있다. 좀 더 자세히 말해 은행은 예금을 받아 그 예금 받은 돈으로 대출을 해주는 예대율 한도 내에서 대출해 주는 시스템이라고 말하고 있다.

하지만 여러분들 예금은 실제로 은행에 그대로 머물러 있다. 그 예금된 돈들은 외국인 자본가들 수중이나 해외자본투자 또는 공격적인 펀드에 투자되어 은행에는 없다. 이들은 이렇게 투자된 결과도 라임펀드, 옵티머스 펀드, 동양 사태와 같이 예금자들만 피해 보고 그들은 책임을 지지도 않는다. 은행은 여러분들의 예금된 돈을 대출해 주는 것이 아니라 시중은행이 총통화 중 97.6%라는 가상의 돈을 가지고 대출해 대중의 시간과 돈, 인생을 빼앗을 수 있고 아무런 책임이 없다.

은행은 대출할 때 대출자 거래계정의 신용과 담보를 교환해 약속어음을 인수하는 것이 모두다. 이 말인즉슨 은행엔 여러분들이 예금한 돈은 없다. 예금한 돈들은 전부 투자되었고, 땡전 한 푼 없는 은행은 무한정에 가까운 돈들을 여러분들에게 통장에 숫자로 대출을 뿌려댄다. 가상화폐 숫자로 돈을 뿌려놓고 이자는 현금으로 갚아라! 그 현금이 시중에 있을 턱이 없다. 이자를 갚기 위해서는 또 대출을 받는 구조다. 애초부터 시중에 현금이 없으니 갚을 수 없는 시스템이다. 그러나 은행은 예금을 늘리는 방법이 있다.

그것은 대출을 늘리는 것이다. 다시 말해 신용 숫자로 대출한 돈들은 기업들 주거래은행들끼리 결제하거나 송금해 그것이 예금으로 둔갑해 은행 예대율, 즉 예금 한도내에서 대출해야 한다는 것으로 누군가 예금한 적도 없는 숫자상 허공의 꽃을 팔게 되는 것이다. 현재의 화폐제도는 17세기부터 금장들 금보관 영수증 발행이 화폐 역할을 했으며, 금덩이는 한정돼 있고 영수증은 무한으로 찍을 수 있었던 초과 남발 사례가 현재의 중앙은행 제도의 시초가 된 것이다.

중앙은행은 물가의 안정과 하락, 어떤 경제를 살리기 위한 시스템이 아니라 가짜 돈들을 충분히 조달할 수 있는 자기자본, 그러니까 은행에서 보유할 수 있는 현금 시스템의 통화량만 찍어주는 곳이다. 그러니까 중앙은행이 화폐를 찍는 것은 대중들과 아무런 상관이 없다. 이것을 우리는 BIS 자기자본비율, 그러니까 금융으로 치장된 철저한 속임수 실체다. 이것은 17세기 전부터 금화나 은화로 거래했을 당시부터 시작된 것이다.

그러니까 대부분 부자들이 금과 은은 무겁고 또한 수송과 보관이 어렵고 도둑맞을 위험도 많고, 당연히 튼튼한 금고를 가진 사람들을 통해서 금을 안전하게 보관했던 것이다. 그런데 이때 금과 은을 쓰는 것보다 영수증을 갖고 있으면 그걸 주화 대신 쓰면 좋겠다고 유행하기 시작하면서, 그렇게 거래가 되기 시작했던 것이 지금의 금융 시스템이다. 그래서 과거처럼 무식하게 하지 말고 그래도 기본은 갖고 하자, 그래서 생겨난 것이 은행 자기자본비율 바젤1·2·3 BIS 8% 바젤1이라는 것이다.

그렇기 때문에 은행의 사기적인 시스템 하나가 바로 예대율이다. 예대율은 예금과 대출 비율을 말하는 것인데, 예대율이 100%를 초과할 수 없다는 말은 예금액 한도 내에서 대출해야 된다는 뜻이다. 예대율은 금융 메커니즘을 이해하지 않으면 착각에 빠지기 매우 쉬운 개념이다.

은행이 왜 생겼는가? 그리고 은행의 가장 중요한 것은 무엇인가? 은행의 모태인 금장업이 그러했듯이 돈을 안전하게 보관해 주는 일이었다. 즉 대출은 그다음의 것이었다. 은행의 본래 목적은 돈을 빌려주는 것이 아니라, 돈을 안전하게 보관해 주겠다는 것이 원래 은행의 기본적인 목적이고 의미였다. 그런데 지금의 은행은 전혀 그렇지 못하다. 오히려 돈을 착취하기 위한, 그러니까 안전하게 보관해 주겠다는 것이 아니라 돈을 착취하기 위한 수단으로 변모된 것이다.

즉 돈을 빌린 자만이 손실을 보고 원금과 이자 손실을 보는 것뿐이지, 은행은 그저 돌고 돌게 만든 것뿐이다. 도박장의 하우스 주인은 호구에게 돈을 빌려줄 뿐이다. 돈을 딴 사람은 아무도 없다. 돈은 돌고 돌 뿐, 여기서 돈을 딴 사람은 없고 돈을 잃고 이자를 갚아야 할 사람만 있는 것이다.

연방준비은행이 발행하는 통화량은 전체의 2.4%에 불과하며, 나머지 97.6%는 대출로 만들어낸 돈이다. 이 대출을 통해 예금이 생성되고, 우리는 이를 '신용통화'라고 부른다. 이렇게 거짓으로 만들어낸 신용으로 시스템이 유지되는 한, 그들은 거의 무한정으로 돈을 창조할 수 있는 '마법'을 손에 쥐게 된다. 그리고 그 돈의 일부 원금과 이자에 대한 상환 책임은 고스란히 대중들에게 돌아간다. 진리는 단순하다. 복잡한 금융 용어나 전문 용어로 설득하려는 말 자체가 이미 거짓을 내포한다. 기업은 물건을 생산하고, 영업을 통해 판매해야 비로소 그것이 상품이 된다.

이를 비유하자면, 은행이 돈을 생산하고 정치인들이 그 돈을 판다. 그렇게 해서 결국 '경제'라는 것이 형성된 것이다. 따라서 대중은 비싸게 사고, 그들에게는 싸게 넘겨야 하는 구조가 된다. 이것이 현재 경제의 민낯이자 경제의 진실이다. 결국 이 모든 시스템은 빈부격차를 더욱 심화시키고, 소수가 돈을 버는 구조로 성장할 수밖에 없다.

결과적으로 이러한 미국의 제3차 중앙은행, 즉 연방준비제도 시스템은 독일계 폴 워버그가 앞장서 주도했으며, 올드리치 상원의원이 1913년 12월 13일 해당 법안을 통과시킴으로써 시작되었다.

그러나 우드로 윌슨 민주당 정부의 초기 구상은, 금융은 민간의 영역이므로 연방정부가 직접 관여하지 않고 시중은행 연합회 형태로만 유지하는 것이었다. 즉, 연방준비제도법(FED)을 수용하더라도 '지급준비금 협회' 정도의 성격에 그치게 하려 했던 것이다. 당시 민주당은 선거 과정에서 금융인들이 만든 올드리치 법안을 "그들의 독점"이라고 비판하며, 이를 대중 선동의 선거 전략으로 삼아 대통령 선거에서 압승을 거두었다.

그런데 우드로 윌슨은 군중심리를 이용해 대통령에 당선은 됐지만 중앙은행을 없앨 수도 없었기 때문에 올해 가기 전에 자신이 중앙은행을 만들겠다고 대통령 공약 1호로 내세웠다. 그래서 동부에 있는 금융업자 이들을 연방정부의 힘으로 휘어잡아야 한다고 생각했다. 민주당은 관치금융을 주장했고, 공화당 측과 금융계는 무슨 소리냐! 금융업은 그야말로 정부가 관여해서는 안 되는 가장 프라이빗한 재산권 회계이기 때문에 정부의 영향이 없을수록 좋다.

관치금융과 무정부주의가 싸운 끝에 그해 말까지 우드로 윌슨이 연방 중앙은행을 만든다고 약속했고, 이리저리 사람을 불러 만든 게 지금의 연준이다.

미국의 연방준비제도(FED)는 다른 나라 중앙은행과 비교할 때 세 가지 뚜렷한 특징이 있다.

첫째, 연준은 '회원제' 구조다. 골프장이나 저축은행처럼 회원으로 가입하면 연준의 감독을 받게 된다. 그러나 위기 상황이 발생하면 연준은 회원 은행에 대출을 해준다.

둘째, 연방준비제도(FED)는 '절대 설치하지 않는다'는 원칙을 갖고 있다. 연방정부가 만든 중앙은행이 선제적으로 돈을 풀어 미국의 경기 사이클을 정부가 좌지우지하는 것은 소련식 계획경제와 다를 바 없다는 입장이다. 따라서 연준은 될 수 있으면 아무것도 하지 않고 가만히 있는 것이 잘하는 일이라는 철학을 따른다. 경기가 좋을 때는 대출 수요가 늘어 통화량이 증가하고, 경기가 나쁠 때는 대출 수요가 줄어 통화량이 감소하는, 지금과는 정반대의 흐름이 과거 원칙이었다. 즉, 경기가 나쁠 때 돈을 풀고, 경기가 좋을 때 인플레이션 억제를 위해 돈을 조이는 식이 아니었다. 연준은 국민이 원하면 돈을 풀고, 원하지 않으면 풀지 않는다. 대출은 가능하지만, 양적완화(QE)나 선제적 통화 관리, 국채 매입은 허용하지 않는 것이 원칙이었다.

셋째, 당시 대통령이었던 우드로 윌슨이 민주당 출신이었기 때문에, 결국 연준을 세워 금융도 연방정부가 통제하게 되었다. 이는 '관존민비(官尊民卑)' 사상과도 맞닿아 있다. 그래서 연준 의장은 재무장관이 겸임했다. 이것이 매우 중요한데, 이 전통 때문에 한국은행도 1997년 IMF 사태 이전까지는 금융통화위원회 의장을 재무부 장관이 맡았다. 우드로 윌슨의 생각은 대부분의 금융은 민간이 하도록 두되, 상징적으로 의장은 재무부 장관이 맡아 연방정부의 권위를 보여주는 것이었다.

이 세 가지 원칙을 바탕으로 만들어진 것이 미국의 연방준비제도(FED)였고, 한국은행 역시 비슷한 구조다. 그러나 예금이 아닌 돈에 대한 지급준비금 의무와 관련해, 미국 연준법에는 '예금'의 정의가 불명확할 경우 연준이 다양한 해석을 통해 최종적으로 결정한다는 조항이 있다. 반면, 한국은행법에는 '예금'의 정의 자체가 없다. 한국의 경우 민간 기구인 은행감독원장이 예금인지 아닌지를 판단하게 되어 있는데, 이는 경제학자들이 만든 법적 미비이자 논리적 모순으로, 미완의 법률이라 할 수 있다.

결론적으로, 연준 설립 당시의 세 가지 원칙은 100년이 지난 지금 모두 무너졌다. 국가가 국세청(IRS)을 통해 소득세를 걷는 순간부터 화폐에 대한 인류 최초의 약속이 깨졌으며, 미국은 헌법까지 위반한 채 국민은 물론 전 세계 대중을 속인 셈이 되었다.

부채경제의 착취 구조의 거대한 비밀

　돈이란 사람의 욕망을 자극할 뿐 아니라 그 사람의 내면 깊은 곳까지도 지배할 수 있는 통제력이 있다. 사람들이 돈만 얻을 수 있다면 사람들의 신념, 꿈, 철학, 심지어 감옥에 갈 수도 있다는 이야기를 아무렇지도 않게 하고 있다. 그만큼 인간의 모든 것을 통제할 수 있는 것이 지금의 돈이고, 돈과 경제를 이들이 깊이 연관시키는 이유도 돈을 통해서 사람들 스스로가 생각할 수 있는 내면의 것을 완벽히 통제할 수 있고, 그것을 경제와 교묘히 연결시켜 사람들을 영혼 없이 그 위기 속에서 미친 듯이 일을 하고 시간을 낭비할 수 있도록 그렇게 좀비처럼 이들이 마음대로 다룰 수 있도록 할 수 있는 게 바로 지금의 돈이다.

　예를 들자면 현재 빚더미에 시달리고 있는 사람들 인생이 어떤가? 미친 듯이 일을 하고 있다. 물론 그 사람들은 돈을 통해서 자유를 얻고 싶었을 것이다. 그러나 안타깝게도 사실 이렇게 돈의 욕망을 통해 왜곡된 자유를 일부러 이들이 자유라고 세뇌시킨 것이다.

그리고 권력자들은 그렇게 왜곡된 자유를 가장 유용한 좀비 노예 전략으로 사용하는 것이다. 많은 돈은 여러분들의 자유를 얻을 수 있는 현명한 방법이 절대 아니다. 지금 벌어들이고 있는 돈을 얼마나 우리가 효율성 있게 관리하고, 또한 그것을 우리가 만족하게 쓰느냐의 문제이다. 그러니까 오히려 지나치게 많은 돈은 반대로 자유를 빼앗는 역할을 한다.

이제부터 미디어가 돈에 대해 어떻게 잘못된 정보와 왜곡된 인식을 대중에게 주입해왔는지, 그 대표적인 선전·선동(프로파간다) 사례들을 하나씩 살펴보겠다. "은행 예금 잔액이 올해 몇조 달러 늘었다." "작년에 몇조 달러였던 예금 잔액이 불과 한두 달 사이에 몇조 달러를 초과했다." 또는 "몇조 달러를 넘겼다"는 등의 뉴스[20]를 자주 볼 것이다. 도대체 왜 이렇게까지 예금이 급증한 것일까? 뭔가 이상하지 않은가? 이런 이야기가 오가던 즈음, 주류 미디어는 곧바로 설명을 내놓는다. "코로나로 인한 불경기 때문이다. 소비와 투자가 줄어든 탓에 예금이 일시적으로 쏠린 것"이라고 말한다.

그런데 이것은 완전히 날조되고 틀린 말이며 거짓말이다. 이 현상은 의외로 아주 단순하다. 시중에 풀린 돈을 몽땅 끌어모아 은행에 예금해도 지금처럼 조 단위를 넘어 경 단위 화폐 팽창이 된다는 것은 말이

---

[20] literature에서 유래. 원래 라틴어에서 글을 읽고 쓸 줄 아는 능력을 의미했다. 시간이 지나면서 정보를 이해하고 분석하는 능력으로 최근에는 가짜뉴스 분석까지 확대되었다.

안 되는 이야기다. 그렇다면 무엇일까? 소비 위축에 따른 예금 예치 현상은 현재 통화팽창 속도에 비하면 언 발에 오줌 누기밖에 되지 않는다.

좀 더 정확히 말하자면 은행의 예금이 급증했다는 것은 단순히 소비와 투자가 위축됐기 때문에 늘어난 것이 아니고 소비 위축을 핑계로 돈을 물 쓰듯 발행했기 때문이다. 즉, 은행에 현재 예금되어 있는 그 예금률보다 더 많은 돈을 이 순간에도 끊임없이 무분별하게 발행하고 발권했기 때문에 생긴 현상이다.

한마디로, 그것은 오래 묵혀둔 자금이 아니라 은행에서 막 발행된 '따끈따끈한 햅쌀 같은 돈'이다. 그렇다면 금리 인상, 경제위기, 소비 위축 운운하는 말들은 그 자체로 설득력을 잃는다. 문제는 바로 이것이다. 왜 중앙은행은 지금도 끊임없이 통화를 팽창시키고 있을까? 여기서 우리는 돈의 어두운 진실 한 가지를 깨닫게 된다.

이것은 곧 '돈이 만들어낸 허구성'이다. 쉽게 말해, 은행의 예금이 늘어났다는 현상은 우선 "그 많은 유동자산이 과연 어떻게 은행으로 들어올 수 있었는가"라는 근본적인 의문에서 출발해야 한다. 우리나라의 경제 상황만 봐도, 초이노믹스 사태 이후 막대한 자금과 유동성이 부동산에 묶여버렸으며, 코로나로 인한 경제 붕괴로 소비는 사상 최대 수준으로 위축되고 시중의 돈은 말라붙었다. 개인 부채는 천문학적으로 늘어나고 있으며, 기업들 역시 성장 동력을 상실해 글로벌 경제에 더 이상 희망을 두지 못하는 상황이다.

 이미 오래전부터 대기업들은 막대한 유보금을 쌓아두고 있다. 그러나 지금과 같은 경기침체 상황에서, 활황기보다 더 많은 자금을 시중에 예치할 수 있는 주체는 사실상 없다. 이는 곧 돈의 '경색(긴축)'이 심각하게 진행되고 있다는 신호다. 은행 입장에서도 부동산 담보 대출에 묶인 부동자금을 회수할 뚜렷한 방법이 없다. 기껏해야 빚 상환이 전부이며, 그마저도 상당 부분은 이미 포기하는 상황이다. 다시 말해, 시중에서 '실제 유통되는 돈'이 말라버린 상태다.

 이때, 새로운 화폐 발행을 정당화할 명분이 필요해진다. 바로 코로나 팬데믹으로 인한 소비 위축이 그 명분이었다. 그게 바로 코로나발 소비 위축이란 핑계로 이들은 마음 놓고 미친 듯이 발행한 것이다. 이렇게 미친 듯이 발권해 버리면 결국 돈은 돌지 않는다. 아무리 풀어도 돈은 시중에 돌지 않고 부채만 늘어나는 구조다.

 시중에서 갚아야 할 돈이 사라지면, 은행은 다시 유동성을 공급한다는 명목으로 돈을 찍어내고, 이 과정에서 또다시 부채가 늘어난다. 결국 부채를 갚기 위해 더 많은 돈이 필요해지고, 은행은 그 돈을 공급하기 위해 화폐 발행을 반복한다. 이러한 악순환이 현재의 '화폐 팽창'을 만들었다. 그리고 이렇게 발행된 화폐는 필연적으로 물가를 끌어올리며, 인플레이션을 유발한다.

또한 시중에 풀린 돈은 여전히 실제 경제에서 돌지 않고 있다. 그럼에도 불구하고 발행은 계속되고, 그 결과 금리는 미친 듯이 치솟고 있다. 시중 유동성을 억지로 늘리기 위해 정치인들은 '규제 완화'를 외치며 다시 대규모 화폐 발행을 승인한다. 그렇게 풀린 돈은 다시 대출로 이어지고, 대출은 곧 부채를 만들며, 이 부채의 악순환은 지금도 끊임없이 반복되고 있다.

중요한 점은, 지금 은행에 예금으로 버젓이 잡혀있는 그 돈이 결코 외부에서 흘러들어온 자금이 아니라는 것이다. 국민 개개인의 호주머니에서 나온 '실물 돈'도 아니다. 현재 외부 자금은 대부분 부동자금 형태로 묶여 있으며, 시중에서 활발히 돌고 있지 않다. 은행들이 예금이 늘었다고 발표하는 것은 사실상 '거짓말'에 가깝다. 이는 대출을 통해 인위적으로 창출된, 실체 없는 가짜 통화일 뿐이다.

주류 언론들이 이야기하고 있는 금리 인상에 따른 경기 위축에 예금 증가라는 정보는 완전히 날조된 정보다. 지금 우리가 알고 있는 이 돈의 흐름은 과거에도 동일한 방식으로 조작되어 왔으며, 현재도 아무런 변화 없이 똑같은 메커니즘으로 만들어지고 계속해서 팽창하고 있다.

화폐 가두리양식장

폭증시켜 발행한 달러는 인플레이션을 피하기 위해 어딘가 가둬야 하는데, 일종의 가두리 양식장이다. 즉, 각국의 수출 무역 흑자 달러는 외환보유고, 각국의 국부펀드, 경상수지 흑자국 중국, 독일, 일본, 한국을 거쳐 화폐 양적완화(QE) 저금리 때문에 미국 주식시장, 월가의 채권시장, 부동산 시장, 높은 수익을 얻기 위해 가두리 양식장으로 돌아올 수밖에 없는 구조다. 즉, 기업의 미래 가치보다 늘어난 통화량 때문에 다우지수 시장, 나스닥 시장, S&P 시장, 부동산 시장, 채권시장, 암호화폐 코인 시장, 강남아파트 시장을 둘러싼 화폐 시스템을 이해하지 않으면 보이지 않는다.

비트코인은 사토시 나카모토가 설계한 것으로 알려졌지만, 달러를 많이 발행해 이익을 얻는 방법은 끝났다는 것을 알고 사실은 월가가 설계한 것으로 추정된다. 그러나 뛰어난 기술력과 자본력을 갖고 있는 빅테크 기업들을 더 이상 크립토 화폐 시장 진입을 규제로 막을 수 없다. 월가 순자산은 4조 달러, 운용 자산은 40조 달러다. 빅테크 순자산은 10조 달러다. 월가 투자 운용사 블랙록의 자산은 한국의 예산 20년

치에 해당한다.

그래서 지난 6월 17일 지니어스 법이 상원을 통과한 것이다. 모든 혁명은 혁명 세력과 기득권 세력 간 모종의 거래가 있을 수밖에 없고, 이것이 하이브리드 권력이 된다. 이제 21세기 경제학은 애덤 스미스의 자유 방임주의, 데이비드 리카도의 비교 우위론, 맨큐의 경제학 원론, 밀턴 프리드먼의 화폐 경제학으로는 설명할 수 없다.

일론 머스크는 왜 백악관으로 갔을까? 대통령 권력은 재임해도 8년이다. 국회 권력은 몇 번 해도 10여 년이다. 음모론으로 말하고 있지만, 인정할 수밖에 없는 막후세력이라는 게 있다. 그들은 금융권이다. 모든 것은 돈 때문이다. 그들은 종신제다. 소위 막후 권력, 기득권, 그들은 모든 것이라 할 수 있는 화폐제도, 규제 프레임을 짠다. 그래서 빅테크 기업 일론 머스크도 정치를 하지 않으면 규제 프레임을 바꿀 수 없어 백악관으로 간 것이다. 일론 머스크는 산업시대 록펠러가 석유를 독점했던 것처럼, 새로운 화폐가 될 에너지 밸류 체인을 독점하는 것이 목표다.

우리는 익숙한 것과 쉽게 결별하지 못한다. 86세 노인이 운전하는 것은 자율주행 실험 차보다 더 위험하다. 그런데도 규제할 생각을 못한다. 하물며 자율주행차가 완벽하지 않다고 규제 프레임을 짜서 늦추고 있다. UN, 연준(FED), 환경 ESG 규제도 기득권 월가의 통행세다. 사다리 걷어차기다. 30년 전 2억에 산 158m² 강남 아파트값이 100억이다. 미국처럼 주식시장, 국채시장, 상업용 빌딩, 월가 헤지펀드 등 다양한 가두리 양식장이 없는 한국은행 입장에선 강남 아파트가 그나마 화폐 관리 가두리 양식장이다. 100년 전 100달러의 구매력이 지금은 2달러 수준이다. 이런 화폐가치의 하락은 인정하면서도, 비트코인이 왜 1억 5천만 원이냐고 묻는 것은 알려고 하지 않는 태도다. 한 번쯤 생각해 볼 문제다.

빅브라더의 감시 체제
조지 오웰(George Orwell, 1903~1950)

영국의 작가이자 언론인이며, 전체주의의 위험성과 진실의 왜곡을 고발한 《1984》와 《동물농장》으로 널리 알려져 있다. 그는 "사기가 판을 치는 시대에는 진실을 말하는 것이 혁명"이라고 주장했으며, 진실을 외면하는 지식인의 비겁함이야말로 맞서야 할 가장 위험한 적이라고 보았다.

오웰은 권력과 언어, 정보 조작이 현실을 왜곡하고 진실을 지우는 메커니즘을 집요하게 탐구했다. 이것은 오늘날 화폐 시스템에도 적용될 수 있다. 즉, 화폐는 단순한 교환 수단이 아니라 권력과 통제를 위한 도구로 사용되며, 대중은 그것의 실체에 대해 알 권리를 빼앗긴 채 신화와 이미지 속에서 길들여진다. 화폐의 창조와 분배 과정, 그 불평등한 구조는 권력자들의 언어와 정보 통제를 통해 정당화된다.

오웰이 묘사한 '빅브라더의 감시 체제'는 금융 감시와 통제의 메타포로도 읽힐 수 있다. 디지털 화폐, 신용 평가, 중앙은행 정책 등은 개인의 경제적 자유를 규율하며, 이를 비판하는 목소리는 오웰이 경고한 '이중사고(Doublethink)' 속에 묻힌다. 오웰의 시선은 결국 화폐도 진실의 문제라는 점을 상기시킨다. 그는 시대가 요구하는 가장 불편한 진실을 말하는 지적 양심이었다.

PART 5

돈과 관련된 인류학적 비밀

세상에는 양의 탈을 쓰고 있는 늑대들의 규칙과 천사의 탈을 쓴 양들의 규칙이 있다는 것을 알아야 한다. 평등이란 평균의 함정에 빠져 허우적대지 마라. 자연의 유전자 실험은 우수한 자에게 이루어졌을 때 바로 종료된다. 불운한 유전자들은 유전자 공급 풀에서 삭제된다. 많은 동물 세계에서는 고작 20%의 수컷들이 90%에 육박하는 암컷들과 번식을 한다. 금융에 짖지 않는 개, 계몽이란 변명 이론을 추적해 볼 것이다.

:: 시작 글

　세계를 움직이는 거대한 힘은 언제나 서로 다른 두 줄기로 나뉘어 정반합으로 대립하며 진보해 온 역사다. 그것이 사실인지 아닌지는 중요하지 않다. 다만 새로운 상상을 하기 위한 전제에서 오늘날 세계를 이해하기 위해 도움이 될 수 있다면 말이다. 그것은 바로 서로마와 동로마, 서유럽의 바티칸과 동유럽의 비잔틴 정교가 로마에 대한 정체성을 놓고 벌여온 점령과 경쟁의 역사였다.

　금융화폐 자본주의 시스템에서 세계질서 및 글로벌 지정학의 대응과 글로벌 군사력은 번영하느냐 혹은 쇠락하느냐를 결정짓는 중요한 요소다. 지금까지 인류의 모든 전쟁은 인종, 핵, 종교와 아무런 상관이 없다. 모든 전쟁은 돈 때문이었다. 인류의 역사를 더 거슬러 올라가면, 메소포타미아 지역 수메르·아카드 지역에 엄청난 지진과 홍수, 해일 등 자연재해로 그 수메르·아카드 도시 국가들이 흔적도 없이 문명이 파괴되고, 그 지역 가나안 땅은 무주공산, 비어 있는 땅이 되었다. 그곳에서부터 새로운 경제가 시작된 것으로 추정된다.

　하지만 여기에서의 글은 금융화폐에 대한 어떤 이론이나 역사를 주장하려는 게 아니라, 경제·금융·화폐의 진보와 변천 과정을 살펴보자는 의미에서 현재 자본주의 시스템이 어떻게 진화되고 형성된 것인지 그 과정을 주마간산식이라도 과거의 주막에 들러 지나간 시간을 들춰 보자는 생각이다. 역사는 진화하고 발전한다. 따라서 인류의 경제발전 역사는 끈질긴 갈등과 발전의 되풀이였다. 처음엔 상권, 그다음엔 금융 인프라, 그다음엔 화폐와 환율, 돈과 관련된 주도권을 위해 벌어진 전쟁의 연속이었다.

그러한 가설은 어림잡아 동로마·서로마부터 시작해 유대교와 기독교, 기독교와 이슬람, 교황권과 왕권, 17세기 개신교와 신대륙으로 건너간 청교도, 시오니즘과 에큐메니칼, 유럽을 지배했던 나토와 미국을 소유하고 있는 월가와 빅테크, 서로 주도권을 잡기 위해 두 집단이 내전과 같이 서로 상대를 세워 대립하고 싸워오며 진보시킨 역사가 현재도 계속 진행되고 있다.

현재의 금융화폐 시스템을 분석하기 위해서는 고대 문명에서부터 상권의 형성 과정과 상권의 도시 인프라 주도권, 그로부터 발생된 각종 상업어음과 거래에 따른 결제 방법, 돈 거래의 발전과 이자 발생 등 그 원인을 알아야 하기 때문에 부득이 성경 속에서 시작된 이재와 관련된 상권, 환율, 외국어 능력 등 디아스포라 현상 등, 그곳을 탐험해 보고 쫓아가 본 것뿐이지, 어떤 종교적 편향성이나 특정 민족의 어떤 음모론을 말하려는 게 아니다.

우리가 지금까지 '대답하는' 교육에 익숙해 있었다면, '질문하는' 방식을 시작해 보겠다는 시도다.

즉, 이러한 설명이 금융화폐 자본주의가 고대부터 현재에 이르기까지 주마간산식으로라도 어떤 인과관계가 있는지, 저자가 주장하는 수천 년의 시간 중 그것이 얼마나 사실에 가까운 것인지, 아니면 얼마만큼 연관성이 있는 얘기인지는 순전히 독자들이 상상해야 하는 몫이다.

돈의 역사적 이론적 배경

세계패권 역사와 돈에 대한 주도권은 분리될 수 없다. 그것은 금융 시스템 인프라의 주도권 때문이다. 목적 앞에서 대동단결한 자가 이긴다. 그렇다면 이들은 언제부터, 어떻게 단결하고, 어떤 방법으로 목적을 달성하고 승자가 된 것인가. 또 흉내조차 낼 수 없는 그들의 신비로운 정신적 사상과 운명적으로 탁월한 신체적 조건들은 우생학적으로 어떻게 발전시켰는지 역사적으로 추적해 볼 것이다.

또한 금융화폐 경제 시스템의 인프라와 경제학 모델들이 어떻게 만들어지고 유지시켜 왔는지, 그 깊은 진흙 속을 탐험해 볼 것이다. 부란 자신이 좋아하는 사람들과 만날 수 있는 능력이다. 즉, 자신의 미래 유전자를 진화·발전시키기 위해 어떤 장소에서 선택할 수 있도록 공부해 경력을 쌓고 활동 능력을 키우는 것이다.

아이비리그 입학률, 노벨상 수상률, 세계 500대기업 점유율, 화폐축적률 등을 통해 자신이 원하는 남성·여성을 선택해 자신들의 유전자를 계속 진화·발전시켜 왔다. 그 자체가 우생학적 진보인 것이다.

첫째, 그들의 교육은 대답을 평가하지 않고 질문을 평가한다. 그들의 발상은 내 편, 네 편을 가르고 날뛰는 자들을 주저앉힌다. 자신들의 율법에 삶의 방식을 실천하기 위해 토론 교육과 '가난은 죄악'이라고 가르친다.

따라서 그들의 부는 아주 오래전부터 전통적 가정교육 사상에서 나오는데, 그 뿌리를 파보면 그들만의 신앙과 직결돼 있다.

둘째, 부정부패, 살인적 내부 총질 싸움을 피하기 위해 국가를 만들지 않고 디아스포라 유목민으로 살아가다 보니, 세계적 상권, 외국어 능력, 각국의 환율, 금융 인적 네트워크를 오래전부터 구축해 돈 벌기 유리한 시스템 환경에서 살아가고 있다.

한편, 지금까지 패권 규칙을 정하는 신들의 세계, 그 시작은 근대 사회에서 은행, 화폐, 주식회사, 증권거래소, 계약을 발명한 이들의 조상들이었다. 4세기경 로마 제국을 붕괴시키기 위해 기독교를 끌어들였듯이, 근대에는 자유를 선사할 것처럼 선동하던 마르크스의 볼셰비즘은 오히려 사람들을 노예로 만들었다.

우리는 콘스탄티누스 1세가 기독교를 국교로 공인한 군주로 알려져 왔지만, 실제로는 로마 통치에 집중한 군주였을 뿐이다.

기독교의 등장은 로마 제국을 멸망시키고, 1500년 동안 이룩해 온 문명을 단숨에 파괴시켰다. 그리스·로마 세계의 관용성에 비하면, 기독교는 사랑이라는 이름으로 적대자들을 제거한 최초의 신앙이었다. 유럽의 7대 왕실 궁정 유대인, 이들은 궁정의 재정관리, 국가의 세무관리 책사로 발탁된 다음 왕실을 서서히 장악한 뒤, 이리저리 자신들에게 지배하기 좋게 근친상간 결혼도 시키고, 유전병에 의한 정신지체 또는 신체적 약골, 능력 없는 허수아비 왕을 세우거나 바보 같은 왕을 앉히고 자신들이 나라를 통치했던 방식이다.

그러한 인재풀에 오랜 시간 동안 우생학적으로 자신들과 우수하고 강한 북유럽 후손들 유전자를 섞어 유럽 7대 왕실 혼맥을 장악해 나간 것이다. 이후 금융화폐 자본주의 역사의 시작은 세금을 담보로 영국 왕에게 전쟁자금 120만 파운드를 연리 6% 이자와 원금은 영원히 갚지 않아도 된다는 조건으로 영국 중앙은행을 설립한 것이다.

또한 최근 관세전쟁의 진짜 목적을 살펴볼 때, 관세는 주권 회복의 무기다. 세계와 이 정책이 연관되는 순간, 딥스테이트와 관세, 과연 무슨 관계가 있을까? 한국이 딥스테이트의 작품일 수도 있다는 아주 충격적인 얘기도 있다.

트럼프는 관세폭탄을 터트리면서 "미국이 해방되는 날"이라 했다. 관세폭탄 자체가 경제학이 아니다. 무역이 결코 경제적인 일만 한 적은 없었다. 무역은 권력, 파워, 그리고 정치, 그리고 관점에 관한 일이다.

무역은 경제가 아니라 정치, 권력, 그리고 세상을 어떻게 보고, 어떻게 보는 것이 옳은 일이냐에 대한 논쟁이지, 경제학에만 관련된 사항이 아니다. 우리가 토론해야 할 이슈는 단지 트럼프 대통령이 무모한 관세를 전 세계에 때려서 혼돈에 빠뜨렸다, 이런 뉴스가 아니다.

이것은 한 국가가 스스로의 주권을 되찾기 위해서 자국 내 숨겨진 권력과 외부의 질서에 동시에 도전한다는, 다른 시선에서 바라본 얘기다. 관세는 숫자상 전쟁이 아니라 세계관의 전쟁이라 할 수 있다. 총알 없는 전쟁 속에서 우리는 누구의 세계관 속에서 살고 있나? 딥스테이트란 미국에서 현실 정치의 중심에 있고, 눈에 보이지 않는 권력, 그러니까 선출되지 않은 고위 관료나 정보기관, 군 장성, 언론, 엘리트들로 구성된 그림자 정부를 뜻한다. 트럼프 재임 시 "나는 대통령이지만 진짜 권력은 그들 손에 있다고 말했다."

지금까지 2기 트럼프 대통령 행정부의 정책과 집행 명령들을 관찰하면, 딥스테이트와 싸운다는 프레임 안에서 정치·외교·경제 모든 분야 정책을 구성해 왔다. 그중에서도 지금까지 보여준 것 중 가장 강력한 수단이 바로 관세였다.

트럼프가 말하길, "수십 년 동안 우리 미국은 착취당해 왔다."

- **상대 자유무역 국가의 보호무역적 행위:** 노동운동 탄압과 최저 임금, 낮은 산업용 전기요금, 국내 저리 저축에 대한 기업 저리 융자, 부가세 환급.
- **자국 기업들 상대 국가 법률 악용:** 미국 기업 아웃소싱 NAFTA 조약 관련 멕시코 노동자의 시간당 16불 높은 임금 분식회계.
- **미국 기업 부당이득:** 아일랜드 글로벌 제약사 낮은 법인세 적용 탈세.
- 각국의 달러 외환보유고는 달러 절상 효과, 자국 화폐 절하, 결국 환율 조작이 미국의 수출 경쟁력을 잃게 했다.

우리의 부는 중국으로, 유럽으로, 다른 나라들로 빠져나갔다. 그런데 워싱턴의 엘리트들은 침묵했다. 왜냐, 그들이 그 시스템의 일부였기 때문이다. 트럼프는 또 이렇게 말했다. "우리는 미국을 위대하게 만드는 것이 아니다. 우리는 도둑질당한 미국을 되찾는 것이다."

이 말 속에는 다음과 같은 메타 프레임이 숨어 있다. 경기침체는 외부 탓이 아니고, 내부 기득권의 배신 때문이고, 무역적자·이민·범죄·글로벌 혼란은 딥스테이트가 설계한 구조적인 결과다. 관세는 단순한 경제 도구가 아닌 주권 회복의 무기다. 관세는 총알 없는 전쟁이다.

그리고 이러한 정치 철학을 가진 트럼프 행정부가 겨눈 대상이 단지 외국이 아니고, 워싱턴의 조종자들일 수 있다는 생각을 하게 됐다. 트럼프 대통령의 이번 관세 정책, 이것을 단순히 경제 조치로만 보면 안 된다.

트럼프는 "미국을 되찾는 전쟁"이라고 부른다. 말 그대로 총 대신 관세를 들고 싸우는 전쟁이다. 이 관세가 겨눈 대상은 외국이 아니고, 자국 내 딥스테이트 그리고 글로벌 시스템 전체를 향하고 있다.

이러한 전제에서 주요 타깃을 한번 정리해 보겠다. 먼저 중국을 보면, 미국을 잠식해 온 경제적 침투 차단이다. 중국은 글로벌 딥스테이트의 본거지다.

또한 트럼프가 지적했었던 독일과 한국, 일본. 수출로 이익만 챙기면서 미국을 경제적으로 활용한 나라들이라 했는데, 이용당한 미국에서 공정한 미국으로 바꾸겠다는 메시지가 들어 있다.

그리고 UN과 EU 등의 국제기구는 글로벌리즘의 상징이자 딥스테이트가 기생해 온 플랫폼이라 하는데, 이제는 자국 중심의 새로운 질서를 만들겠다는 선언이었다. 다시 말해, 트럼프의 핵심 메시지는 아주 명확했다. 이제는 타협하지 않겠다.

진짜 주권 국가라면 남이 정해준 가격이 아니라 스스로 가격을 매기겠다. 우리는 그렇게 하겠다. 관세는 단순히 수출입을 조정하는 숫자가 아니고, 우리는 더 이상 당신들 룰을 따르지 않겠다는 정치적 선언이 들어 있었다.

여기서 우리가 알 수 있는 것은, 세계관이 곧 정책이 되는 순간이라는 것인데, 트럼프는 경제도, 외교도, 관세도 모두 하나의 메시지로 "우리는 나라를 되찾는다." 이렇게 하나의 메시지로 말하고 있다.

서로마 동로마 역사의 이론적 배경

서구의 역사 왜곡은 최근의 전쟁에도 숨어 있다. 서구 제국이 로마 역사를 왜곡한 것은 550년 전, 1453년 오스만 제국에 의해 비잔틴 제국이 멸망하면서부터다. AD 324년 콘스탄티누스는 기독교를 국교로 수용하고, 476년에 서로마를 버리고 동쪽 비잔틴 제국 콘스탄티노플로 서로마 수도를 옮기고 '신예루살렘'이라 불렀다. 즉, 서유럽 로마 제국이 붕괴해 버렸다. 망명 임시정부를 동쪽 콘스탄티노플로 옮기고 서로마를 버린 것이다.

나중에 유스티니아누스 황제가 서로마를 찾기 위해 전쟁을 벌이지만 실패한다. 로마 제국의 정통성을 동로마 제국으로 가져왔는데, 그 정통성을 이민족인, 서유럽의 게르만, 노르만족, 고트족들이 자치구를 세우겠다고 난리를 피웠다. 그러나 이때 이미 로마 제국의 모든 유산은 동쪽 콘스탄티노플로 가져왔는데, 그 정통성을 이민족들이 어떻게 가질 수 있겠는가?

로마의 적통성은 당연히 동쪽 콘스탄티노플, 동로마 제국에 있었다. 이것을 못 견디고 서구 역사가 끝없이 비잔틴 역사를 왜곡해 왔던 것이다. 종교가 당시 정치의 전부였던 시절이었다. 서로마 제국 멸망 후에 정통성 문제는 기독교를 중심으로 말할 수밖에 없다. 기독교의 정통성은 콘스탄티노플에 정확하게 가 있었다. 비잔틴은 로마 제국의 적자이고, 서유럽은 로마 제국과 아무런 관계가 없다.

비잔틴 사람들은 서구의 주교청을 라틴 교회라 불렀다. 혹은 프랑크 교회, 러시아에서는 게르만 교회라 불렀다. 어느 누구도 로마 제국의 교회라 부르지 않았다. 서구는 끝없이 역사를 속이려 노력했다. 동로마 유스티니아누스 황제가 6세기 동남아 법률을 기초해 만든 로마법을 서구에 가져다준 것이다.

그것도 당시에는 못 받아들이고, 1000년이 지나, 16세기에나 로마법을 연구한 게 서유럽 사람들이었다. 4차 십자군 1204년 1차 멸망, 1453년 오스만에 의해 동로마가 망하고 이슬람이 점령해 바뀌니, 이 기회를 틈타 자기들이 로마를 단독으로 계승한 것처럼 계속 왜곡해 온 것이다. 유럽의 라틴 교회는 5세기부터 베드로가 사도들의 대표라 하면서 자기들이 최고라고 주장해 왔다. 신체적 강인함, 용맹성, 게르만 족들이 유대인들과 힘을 합해서 로마 제국을 허물고 기독교 제국을 진행시켰다.

당시 디아스포라 유대인과 궁정 유대인들의 지원 결과가 아니었을까? 당시 로마 제국 교회는 5개가 있었다. 즉, 기독교의 종교 수도가 5개 있었다. 로마, 콘스탄티노플, 안티오키아, 예루살렘, 알렉산드리아. 화재 사건 이전까지는 서로가 동등했다. 이 원칙을 로마 교회가 시시때때로 어긴다. 주먹이나 쓰던 게르만족들이 로마 교회를 그렇게 변질시킨 것이다. 더구나 7세기부터 로마 제국의 극동부터 서서히 이슬람화되고 있었다. 이것을 멀리서 지켜본 것이다.

그러면서 로마 교황청은 교회 최고의 주권이 서구에 있다고 주장했다. 사실 로마 교황청은 처음부터 깡패 같은 존재였다. 지금의 모습은 그에 비하면 오히려 천사처럼 보일 정도다. 로마의 다신교 태양신 미트라와 바빌론의 마르둑, 그리고 샤를마뉴의 대관식을 거치며, 교황청은 스스로 권위를 구축해 나갔다.

로마 주교 레오 3세(재위 795~816)는 자신을 교황청의 교황이라 칭하며 샤를마뉴를 로마 제국을 계승하는 로마 황제로 등극시켜 버린다. 이 과정에서 5개의 종교 수도들을 무시한 채 로마가 무슨 자격으로 그런 결정을 내렸는지는 의문이다. 샤를마뉴[21]는 동로마 콘스탄티노플, 즉 비잔틴 제국에 황제 승인을 요청하는 편지도 보냈다.

그러나 이후 비잔틴이 멸망하자, 1512년 독일인들이 처음으로 '신성 로마 제국'이라는 명칭을 사용하기 시작했다.

동로마에서는 평신도 누구나 성경을 읽을 수 있었다. 그러나 서유럽

---

21) 재위 AD 742~814, 중세 봉건제 서프랑크 왕국 카롤링거 왕조의 시조.

에서는 성직자만이 성경을 읽을 수 있었고, 평신도는 성경을 읽는 것이 금지된 때가 많았다. 종교란 한 번 떨어져 나가면 다시 합치기 어렵다. 애큐메니컬은 말장난일 수 있다. 라틴 가톨릭[22]을 로만 가톨릭[23]으로 다 바꿔 놨고 그러니까 러시아 정교, 그리스 정교, 우크라이나 정교, 벨라루스 정교, 루마니아 정교 등, 유대인들이 공모하고 사주한 유럽 교황청과 단절하게 된 원인과 역사적 배경이다. 따라서 여러 전쟁들의 숨겨진 이야기가 수면 아래 숨겨져 있는 것이다.

그 후 비잔틴 성직자들이 유약해 오스만을 무서워하고, 뇌물 받고 부패해 유럽 교황청과 협의하고 타협해 오스만 침략을 불러들여 1453년 최종 멸망한다.

이때 러시아 대주교는 콘스탄티노플 동방 정교를 선택한다. 지금의 우크라이나 키예프를 동로마 제국 마지막 수도로 선언한다. 지금 미국이 우크라이나 전쟁을 방치해 망하게 하고, 역사를 지우는 것과 유사하다.

유럽 교황청과 영국과 미국은 지금까지 러시아에 대해 파괴시키고 힘을 빼기 위한 노력들이 계속되고 있다. 로마 제국 계승자, 비잔틴의 적자 러시아 정교를 역사적으로 오래전부터 파괴시키고 있는 것이다.

1493년 이안 3세부터 '차르'라는 호칭은 로마 비잔틴의 시저 "카이사

---

22) 주로 남유럽과 유럽에서는 프랑스, 이탈리아, 스페인, 포르투갈, 루마니아의 주류 민족에 해당.
23) AD4세기경 니케아, 콘스탄티노플 공의회에서 가톨릭이라는 명칭을 쓰면서 AD1054년 동방정교회, 서방 로마가톨릭 교회라 칭했다.

르"를 잇는다고 말했다. 1596년 로마 교황청은 우크라이나 정교회와 벨라루시 정교회를 자기편으로 끌어들이고 만다. 하는 짓이 미국과 똑같다. 알렉산드리아, 안티오크, 예루살렘 대교구가 모두 이슬람 세력으로 넘어가는데, 남은 기독교는 러시아밖에 없다.

  러시아를 인정할 수 없는 서유럽은, 비잔틴의 대를 이었다는 이 역사적인 사실을 부정하며 러시아의 역사를 왜곡하고 악마화시켜 왔던 것이다.[24]

  최근의 화폐 권력을 설명하기 위해서는 이러한 고대 역사적 근거를 모르고는 설명할 수 없다.

  다시 말해, 서로마가 동로마로 떠난 자리에 메로빙거 왕조[25] 프랑스가 훗날 유럽 왕실, 나토 국가들이 혼맥으로 연결되고, 우크라이나를 거쳐 러시아로 건너간 로마 제국의 적통성을 찾아와 지금까지의 기득권을 유지하려고 러시아·우크라이나 전쟁까지 치르고 있지만, 새로운 문명은 유라시아 대륙으로 넘어오고 있다.

---

24) 자주인라디오 https://www.youtube.com/channel/UCbg8gIygyKV8a_locoYOp5g
25) 갈리아 지역 프랑크족 프랑스계

비트코인과 기독교

트럼프 1기 때는 비트코인을 사라고 했다. 그리고 줄곧 자신을 달러패권의 수호자라고 했다. 비트코인은 사토시 나카모토라는 개인이 설계한 화폐이기 때문에 확실한 목표를 백서에 명시해 놓았다.

달러패권을 해체하겠다고 나온 반달러 화폐다. 그러니까 트럼프가 달러패권의 수호자가 되겠다는 것과 비트코인은 어떤 궁합적인 측면에선 상극이다. 모든 기존의 패권에 도전하는 어떤 것도 상극일 것이다. 이런 경우 기존의 패권의 엄청난 탄압을 받을 수밖에 없다.

그런데 어떤 대상이 민중들에 뿌리를 내리면서 없앨 수가 없는 상황이 되면, 기득권이 뿌리내린 이 새로운 시스템, 새로운 어떤 신화, 이러한 것들을 흡수하면서 기득권을 유지하는 데 유리하게 이용한다.

이것이 로마 제국 말기 4세기 때 테오도시우스 황제가 기독교를 국교화시키는 과정과 똑같다. 예수가 등장해서 활동을 시작했을 때만 해도 당시 로마의 종교체제는 다신교 상황으로 보면 기독교는 완벽한 이단이었다. 그러니까 로마 황실의 엄청난 탄압을 받았다. 당시 모든 제국의 말기에는 민중과 평민들이 엄청난 고통을 받는다.

평민들은 고통 속에서 기독교라는 구원의 메시지가 어떤 위안을 줬던 것이다. 고통받는 사람들은 기독교가 구원의 대상이 되어 급속도로 퍼져 나갔다. 그러니까 테오도시우스 황제 때에는 이 기독교를 말살하는 것은 불가능했다. 이미 기독교를 둘러싼 신권들이 강력해져 있었다. 이때 발생했던 결정적인 사건이 '테살로니카 대학살'이다.

테오도시우스 황제의 어떤 장군을 테살로니카 지방 사람들이 죽였는데, 그 보복으로 1만여 명의 밀라노 사람들을 죽였다. 그러니까 테오도시우스 학살 사건을 극복하는 방법으로 당시 밀라노 대주교가 황제에게 제안한다.

당신이 기독교에 회개하고 용서를 구하면 기독교가 황권을 유지하는 데 도움이 될 것이라는 제안을 하고, 그 제안을 이미 황권이 약화되고 신권이 강화된 상황을 파악한 테오도시우스 황제가 기독교에 용서를 구하고 회개한다.

이것이 달러패권이 위험해진 상황에서 달러패권을 유지하기 위해서 지금 트럼프가 달러패권을 위협하고 있던 암호화폐 비트코인 시스템을 오히려 달러패권을 지키는 데 받아들이는 과정과 똑같다.

이 프레임의 서사가 뭐였냐면, 기독교가 로마 황실을 유지하는 데 도움이 된다는 서사였고, 지금 현재는 암호화폐가 달러패권을 유지하는 데 도움이 된다는 이 서사를 트럼프가 받아들인 것이다.

이 서사를 만든 사람이 빅테크 팔란티어와 페이팔을 만든 창립자 피터 틸이다.

왕권, 교황권, 대통령 권력의 기원

　화폐 권력은 국제적 권력이며, 곧 세계 권력이다. 이러한 국제 권력(IMF, IBRD, FED, UN, CFR 등)은 일종의 교황권이라 할 수 있다. 반면, 자국의 권력, 즉 왕권이나 영토 국가, 대통령 또는 수상과 같은 정치권력은 별개의 개념이다. 실제로 서유럽 왕국의 흥망과 서로마 제국의 멸망은 교황청의 인정과 파문 여부에 의해 좌우되었다.

　화폐 권력과 싸우자는 것이 아니다. 아무것도 모르고 가축처럼, 좀비처럼, 부나방처럼 오직 돈을 쫓기 위한 삶보다 적당히 청빈하거나 정신적 귀족으로 살아가는 욕심 없는 삶, 평균의 함정에 빠져 유물론적 세계관과 평등사상에서 벗어나 세상의 질서를 마치 신들의 세계로 바라볼 수 있는 폭넓은 사유를 통해서만 신에게 무엇이라도 기도할 수 있을 것이다.

　역사적으로 아주 오래전부터 신들의 세계를 엄청난 과학적 지혜로 구축한 사람들에게 당신과 내가 어찌 다를 수 있겠는가. 진부한 기독교적 평등사상을 들이미는 것은 마치 하나님에게 대드는 무모한 짓이다. 생각과 삶이 고급스러워지기 위해선 어두운 그곳을 과감하게 탐험할 수 있어야 한다.

11세기가 지나면서 교황과 왕의 힘 싸움이 있었다. 왕은 당연히 백성들에 대한 주권을 행사하려 했고, 교황은 정신적·종교적 차원에서 유럽 각국들에게 주권을 행사하려 했다. 이른바 국제적 주권과 국가적 주권이 충돌한 것이다. 왕은 왕으로서, 교황은 교황으로서 이유가 있지만 이러한 주권이 제대로 정립된 시기가 17세기였다. 그 이전에는 긴장스러웠다. 이런 얘기를 하는 이유는 지금 대통령이란 제도가 있는데, 대통령이 뭐 하는 사람들인지 잘 모르는 것 같다. 대통령은 왕과 똑같다. 왕은 백성들 주권을 지켜주는 사람이다. 교황이 해외 권력이라면, 왕은 자국 권력이다. 해외 권력에 무릎을 꿇은 적도, 반항한 적도 있었다.

이 상황을 단순히 종교적인 관점으로만 보지 말자. 지금의 IMF, 유엔, 연준(FED), 빌더버그 그룹, 월스트리트, 다보스 포럼 등은 해외 권력으로 기능하고 있으며, 각국의 대통령은 형식적인 주권 행사자일 뿐이다. 이러한 구조로 바라본다면, 과거와 현재의 상황은 본질적으로 다르지 않으며, 어느 쪽이 더 정당한 권위인가를 판단하기란 결코 쉽지 않다. 교황은 세계정부의 역할을 하고 싶어 했다. 유럽 전역을 자기 손아귀에 넣고 싶어했다. 그래서 십자군 전쟁을 일으킨 것이다. 대중들과 왕들도 잘 따라와 주었다.

그래서 첫 번째 예루살렘을 정복해 버리고 벌두인 2세를 이스라엘 왕으로 올려놓고, 거기서 성전 기사단을 구성한다.

성전 기사단은 유럽 전역에 부동산만 9천 개를 갖고 있었고, 금융 활동 등 성전 기사단이 최초의 IMF라는 것을 알아야 한다. 성전 기사단은 예루살렘 성지순례 여행객들 보호와 성지순례 떠나는 귀족들 재산 보호를 맡아, 그에 기반한 대출 업무, 또한 성전 순례 중 사망한 귀족 재산은 성전 기사단 재산이 되었다. 또 부동산 투자, 월세 수익, 건축 투자, 통행세, 환전 업무 등 많은 수익을 냈다. 성전 관리, 성전 보수 등에도 많은 돈을 썼지만, 어마어마한 돈을 모으게 된다.

유럽과 영국, 아일랜드 각 지역에 기사단 본부들을 두고, 그 본부가 1,000개까지 늘어났다. 그러니까 그 당시 유럽을 서구적인 세계로 본다면, IMF보다 더 큰 힘을 행사했다고 볼 수도 있다.

9세기 영국의 알프레드 대왕[26]은 빈자와 약자를 보호하는 것이 왕의 임무다. 그래서 고리대금으로 백성을 괴롭혔던 유대인들 가슴에 노란색 다비드별을 달도록 해, 백성들에게 조심하라는 경고를 주었다. 나치의 다비드별을 그 당시에는 성 루이가 한 것이다.

"너희들은 너희 이익만 추구하는 부자 의원들인데, 어떻게 가난한 백성들을 위해 일을 할 수 있겠느냐. 그것은 오직 왕만이 할 수 있다." 백성을 보호하는 것은 국가다. 국가는 바로 나다. 내가 국가의 머리고, 몸통은 국민이다.

---

26) 프랑스가 침략 시 비옥한 노르만 땅을 준 북유럽 바이킹족 후손.

의회 민주주의를 완전히 기만 체제로 봤고, 교황이 프랑스 교회의 수익금을 자꾸 가져가고, 함부로 주교 추천도 관여했다. 그러니까 교황청으로 들어가는 프랑스 돈을 막아버렸다. 교황이 보낸 펀드 매니저를 추방시키는가 하면, 교황의 허락 없이 교황청 소유 재산과 성직자들에게 세금을 부과했다.

그러니까 보니파스 8세 교황이 1303년, 필립 4세의 공적 승인권을 인정하지 않았다. 또 교황은 로마로 와서 보고하라고 명령했다. 그러나 필립 4세는 직접 가지도 않고, 충복인 윌리엄 노가레를 보내 교황의 뺨을 수차례 갈겼다. 3일 동안 협박하고 폭행했다. 73세의 늙은 교황이 이런 수모를 당하니, 필립 4세와 노가레를 파문해 버렸다. 그러니까 필립 4세는 교황을 사임하라고 요구한다. 오죽하면 단테의 『신곡』에서 빌라도가 예수의 대리자를 때렸다고 쓸 정도였다.

그 사건이 벌어지고 스트레스 때문에 교황은 한 달 만에 사망했다. 해외금융 권력이 있다면 이에 대항하는 국가 주권자의 모습을 필립 4세는 정확하게 보여준 것이다. 누가 그렇게 한 나라의 주권뿐만 아니라 그 나라 돈 30~40%를 가져가는가? 지금 IMF가 한국에서 국가 수입 30~40%를 가져가는 게 똑같지 않은가? 그러니까 역사는 다르지만 오버랩 시켜야 한다. 해외 권력이 한 나라에 들어와서 그 나라 백성들이 만들어 놓은 생산품 수익의 30~40%를 가져가고 있고, 그리고 국가의 주요한 공무원들을 직접 지명하기도 한다. 프리메이슨이 왜 그렇게나 성전 기사단을 좋아했을까? 국제금융의 최초의 IMF였기 때문이다. 성전 기사단은 프리메이슨의 뿌리라고 자신들 스스로도 얘기했다.

필립 4세가 성전 기사단을 그냥 놔뒀을까? 첫째, 자신의 할아버지 성루이가 이집트에서 붙잡혀 석방금을 요구했을 때, 돈 많은 성전 기사단은 돈을 안 보내 줬다는 괘씸죄가 가슴속에 하나 있었고, 또 구호 기사단과 합치라 했는데 말을 안 들어. 게다가 성전 기사단한테 돈도 많이 빌렸는데 돌려주고 싶지도 않아. 무엇보다 국가 주권에 도전한단 말이야! 뺏으려고 한 것은 아니다. 움베르토 에코나 『다빈치 코드』의 댄 브라운이 잘못 안 것이다.

그래서 어떻게 했느냐. 1307년 10월 13일 금요일, 윌리엄 노가레가 다시 성전 기사단 체포 작전에 들어간다. 클레멘트 5세 교황은 이 체포 지령을 전 유럽으로 확대한다. 1312년 성전 기사단을 폐지시킬 때까지 54명을 산 채로 화형에 처하고, 이렇게 해서 해외 세력과 결탁한 성전 기사단을 완전히 파괴해서 다시는 일어나지 못하게 만든 사람이 바로 필립 4세고, 국가의 주권을 확실하게 보여 주고 아주 깔끔하게 죽었다.

그래서 왕처럼 주권을 행사하고자 한다면, 국민을 억압하고 국민의 피와 땀을 해외로 넘겨 버리는 그런 해외 비선 실세들을 제거하는 것이라는 것을 필립 4세가 정확하게 보여준 것이다. 즉, 지금의 금융화폐 자본주의 사회를 평가한다면 1648년 베스트팔렌 조약 이전까지만 해도 이러한 국제 권력 교황권과 국가 권력 왕권이 부딪치는 사회였다.

그러나 베스트팔렌 영토 체제[27]의 시작과 구상은 소위 계몽사상에 근거한 신정 시대 왕권신수설의 세습적 제국을 무너뜨리고 끝낸 것이다.

이후 영토 국가, 대통령, 공화제란 자신들이 통치하기 좋은 로마 시대의 과두 지배 체제처럼 좋은 독재체제라고 2,100년 전 키케로가 말했던 것이다. 이때까지만 해도 중앙은행의 화폐 발행권이 부채경제 사회가 아니었다. 그러나 이후 민주주의라는 선거제도는 일종의 귀족정을 통해 그때그때 자신들 입맛에 맞는 대통령을 바꾸며 인구 증가에 따른 기축 화폐 경제, 부채경제가 오늘날까지 진행되고 있는 것이다.

따라서 이렇게 상상해 본다면 최근 빌더버그 클럽, 다보스포럼 등이 추진하는 2030 그레이트 리셋, 통일된 세계 화폐, 하나의 정부 추구는 1648년 베스트팔렌 영토 국가 체제의 종말을 예고하고 있는 것이다. 다시 말해 인류 문명은 수렵 문명을 지나 정주 문명 농업사회를 거쳐 중세 신정 사회를 지나 1648년 베스트팔렌 조약에 의거 영토 국가 시대로 접어 들었다가, 18세기 산업혁명 공업 사회를 지나 20세기 말 정보통신 사회를 거쳐 21세기 인터넷 혁명, 지식정보화 사회, 최근 초격차 사회, 불평등 심화는 문명의 임계점, 하나의 정부, 영토 국가 시대의 종말로 가고 있는 것이다.

---

27) 1648년에 체결된 평화조약. 각 국가가 자국 영토에 대한 배타적인 주권을 갖는다는 국제법의 원칙이다.

문명의 스토리텔링

경전에 특허, 사업권 같은 돈과 관련된 금융업, 독점 사업, 발명은 신이 유일하게 그들에게만 허락한 것이다. 초라한 게토 생활을 했던 이유는 화려함이란 한순간 경쟁자가 생기기 때문이다. 1492년 유럽의 360개 한자동맹 파괴, 도시 왕국을 파괴하며 신흥 상인, 개인 자본가들 등장. 스페인 레콩키스타, 벨기에 플랑드르를 거쳐 네덜란드, 영국으로 유럽의 다국적 기업, 금융업 등장. 성전 기사단 실험, 자본 축적, 1609년 암스테르담 은행, 1648년 베스트팔렌 조약 영토 국가로 지배, 1694년 영국 중앙은행을 발명했다.

1453년 동로마 멸망과 가톨릭 부패와 유라시아 정교분리. 17세기 유럽 신흥 귀족과 주류에서 무시받던 서민들, 세속 권력사회에서 더러워 못 살겠다고 청교도 퓨리턴들 이후 개신교, 신대륙 미국으로 벤처 사업 떠나 유럽보다 더 큰 성공을 이룩한 것이다.

1차 대전의 목적은 세습 권력인 왕국의 파괴였다. 오래전부터 영국 여왕은 경로 우대석에 상징적 권력으로 조용히 앉아 있어라. 나대면 찰스 왕, 존 왕처럼 죽는 수가 있다.

합스부르크 제국 파괴, "메테르니히 합스부르크 외교장관, 외교 실패 사례, 키신저 박사 논문."은 냉전시대와 죽의 장막을 걷어내 적이 없으면 적을 키워내는 외교 지침서가 되었고 1904년 이승만의 워싱턴 포타와 호텔 우드로 윌슨 당선 축하 연설은 유대인들에게 기독교를 준 것처럼 대한민국이 기독교 국가를 줄 것이다.

즉, 하나님이 유대인에게 기독교와 예수를 줬다. 이제 한국이 유대인에게 기독교 국가를 줄 것이라는 연설은 120년 전 이승만은 세계가 어떻게 작동하고 있는지 모르고 할 수 있는 얘기가 아니다. 1906년 평양은 동양의 예루살렘이었다.

1948년 5월 14일 이스라엘 건국은 기독교 세계 정부 사전 포석이다. 1948년 8월 15일 한국의 해방은 기독교 모범 사례 국가 사전 포석이다. 80년 후 유라시아 시대 한반도 사전 포석, 그 현상이 태극기와 성조기, 이스라엘기를 흔드는 모습을 보고 있다. 1차 세계 대전은 유럽 중심 사회에서 미국 중심 사회로 시동을 건 것이고 2차 세계 대전은 동로마 비잔틴 세력이[28] 이번 러·우 전쟁은 과거 서로마를 침략한 서프랑크족 게르만에게 복수하는 것이다.

현대판 성전 기사단 유엔, IMF, IBRD, 펜타곤

1980년대 미국 GDP 100% 2조 9천억 달러, 유럽은 미국의 131%인

---

28) 유럽과 러시아에서 미국으로 간 유대인 후손들 추정.

4조 8천억 달러였다. 44년 후 2024년 유럽의 GDP는 19조 4천억 달러, 미국의 67%였다. 유럽 국가들 총생산 19.4조 달러, 44년 동안 5배 늘었다. 그런데 미국은 29조 달러, 10배나 늘었다. 현재의 유럽 경제력은 지금 중국 수준이다. 유럽이 망하고 있는 이유는 이슬람의 난민 침입과 중국의 침입이다.

연방준비제도(FED) 파산, 페트로달러 파산도 생각할 수 있다. 사우디아라비아와 50년 계약, 2024년 만료. 일본, 중국, 독일, 나토 등 대부분 만료. 미국에 수출하고 받은 돈으로 계속 미국 장기채를 사뒀는데 현재 가치는 5%밖에 안 된다. 만기가 도래하면 계속 돈을 찍어 상환했기 때문에 결국 종이만 받은 꼴이다. 또 일부 다우지수, 증권시장에 투자된 주식도 붕괴할 것이다.

어쨌거나 달러는 파괴되고 연방준비제도(FED) 중앙은행도 바다 밑에 침몰시킬 것이다. 그러면 금본위제밖에 없을까? 이번 뮌헨 안보 회의에서 밴스 부통령 발언을, 아직도 독일과 중국은 트럼프와 밴스의 미국에 대해 "과거 패권주의적 행태, 미국 너! 또 이렇게 하려고 하지!" 유럽의 구세력적인 마인드를 BBC가 설명을 잘 뽑았다. 뮌헨 안보 회의 썸네일을 "구 세계질서가 무너질 위험 가운데 모이는 전 세계 정상들"이란 표현을 썼다.

새로운 세계관과 역사관

새로운 경제제도, 새로운 자본주의, 새로운 주식회사, 새로운 돈에 대한 변화를 갈망하는 사람들과 함께 토론하고 문제점을 분석하기 위해서는 지금까지의 자본 언어와 현재의 경제학 모델로는 분석해 낼 수 없다. 따라서 새로운 세계관을 상상해 보기 위해서는 그 어떤 제한도 두지 않고 다소 도발적이고 기상천외한 토론 주제를 발굴해 내야 할 것이다. 그런데 우리 모두는 속았다.

진선미를 종합하는 능력이란 전체 그림을 구석구석 뜯어볼 수 있는 능력이다. 수많은 언론, 유튜브 등 언어 체계의 문란으로 사회 규범이 무너져 가고 있다. 그런데도 과거의 방식, 과거의 언어로 해석하려 한다. 언어학자 비트켄슈타인, 미래학자 조지 오웰, 대중 선전선동 심리학의 괴벨스, 르네 지라르 등을 동원하여 정보는 문맥을 제거해야만 추출되는 수학적이고 도구적인 언어다. 따라서 지적 능력, 감성적인 능력, 그것을 종합하는 능력을 모두 동원해야 볼 수 있다.

경제 성장이란 무엇이고, 신용화폐란 무엇이고, 부채경제란 무엇이고, 허공의 꽃을 파는 은행업이란 무엇인지, 금융 노예란 무엇을 말하는지 이야기해 보자. 로마를 점령한 서유럽 게르만족 바티칸 세력들이 근대 문명과 르네상스를 하고, 18~19세기 산업혁명도 하고, 모든 과학과 공학을 발전시켰다.

또 항해술, 식민지배, 주식회사, 은행, 화폐 등을 발명해 세계 문명을 발전시키고 지배해 왔다. 그런데 힘과 폭력으로 빼앗은 그들의 과거 조상들의 잘못과 과거의 역사를 윤색하고 세탁하는 것도 정당성을 부여받을 수 있을까? 나치즘을 지원한 최초의 세력이 서유럽 기독교다. 또 미국의 네오콘과 월가와도 연결된다. 과연 개같이 벌어 정승처럼 살 수 있단 말인가.

밴스와 트럼프가 보기에 서유럽은 기독교 문명의 뿌리지만, 그 뿌리가 썩은 배교자 집단, 적그리스도가 되어버린 이단자로 보는 반면, 러시아를 기독교 문명을 지키고 있는 동료로 보는 것이다. 그 반대쪽 푸틴의 세계관은 유럽은 슬라브족과 게르만족과의 투쟁의 역사다. 동유럽의 나토 가입은 슬라브족이 게르만족에게 굴복한 것이다. 게르만족과 슬라브족의 역사 전쟁은 지금도 진행 중이다.

러시아·우크라이나 전쟁의 본질

러시아·우크라이나 전쟁은 역사상 세계 대전에 가장 근접해 있는 전쟁이다. 모두 속았다. 무엇이 사실이고 진실인지 모른다. 기상천외하게 역설적인 방식으로 문제를 제기하고자 한다. 우크라이나 전쟁의 모든 뒤에는 가톨릭과 정교회 대립의 역사가 있다. 러시아를 악마화시키려는 서방은 로마의 적통성을 적자로서의 역사를 지우고 역사 공정 의도가 들어 있다.

나치즘을 최초로 지원한 세력은 가톨릭 바티칸이었다. 자원 전쟁으로 알려진 십자군 전쟁, 폴란드의 러시아 침략 전쟁, 나폴레옹 러시아 침략 전쟁, 1차 세계대전, 2차 세계대전, 히틀러 러시아 침략 모두 서유럽이 소모적 전쟁을 일으켜 세습적 왕국이나 제국을 무너뜨려 목적을 달성하고 미국과 러시아가 손잡고 해결한 전쟁들이다. 3차 대전에 가장 가까운 러·우 전쟁도 계속되고 있는 것이다. 역사적으로 서로마는 유럽 나토, 바티칸 제국, 동로마는 비잔틴 제국, 슬라브 정교다.

러·우 전쟁을 국가와 국가 간의 전쟁으로 보면 이해하기 상당히 어렵다. 세계 정부라는 것이 있느냐 없느냐 이런 논란이 있지만 세계정부가 있다고 보면 꿈속에서 헤매는 친우크라이나 서유럽 정권 줄초상이다. 서유럽 가톨릭 국가들은 나토와 나치즘이다. 지금도 영국과 프랑스, 독일 이런 서유럽 국가들은 러·우전을 연장하기 위해 발악을 하고 있다.

즉, 예를 들어 증권거래소에 상장폐지되는 것보다는 상장되어 있는 시간에 푸틴이 죽거나 어떤 기적을 바라고 있는 것이다. 그렇기 때문에 친러시아적 색채를 띤 언론인들을 탄압하고 있다. 2차 대전 이후 서유럽의 가장 수치스러운 사건이 우크라이나 전쟁이다. 우크라이나를 강요해 항복하게 만든다면 이것은 서구 전체 커뮤니티의 항복이다. 서구의 가치, 민주적 가치 이런 소리 떠들면서 우크라이나에서 무슨 일이 벌어졌는지 침묵하고 있다.

"푸틴 그놈이 침공했어! 그리고 러시아군은 박살나고 있어! 우크라이나 군이 이기고 있어!" 지난 3년 동안 미친 소리를 계속 떠들어 왔다.

코소보는 세르비아 땅이다. 그리고 코소보의 독립은 불가능하다. 전 세계가 반대다. 나토가 침공해 빼앗은 땅이다. 이것은 국제 사회가 다 알고 있다. 트럼프가 러시아와 손을 잡는다. 이것은 중국을 약화시키기 위한 것이다. 그리고 본질적으로 중국이 약화되면 러시아를 다시 때릴 것이다. 코소보에 미국, 독일, 이탈리아, 프랑스, 영국, 나토 군대들이 들어가 있다.

코소보는 나토가 빼앗은 땅이다. 장기적으로 세르비아를 파괴하기 위해서다. 왜? 세르비아는 러시아 친구이자 정교 국가다.

미국, 서유럽, 그 배후에 바티칸의 가톨릭이 있다. 가톨릭은 지구상에서 정교회를 말살해야 한다. 이런 생각이 16세기 폴란드의 러시아 침공, 18세기 나폴레옹의 러시아 침공, 20세기 독일의 러시아 침공이 그 배경이다. 사실상 이번 세 번째 소모전, 3차 대전이 될 뻔했던 러·우 전쟁의 모든 협상권은 러시아가 쥐고 있기 때문에 트럼프가 할 일은 거의 없다.

협상 결과 러시아가 실익을 갖고 미국은 명분을 갖는 쪽으로 진행될 것이다. 나토는 유럽을 미국이 핵우산으로 완전히 통제하는 수단이었다. 독일의 군사 강국을 막고 미·일 동맹도 내가 보장해 줄 테니 다시는 군사력을 갖지 마라. 때로는 점령국으로 행세하기도 하고, 명분은 동맹 관리 지배다. 그리고 나토의 민스크 협정 위반은 러시아의 5분 거리 옆구리에 핵무기를 두기 위한 것이었다.

또 다른 한편, WEF(세계경제포럼) 다보스포럼이 어떤 지령 같은 것을 주는 것이다. 돈과 권력을 가진 사람을 다 모아서 지침을 준다. 예를 들어 밀라노 패션쇼가 그다음 유행할 색깔이나 컬러를 정해준다. 어찌 보면 카르텔 같은 것인데, 그렇지만 주류에 있으려면 거기에 끼어야 한다.

세계경제포럼(WEF)[29]도 그런 식으로 작동했던 것인데 헨리 키신저의 후계자 클라우스 슈밥, 그것이 과거의 질서로 망한 것이다. 그것을 따르다가 유럽이 망했다.

현재 유럽은 전혀 힘이 없다. 나토는 미국의 4성 장군이 군사 지배를 하는 것인데, 유럽의 나토 사무총장은 비서 역할만 하는 것이다. 사실은 종속돼 있는 것이다. 이번 러·우 전쟁은 서방이 내러티브전을 구사했다. 이 전쟁 자체가 서방의 악마적인 시도라고 볼 수 있다. 그러니까 사실을 보도하면 전쟁 수행이 불가능했다. 러시아를 굉장히 악마화해야 가능했던 전쟁이다.

이것을 학술적으로 설명하기는 힘들지만, WEF를 통해서 글로벌리스트가 서방 국가들 지도부를 하이재킹한 상태다. 이렇게 다양한 정보를 취합해야 그림이 보이는데, 미국 대통령 조 바이든은 치매 노인이었다. 연기자 젤렌스키도 하수인이다. 미국과 러시아 핵 강대국 간의 세계적인 충돌은 핵 아마겟돈으로 귀결된다. 그리고 우크라이나의 대리전이 계속되면서 세계대전의 위험을 감수하고 있다. 그리고 네오콘과 세계주의자 기득권을 트럼프는 해체하려 하고 있다.

국무부, 국방부, 정보기관의 딥스테이트를 해고하고 미국 우선주의를 위해서 재구성해야 한다. 그리고 나토의 목적과 사명을 근본적으로 재

---

29) 1971년도에 시작된 유럽경제 부흥을 위한 스위스 다보스포럼.

평가하는 과정을 마무리 짓겠다. 그러니까 나토 해체까지도 미국은 나토에서 슬슬 빠지는 노력을 하고 있다. 그리고 외교기관은 러시아가 위협이라는 거짓말로 세계 전쟁을 유도했다. 예전에는 음모론자들이나 하던 얘기를 현재 미국 대통령이 하고 있다.

서구 문명에 대한 가장 큰 위협은 러시아가 아니다. 미국과 미국을 극혐하는 우리 대표들이 가장 큰 위협이다. 그리고 세계주의자 글로벌리스트들은 미국의 힘과 피와 재산을 낭비하여 해외에 괴물과 유령을 쫓는 반면, 국내에서 일으킨 혼란에서 우리의 죄를 분산시키고 모르게 한다. 실제로 세계주의자들이 미국을 숙주로 사용해 전 세계에서 문제를 일으키고 있다는 뜻이다.

이 세력들은 러시아와 중국보다 미국에 더 큰 피해를 주고 있다. 이 병들고 부패한 기득권층들을 쫓아내야 한다. 이런 얘기를 하면 모두 음모론자로 취급당해 왔다. 이러한 인식이 언론 보도가 안 되었기 때문에 지금 트럼프가 하고 있는 일을 잘 이해하지 못하고 엉뚱하고 갑작스런 일로 보이지만, 그렇지 않다. 트럼프가 러·우 전쟁을 빠르게 끝내고 싶어 하는 이유는, 일단 러·우 전쟁은 미국이 이길 수 없는 전쟁이다. 이겨봐야 얻을 것도 없다. 그냥 가서 전쟁만 하고 있는 것이고 피해만 늘어나고 있는 전쟁이다.

세계 최대 핵 강국 러시아와의 전쟁은 승리 방법이 없다. 결국 공멸하게 된다. 미국이 이겼다고 해도 러시아가 핵을 쏘게 될 것이고, 다 망하게 되는 거다. 그러니까 결코 승리를 달성할 수 없는 것이다. 그러니까 현재 미국의 진정한 승리는 대리전을 유도한 글로벌리스트를 붕괴시키는 것이 진정한 승리다. 사실 이것에 초점을 맞추고 있는 것이다. 그리고 우크라이나와 희토류 광물권의 숨은 의미는 영국의 손에서 빼앗아 미국의 혈세를 보완하겠다는 것이다.

트럼프가 러·우 전쟁을 통해 얻고자 하는 것은 가능한 한 빨리 탈출하는 것이고, 러시아와 경제 협력을 해서 비즈니스를 통해 부를 창출하겠다는 것이다. 그러니까 러시아와 미국은 보완 관계에 있다. 하나는 자원 강국이고 하나는 기술 사업 강국이니까. 그리고 글로벌리스트 세력의 약점이 뭐냐면, 기생하는 방식이다 보니까 숙주가 저항하면 약해진다. 그래서 유럽은 사실상 군대가 없다. 미군을 이용했다. 미군이 내리고 유럽 군대가 우크라이나를 지원하고 러시아를 공격하면 유럽 전체가 붕괴되는 것이다.

젤렌스키와 우크라이나가 착각하고 있는 것은, 지금 미국의 경제력과 군사력으로 우크라이나의 안보를 보장할 것으로 생각하는데 사실 불가능하다. 이 전쟁에서 미국이 러시아에 군비 경쟁에서 패배했다는 게 엄밀한 사실이다. 이 부분을 언론들이 부각시키지 않기 때문에 여러 사람들이 잘 모르고 있다. 냉철하게 지금 군사적으로 진행되고 있는 상황들을 보면, 미국의 군사력이 지금 현재와 같은 형태의 러·우전을 하기에는 거의 부족한 형태다.

그리고 유럽은 경제력과 군사력에서 미국과 비교가 안 될 정도로 미약하다. 그러니까 유럽이 도와줘 봐야 할 수 있는 게 별로 없는 상황이다. 그리고 우크라이나 군은 3년 동안 전쟁을 치르면서도 러시아의 소모전에 대한 이해가 부족해, 러시아는 나토와 전쟁이라는 최악의 경우를 대비해 전쟁을 하기 때문에 은밀하게 말해 아직 정예병은 투입하지 않고 있는 상황이다. 젤렌스키나 우크라이나는 계속 전쟁을 하면 개선될 것으로 희망을 갖고 있으나, 희망은 전략이 아니다.

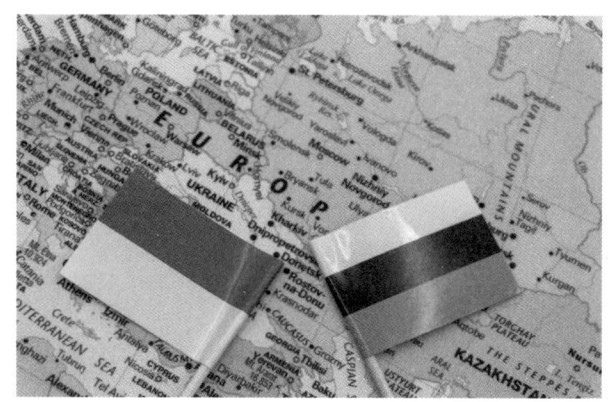

정보의 비대칭성과 시장 실패 이론
조지프 스티글리츠(Joseph Stiglitz, 1943~)

정보의 비대칭성과 시장 실패 이론으로 잘 알려진 미국의 대표적 진보 경제학자이며, 2001년 노벨경제학상 수상자이다. 그는 자본주의의 핵심 기반인 화폐와 금융 시스템의 비합리성과 불공정성을 날카롭게 분석해 왔다.

스티글리츠는 자유시장 이론이 가정하는 '완전한 정보'와 '자율적 경쟁'은 현실에 존재하지 않으며, 특히 금융시장에서는 일부 소수가 정보를 독점해 신용과 통화 공급을 조작하고 부를 집중시키는 구조를 형성한다고 비판했다. 그는 "정보의 비대칭성은 금융자본주의의 핵심 문제"라며, 이로 인해 도덕적 해이와 시스템 불안정이 야기된다고 지적한다.

그는 화폐가 더 이상 공공의 약속이 아닌, 소수 금융 엘리트의 무기로 전락했다고 보며, 중앙은행과 금융기관의 권력이 경제 규칙까지 좌우하는 현실을 경고한다. 수학 모델에 갇힌 전통 경제학을 넘어 정치, 사회, 심리 등 인간 삶의 맥락을 고려한 경제학을 주장하며, 화폐는 단순한 교환 수단이 아니라 사회 정의와 권력의 거울이라고 강조한다.

대표 저서로는 『세계화와 그 불만』, 『불평등의 대가』, 『부자만을 위한 경제는 끝났다』 등이 있으며, 그는 정의롭고 지속 가능한 화폐 질서의 대안을 제시하고 있다.

PART 6

금융 인프라와 운명적 DNA

민간 중앙은행이 화폐를 관리해야 한다는 것은 지킬 사유재산조차 없는 대중을 위한 것처럼 보이지만, 사실은 소수의 부자들이 마음껏 제한 없는 축적을 위해 마그나 카르타 헌장이 물구나무선 꼴이다. 삶이란 고독하고 외로운 것이다. 행복은 몰려다니는 군중 속에 있는 게 아니고 외로움 속에 있다는 것을 알아야 한다.

:: 시작 글

세상의 모든 것은 돈 때문에 일어난다. 이 part의 글은 특정 국가, 특정 세력을 폄하하거나 권위를 실추시키려는 것이 아니다. 다만 당시의 역사적 원인을 어느 정도 추적해 보지 않고는 현재의 금융 인프라와 화폐에 대한 연관성 근거조차 접근하기 어렵다. 따라서 순전히 금융 시스템과 관련해 초과학적인 인적 네트워크는 어떻게 진화된 것이고, 역사적인 그레이트 게임[30]은 무엇인지 그 일부라도 살펴보자는 것이 독자들 상상력을 위한 시도다

앞에서 설명한 대로 서방과 러시아와의 역사 또는 자원 전쟁은 그것이 사실이든 사실이 아니든 어제와 오늘의 일이 아니다. 최근 러·우 전쟁, 이란·이스라엘 전쟁은 엄밀히 말해 나토가 러시아와 군비 경쟁에서 패배한 것이다. 그것을 드러내기가 굉장히 힘든 것이고, 전력을 다했는데 패배한 것이다. 서방의 자존심, 특히 미국의 자존심 때문에 그것을 공식적으로 인정하기 힘든 것이다.

---

30) 그레이트 게임(The Great Game, 1813~1907)은 1813년 러시아–페르시아 굴리스탄 조약부터 1907년 영·러 협상까지 94년간 이어진 대영제국과 러시아 제국 사이의 전략적 경쟁이다. 게임의 목적은 러시아가 중앙아시아로 남하해 부동항 확보를 못 하도록 저지하는 것이다.

또한 트럼프의 관세전쟁에 관련된 보호무역주의, 미국의 재정 적자, 국채 상환 문제 등 금융 시스템과 화폐 패권을 놓고 벌이는 월가와 빅테크의 영토 전쟁을 추정해 볼 때, 그것이 사실인지 아니면 약속 대련인지 모든 것은 독자들이 상상해야 하는 몫이다. 이와 관련해 지금까지 듣고 보지 못한 몇 가지 역사적 사실들을 제기해 볼 것이다.

자본주의와 디아스포라

페르시아 왕 키루스[31]는 하나님의 뜻에 따라 바빌론 제국을 멸망시켰고, 포로로 잡혀간 유대인들 중 일부는 돌아가지 않고 바빌론과 메소포타미아의 여러 도시에서 거대한 상권과 금융을 장악했다. 이들을 첫 번째 디아스포라 유대인이라고 부르며, 그들의 재정적 지원으로 솔로몬 신전 건축과 토라 경전의 편집 작업이 시작되었다. 기독교는 그리스로 이동해 철학이 되었고, 로마로 옮겨와 제도가 되었다. 이후 교회는 유럽으로 가서 문화의 일부가 되었으며, 마침내 미국으로 옮겨와서는 기업의 형태를 띠게 되었다.

지금까지 냉전이 끝나고 약 40년 가까이 전 세계 중산층 풍요는 러시아의 싼 에너지 자원과 중국의 저가 싼 제품 때문이었다. 이제부터 이들은 다시 아프가니스탄, 중국, 일본, 대만, 인도, 한반도, 러시아, 유럽나토, UN, 코로나 팬데믹, 우크라이나, 곡창지대 파괴, 식량 공포, 이란 혁명수비대 테러단체 지정, 에너지 공포, 비트코인, 등 이들은 동

---

[31] BC529~580 키루스는 바빌로니아에 포로로 잡혀있던 유대인을 해방시켜 고향에 돌아가게 해준 것으로 유명하다.

아시아에서 새로운 신냉전[32]을 준비하고 있는 것이다.

대중선전선동 집단 무의식

고대, 중세까지 각국의 상권, 환율, 외국어 능력 등 수도원 정보, 첩보 능력은 현재의 CIA였다. 세계 각국에 나가 있는 가톨릭 수도원은 항상 금융 인프라에 앞서 있었다. 이들의 금융업 독점 발명은 신이 유일한 그들에게만 허락한 것이다. 초라한 게토 생활은 화려함이란 한순간, 경쟁자가 생긴다.

영국 왕실과 혼맥으로 연결된 7대 유럽 왕실은 망한 것처럼 약자 동일시, 약자 코스프레. 모습을 하고 있으나 포르투갈 스페인에서 네덜란드로 영국으로 화폐 패권을 이전했던 것처럼 왕실 대주주들은 미국으로 아웃소싱했을 뿐이다. 지금도 미국이 이스라엘과 친한 것 같지만 실제론 이스라엘이 조종하고 또 이스라엘은 영국이 조종하고 있는 것이다.

런던 교외의 타비스톡 집단심리연구소는 모든 매스미디어를 동원해 인간의 허구적 자아를 만든다. 현대에는 영상과 정보기술에 따라 대중은 조종당하고 있다. 그것은 넷플릭스와 유튜브다.
한편, 사람들은 컨스피러시(음모론)에 대해 얼마나 믿고 있을까?

---

32) 1947~1991 냉전, 1991~2008 탈냉전, 2008~신냉전.

911 테러에 대해 미국 정부가 관여돼 있다고 믿는 사람들이 54.3%, 존 F. 케네디 대통령 암살과 관련해 음모론을 믿는 사람들이 49.6%, 그리고 외계인과의 조우 관계를 믿는 사람들이 42.6%다. 또 세계 정부가 만들어질 가능성이 있다고 믿는 사람들이 32.9%다.

이 사람들이 다 바보라서 그럴까? 그것은 아니다. 그렇기 때문에 함부로 "이것은 음모론이다", "이것은 사실이다", "이것이 진실이다"라고 단정적으로 말할 수는 없는 것이다.

소위 말하는 음모론은 이미 정치학의 한 분야로 자리 잡고 있다. '음모론'이라는 용어 자체가 케네디 대통령 암살 당시 미국의 정보기관에서 만들었던 용어다. 그러니까 존 F. 케네디를 암살하는 데 미국의 정보기관이 관여했다고 주장하는 사람들의 행동을 차단하기 위해, 저들이 '음모론을 퍼뜨리고 있다'고 낙인찍기 위해 만든 용어가 바로 컨스피러시(음모론)다. 세상에서 일어나는 어떤 일에도 우연이 없다는 명제가 깔려 있다.

독일의 사상가 라이프니츠(1646~1716)는 지나치게 많은 책이 쏟아지면 야만으로 돌아간다고 말했다. 이 표현을 현대적으로 바꾸면, 지나치게 많은 정보는 생각 없는 맹신을 만든다는 뜻이다. 2020년도에 '정보 전염병'이라는 표현이 생겨났다. 그것은 유사정보, 허위정보, 가짜뉴스, 조작된 데이터다. 그 방어 기제의 뿌리는 확증 편향, 정보과잉, 성급한 일반화의 오류다. 즉, 인지 부조화의 함정에 빠져 자기 감옥에 갇히게 되는 것이다.

대중이란 여자와 같아서, 자신을 정복하고 지배해 줄 강력한 지도자가 나타나 주기를 기다린다. 따라서 현대인들은 너무 많은 정보 때문에 '정보 피로'에 지쳐가고 있다. 그중 하나의 원인은 '선택적 접속'이다.

금융 인프라 런던오브시티, 월가

러·우 전쟁과 이란, 이스라엘 전쟁은 동일 주체에 의한 두 개의 대리전으로 보면 된다. 서방 제국이 우크라이나를 대리로 러시아와 전쟁을 하고, 서방 제국이 이스라엘을 대리로 이란과 전쟁을 한다고 보면 된다. 목표는 둘 다 정권교체다. 그리고 자원 국가를 탈취하려는 것이다. 이것은 기본적으로 17~18세기 식민지 시대 때와 거의 같은 방식이다.

1990년대 소련이 무너지고 러시아가 독립했을 때 러시아에 진출했던 금융 카르텔들이 국유화하는 과정에 관여했다. 그런데 푸틴이 집권하던 2000년대부터 모두 박탈시켰다. 그래서 러시아가 빚투성이 나라에서 완전히 잘사는 나라로 바뀌어 버렸다. 지금은 상당히 수준 있는 나라가 된 것이다.

그리고 1920년대부터 이란에 진출했던 BP〈브리티시 페트롤리움〉 합작회사, 그것을 이어주는 런던의 로스차일드 금융권이 1979년 이란 혁명 때 국유화로 뺏겨 버렸다. 어쨌거나 이것을 탈환해 중동의 석유를 장악하기 위한 시도라고 보인다.

맬서스 트랩과 3차 세계대전

 **맬서스 트랩**

맬서스 트랩의 해결 방안을 공개적으로 합의할 수 있을까? 전쟁과 전염병, 출산 억제 약물, 백신 투여 등 과학적 방법과 그 수용 여부에 대한 합의가 과연 가능할까? 매년 스위스 다보스에서 열리는 세계경제포럼(WEF)은 겉으로는 세계 초상류층의 사교 모임이자, 세계 최고 권력자들의 정치적 회의처럼 보이지만, 실상은 그렇지 않다. 포럼에서는 세계가 지속적으로 작동하기 위해 일반인에게는 결코 공개할 수 없는, 매우 난해하고 은밀한 주제들이 발표 내용과는 별도로 비밀리에 논의되고 결정되고 있다.

맬서스의 『인구론』 출간에 약 50년 앞서 활동한 독일의 인구학자 요한 페터 쥐스밀히는 그의 저서 『신의 질서』에서 출산율과 자녀 수는 거주 지역의 크기에 따라 달라지며, 도시화가 진행될수록 인구 성장률은 오히려 감소한다고 주장했다. 그는 또한 소득이 증가할수록 출산율은 낮아지고, 과거에는 전쟁과 페스트, 천연두, 콜레라 같은 전염병으로 인해 인구가 감소했지만, 오늘날에는 오히려 '부'가 인구 감소의 원인이 된다는 인구통계와 연구 결과를 발표했다. 맬서스는 쥐스밀히의 저서를 연구했고, 그의 학문적 자료를 자신의 목적에 맞게 활용했지만, 정작 자신의 저서 어디에도 쥐스밀히에 대한 언급은 단 한 마디도 남기지 않았다.

맬서스는 이른바 '구명보트 윤리'를 주장했다. 즉, 구명보트에 탄 사람들(산업국가의 국민들)이 바다에 떠있는 사람들(개발도상국 국민들)을 구하기 위해 자리를 내어준다면, 인류는 치명적인 결과를 맞게 될 것이라는 것이다. 쥐스밀히는 이와는 정반대로 그는 인구학적 데이터를 통해 신의 존재에 대한 경험적 증거를 제시하고자 했으며, 나아가 사회개혁이 단지 가능할 뿐 아니라 필연적이라는 점을 입증하려 했다.

쥐스밀히의 인구론에서 이민 정책에 대한 설명은 오늘날의 성찰만큼 현대적이고 철저하며 세대를 넘어서는 넓은 시각을 지니고 있다.

결론적으로 인구와 관련된 두 가지 패러독스가 발생했다. 첫째, 사회적 양극화로 인한 저출산 현상이다. 소득이 증가하고 의료기술이 발전하면서 사망률이 낮아지자, 자녀를 덜 갖게 된 부자들은 질적으로 우수한 고급 자식을 갖는 쪽으로 변화되었다.

3차 세계대전 발화점

모든 것은 결국 돈과 지속 가능한 지구 환경 문제로 귀결된다. 제3

차 세계대전은 이미 시작된 것이나 다름없다. 특히 유럽의 대응은 비이성적이며, 최근 5년 사이 세계적 규모의 프로젝트들이 연쇄적으로 실패하고 있는 흐름과 맞물려 있다. 이른바 글로벌리스트로 알려진 세계경제포럼(WEF), 소로스 재단, 빌 게이츠 재단 등이 주도한 첫 번째 행동이 2020년 코로나19 사태였다. 현재 미국에서는 백악관의 파우치 박사가 그 책임을 물어 처벌받는 방향으로 흐르고 있으며, 로버트 케네디 주니어 보건부 장관이 그 진상을 계속해서 파헤치고 있다.

전 세계 인구를 통제하려는 '디퍼퓰레이션(depopulation)' 즉, 사람을 줄이려는 계획은 결국 실패로 돌아갔다. 이어 두 번째 시도로 우크라이나 전쟁을 일으켜 러시아를 붕괴시키려 했으나, 이 또한 실패했다. 세 번째는 중동을 개입해 이란 정권교체를 시도하고 있는데 지금까지는 잘 진행되지 않고 있다.

이러한 흐름 속에서 범서방 '컴바인드 웨스트(Combined West)'라는 개념이 부상하고 있는데 이는 미국과 유럽을 중심으로 한 나토(NATO) 동맹국들을 포괄하며, 일본과 한국도 그 끝자락에 포함된다. 한국이 나토 회의에 초청되는 것도 범서방 진영의 일원으로 묶어 두기 위한 것이다.

반면, 나머지 세계는 범남방 '글로벌 사우스(Global South)'로 구분되는데 그 핵심은 브릭스(BRICS)다. 출범한 지 약 10여 년밖에 되지 않았지만, 신흥국들의 정치·경제 연합체로 급부상하고 있다. 결국 현재의 국제질서는 범서방 진영과 글로벌 사우스 진영의 대립 구도로 재편되고 있는 셈이다.

따라서 한국은 독자적으로 선택하고 행동할 수 있는 게 상당히 제한된다. 한국은 집단안보 체제에 속해 있지는 않지만, 한미동맹과 미일동맹이라는 구조 속에서 지난 70여 년간 안보를 유지해 온 만큼, 그 체제에서 완전히 자유로울 수 없는 현실이다. 어느 날 갑자기 한국이 자율적으로 새로운 전략이나 방향을 추구하기란 결코 쉽지 않다. 더욱이 최근 서방 진영의 연쇄적인 실패로 인해, 앞으로 국제사회에서 더 많은 분쟁이 일어날 가능성이 점점 높아지고 있다.

이것은 상처 입은 동물이 계속 날뛰는 것과 비슷하다. 이런 절박함에 휩싸인 서방은 발칸반도, 카슈미르, 핀란드, 대만 등지에서 새로운 분쟁을 일으키는 '지정학적 방화'를 시작할 가능성이 있다. 현재 세계 곳곳에서 나타나고 있는 지정학적 불안정의 근본 원인은, 헤게모니를 상실해가는 서방이 느끼는 절망감과 위기감의 발현이라고 볼 수 있다. 이러한 개념은 공론화된 것은 아니지만 다양한 국제 정세를 관찰한 결과로서 일종의 상상의 영역이다.

1917년에 제시된 맥킨더의 이론에 따르면, 세계 패권을 장악하기 위해서는 '하트랜드(Heartland)'라 불리는 유라시아 내륙 지역을 통제해야 한다. 당시 해양 세력인 영국은 인도, 호주, 남아프리카공화국, 뉴질랜드, 싱가포르, 말레이시아 등 세계 영토의 4분의 1을 차지하며 식민지 제국을 이루고 있었고, 이러한 해양 지배력을 통해 세계를 통제하려 했다.

그러한 상태에서 식민지 통치를 지속해 온 이들은, 다른 나라 사람들이 결코 가질 수 없는, 세계 전체에 대한 독특한 경험을 갖고 있는 것이다. 우리나라의 경우는 이러한 경험이 전무하기 때문에 그 복잡한 메커니즘을 이해하기 어렵다. 그러나 영국처럼 작은 나라가 전 세계를 누비며 식민지 경영을 해왔다는 점은 주목할 만하다. 한때 미국조차 영국의 식민지였다는 사실을 떠올리면, 식민지 경영이라는 것은 결국 두 가지 전략으로 요약된다. 첫째, 배가 들어갈 수 있는 곳에는 어김없이 분쟁을 일으켜 놓는 것이다. 그러니까 선박의 접근성을 확보해야 어느 날 갑자기 하면 안 되니까 조약을 맺어할 수 있는 것도 있지만 근처에 분쟁을 일으켜 놓는다. 그 분쟁 때문에 들어갈 수 있는 것이다. 그래서 접근성을 확보하기 위해서 '분할통치(divide and rule)'를 썼던 것이다.

이스라엘의 건국도 맥킨더 이론의 관점에서 보면, 동유럽이 '하트랜드(Heartland)'를 지배하는 핵심 열쇠였다는 분석이다. 1920년대에 들어서면서 석유의 전략적 가치가 급격히 높아지자, 서구 열강은 석유가 풍부한 중동 지역으로 본격적인 개입을 시작하게 된다. 그러니까 이스라엘 문제도 그렇고, 오늘날 우크라이나가 위치한 동유럽 지역도 마찬가지로 지정학적으로 중요성이 부각된 것이다. 그래서 1917년 발표된 벨푸어 선언은 맥킨더의 하트랜드 이론이 제시된 시점과 동일하며, 이 둘은 역사적 맥락에서 밀접하게 연결되어 있다. 흥미롭게도 벨푸어 선언은 아랍 국가들과의 협력을 약속한 후세인-맥마흔 선언과 시기적으로 겹친다. 이는 의도적으로 그렇게 설계된 것으로 보이며, 영국이 중동 지역에 대한 이중적인 약속을 통해 식민지 경영과 접근성을 전략적으로 확보하려 했던 정황으로 해석된다.

영국은 아랍인들에게도 약속을 하고, 동시에 유대인들에게도 약속을 했다. 결과적으로 현재 그 지역에 존재하는 이스라엘 유대인들은 대부분 유럽계 인종이다. 고대 디아스포라 시절 팔레스타인을 떠났던 본래 유대인의 후손은 DNA 검사 결과로 보면 고작 3%에 불과하다. 즉, 오늘날 이스라엘에 거주하는 아슈케나지(Ashkenazi) 유대인들은 혈통적으로 유대인이 아니라, '유대인'이라는 정체성을 하나의 브랜드로 만들어낸 사람들인 셈이다. 이들은 실제 고향과는 아무런 연관이 없는 조작된 정체성을 기반으로 형성된 집단이라고 볼 수 있다. 그렇다면 '유대인'이라는 정체성은 왜, 어떻게 생겨났을까? 동유럽 지역에서는 수세기 동안 가톨릭과 동방정교회가 2000년간 대립하며 종교 갈등과 전쟁이 끊임없이 이어졌다. 이 과정에서 우크라이나 동유럽 일대에 있는 코자크 족이나 이런 사람들이 종교싸움 속에서 어느 쪽에도 포함되지 않는 유대교를 브랜드화해서 유대교인이 된 것이다.

결국 오늘날 이스라엘에 거주하는 유대인들은, 고대 로마 제국 붕괴 이후 디아스포라로 흩어졌던 유대인들과는 별다른 연관이 없다. 실제로 정통 유대인의 일부는 3,000년 전부터 현재의 이란 지역에 거주해온 집단으로, 오늘날 이스라엘 유대인들과는 계보상으로도 크게 다르다. 그렇기에 유대인들이 '잃어버린 나라'를 되찾았다는 신화는, 실상 집단을 통제하고 전초기지를 마련하며 돌격대를 양성하기 위한 '서사적 장치'이자 정치적 목적을 띤 이야기일 수 있다. 이런 시각에서 보면, 이스라엘 건국 신화 역시 보다 현실적이고 전략적인 맥락에서 이해될 수 있다.

한편, 발칸반도는 유럽 내 차기 지정학적 발화점으로 주목받고 있으며, 러시아와 서방 간 갈등의 다음 전선으로 확대될 가능성이 크다. 현재 서방은 보스니아와 세르비아를 다시 불안정하게 만들고 있으며, 이는 1990년대에 서방이 주도한 '작업'으로 만들어낸 코소보 전쟁의 연장선상에서 해석할 수 있다.

세르비아의 밀로세비치가 인종청소를 자행했다고 알려진 주장 역시, 사실은 날조된 것이라는 지적이 있다. 실제로 이 사안은 네덜란드 헤이그에 위치한 국제사법재판소(ICJ)에서 15명의 재판관들이 심리한 끝에, 해당 주장이 거짓이라는 판결을 내린 바 있다. 이후에도 발칸반도는 다시 활발한 움직임을 보이고 있으며, 지역 내 불안정성이 고조되고 있다. 카슈미르 지역은 최근에 분쟁이 발생했는데 자작극이라는 얘기도 있었고 어쨌든 중요한 것은 카슈미르가 지역 전체를 불안정하게 할 수 있는 명백한 발화점 중 하나다.

한편 북유럽에서는 핀란드와 발트 3국이 러시아와 역사적으로 긴장된 관계를 유지해 왔기 때문에, 이 지역 또한 서방에 의해 전쟁 유도 혹은 군사적 충돌 시도가 계속되고 있다는 분석이 있다.

남아시아로 오면, 인도와 파키스탄 사이의 갈등은 물론이고, 동쪽으로는 방글라데시와 미얀마 간의 분쟁 가능성도 제기되고 있다. 동아시아에서는 한반도가 전통적인 분쟁 지역으로 꼽히며, 대만 또한 지정학적 긴장이 고조되는 핵심 대상이다.

한편, 아제르바이잔에서는 이란을 겨냥한 군사적·정치적 도구화가 진행되고 있는 정황이 포착되고 있으며, 이는 2014년 우크라이나의 유로마이단 사태와 유사한 방식으로 전개되고 있는 것으로 보인다.

이 내용은 영국 왕립 합동군사연구소(RUSI)에서 발표한 보고서에 기반한 것이다. 이 보고서는 발칸 지역에 '합동 파병군'을 창설하자는 제안을 담고 있는데, 그 표면적인 명분은 지역의 '평화 유지'다. 그러나 조지 오웰이 『1984』에서 말했듯, 언어는 종종 반어적으로 사용된다. 즉, "평화를 원한다"는 말은 실제로는 "전쟁을 원한다"는 의미로 읽혀야 할지도 모른다. 이 보고서 또한 분쟁 지역을 구체적으로 명시해두고 있으며, 그 자체로 향후 전쟁의 정당성을 부여하는 사전 작업처럼 보인다.

현재 정황상, 발칸 지역을 포함한 여러 지정학적 분쟁 지역에서 전면전이 일어날 가능성이 점점 더 높아지고 있으며, 특히 2026년을 전후해 전쟁 발발 가능성이 매우 크다는 전망이 제기되고 있다.

동아시아의 시대

세계는 100년에 한 번씩, 기축통화패권이 무너지는 경제적 대지진을 겪어 왔다. 이제 미국은 더 이상 이를 감당할 수 없는 지경에 이르렀고, 40년 전 레이건 대통령이 주도했던 플라자합의처럼, 제2의 환율 전쟁이 몰려오고 있다.

중국의 무역망 붕괴는 이미 세계를 공급과잉에 따른 공황경제로 진입시켰으며, 대만에서의 전쟁 가능성도 점차 현실화되고 있다. 세계 주요 기업들의 대규모 도산과 함께, 환태평양 역내 국가들의 무역망 붕괴, 미국의 물가 폭등 등 복합적인 위기 요인으로 인해 조만간 주식시장, 주택시장, 자산시장의 전면적 붕괴가 시작될 것으로 보인다. 세계 경제는 머지않아 제2의 대공황에 직면할 것이라는 전망이 예상된다.

결국 미국의 관세전쟁이 세계 경제의 50~60% 비중을 차지하고 있는 한, 중, 일을 포함한 아시아 국가들의 FTA 세상이 될 것이고, 동아시아 시대 중국의 거대 시장이 열릴 것이다.

계몽주의와 금융혁명의 그림자

프랑스 혁명의 인권 선언문, 토마스 홉스의 『사회계약』, 장자크 루소의 『인간 불평등 기원론』은 재해석되어야 한다. 화폐 이전의 실물 소유 사회가 굿도 보고 떡도 나누어 먹던 사회였다면, 1609년 네덜란드 암스테르담 은행에서 시작된 금융·화폐축적 자본주의는 길목을 지키는 깡패에게 통행료를 바치는 꼴이 되었다. 즉, 이성주의와 계몽주의가 중세의 교회 권력, 수도원, 정치 권력으로부터의 탈출에는 성공했으나, 돈과 화폐 권력 앞에서는 오히려 '개인의 자유'라는 미명 아래 더욱더 한도없는 축적 근거를 제공한 것이다.

서양 근대사를 만든 가장 중요한 사건으로 알려진 프랑스 혁명의 인권 선언문을 봐도 의심스러운 부분이 많다. 인간은 법적으로 자유롭게 태어난다고 했다. 게다가 사회적 차별이 있다면 그것은 오로지 공공 이익에 근거해서만 세워질 수 있다. 이것이 인권 선언 제1조다. 그러나 과연 인간이 법적으로 자유롭게 태어나는가? 아니다. '태어났으면 한다'는 얘기일 것이다.

현실에서 인간은 법이 보장하는 신체, 소유권, 가문, 국적이 모두 불평등한 두 남녀로부터 태어나기에, 자연스럽게 불평등하게 태어날 수밖에 없다. 법적으로도 마찬가지다. 개인 소유권을 무한 보장하겠다는 것이 프랑스 인권 선언의 또 다른 의미인데, 두 손에 아무것도 쥔것 없이 태어났다는 것은 기만이다.

아버지와 어머니는 이미 모든 것을 갖고 있다. 그들은 소유권을 불평등하게 나누어 갖고 있으며, 법적으로나 현실적으로나 불평등한 재산과 불평등한 능력을 갖고 있는 특정 부모 밑에서 태어났다는 사실 자체가 자연법적 현상이다. 인간은 선택할 수 없는 운명 속에서, 자유 없이 태어난다. 누구도 부모를 선택하거나, 자신이 속할 사회를 선택해서 태어날 수 없다. 그리고 사회란 결국 가족을 중심으로 펼쳐진 공간이기에, '인간이 법적으로 평등하게 태어난다'는 말은 현실이 아니라, 그렇게 되었으면 좋겠다는 바람을 담은 말에 불과하다.

그러나 현실은 전혀 그렇지 않다. 사회적 차별은 오직 공공의 이익에 근거해 세워진다고 하지만, 그 '공공의 이익'을 판단하는 주체는 누구인가? 바로 정부와 국가다. 결국 국가가 사회적 차별을 만들겠다는 말과 다르지 않다. 이처럼 현실을 무시한 채 이상을 법칙처럼 포장하고, 그것이 마치 자연의 섭리에 따라 형성된 것처럼 '자연법'이라고 주장하는 것은 허황된 말에 불과하다. 이는 정의가 아니라, 정당성을 확보하기 위한 궤변일 뿐이다.

인간을 부자유스럽고 불평등하게 만드는 데 기여한 사람들, 이를테면 토마스 홉스의 사회계약론이나 장자크 루소의 『인간 불평등 기원론』, 그리고 종교적 불관용을 드러낸 볼테르와 같은 인물들이 만든 사회학은, 결국 엘리트를 위해 만들어준 이론적 변명일 뿐이다. 프랑스 인권 선언을 비판하는 논문조차 나올 수 없는 오늘의 학문 환경은, 토마스 홉스를 계몽주의의 '조상 할아버지'로 보는 시각과 맞닿아 있다. 그의 저서 『리바이어던』의 제목부터 보라. 그것은 곧 지상의 괴물을 의미한다.

그러니까 신의 통치로부터 벗어나겠다는 것이 아니라, 사람들의 동의를 받아 괴물 같은 권력을 행사하겠다는 것이 바로 공화주의다. 이후 1860년대 러시아에서 농노를 해방했다고 하는데, 역사학자들은 이를 민주 공화주의 이데올로기로 미화하며 받아들였다. 하지만 당시 땅 소유권이 없었는데 무슨 농노 해방인가? 다시 말해, 경작권을 빼앗았다는 뜻이다. 프랑스 역시 농민을 해방한다며 그 땅을 부르주아에게 경매로 넘겼고, 그 결과 부르주아들이 이전에는 아무도 소유하지 않았던 토지를 차지하기 시작했다. 이것이 프랑스 혁명에서 실제로 벌어진 일이다.

그렇다면 100년 뒤 러시아에서 농노를 해방했다는 것은, 사실상 경작권과 토지 소유권을 귀족들에게 넘겨준 것에 불과하다. 이것이 농노 해방의 진짜 모습이다. 그런데도 민주 공화국과 자유 민주주의 역사가들은 이를 칭송한다. 이후 민주 공화정이 들어서면서 상속되던 경작권마저 자본가와 지주에게 넘어갔고, 농민들은 수확을 해도 재미가 없었다. 원래 함께 사용하던 토지가 자본화되어 이제는 스스로 돈을 주고 사야 하는 상황이 벌어진 것이다.

그러니까 이때부터 농민들에게 민주 공화정이 들어선 이후 평생의 꿈은 토지를 사서 자영농이 되는 것이었다. 그래서 자영농 문제는 서양사에서 매우 중요한 의미를 갖는다. 부르주아, 자본가, 금융가들이 혁명을 일으켜 농민들의 땅을 빼앗았고, 그 땅을 되찾으려는 과정이 곧 자영농의 역사였다. 그때부터 농민들은 토지를 사기 위해 은행으로 달려갔다.

근대사의 출발점이라 불리는 프랑스 혁명은 민중이 주도한 것이 아니었다. 민중은 단지 이용당했을 뿐이고, 혁명가들마저 이용당했다. 그리고 결국 1830년 루이 필립 시절, 금융가들이 나라를 완벽하게 장악할 때까지 이끌어 갔던 장기적인 혁명의 첫 단추였던 것이다.[33]

금융의 홍위병과 임금철칙

피아(敵我) 식별은 삶의 현실이다. 그러나 마르크스는 대중의 시선을 잘못된 곳으로 돌려놓았다. 1844년까지 마르크스는 반(反)산업주의자였다. 반(反)은행주의 사상은 20세기 초에 등장했는데, 그 대표적인 인물이 프레드릭 소디(Frederick Soddy)다.[34]

은행은 상업의 지배자이자 통제자다. 그들은 국가의 모든 재산을 손에 쥐고 있다. "빠른 대출, 부채경제를 목적으로 한 가게가 은행이다."

---

33) 오귀스탱 코생 〈1789년 프랑스혁명, 1848년 2월혁명, 1871년 파리코뮌을 종합적으로 분석한 결론〉

34) Frederick Soddy(1877~1956), 영국 화학자. 1921년 동위원소 발전으로 노벨상 수상.

이 말을 한 사람은 2차 세계대전 이후 학술계에서 사라졌다. 왜냐하면, 그는 적이 누구인지 정확히 지목했기 때문이다.

우리의 진짜 적은 은행이다. 옥수수를 재배하는 농장주도 아니고, 어물전 상인도 아니며, 주식을 발행하는 기업도 아니다. 그 기업들의 뒤에서 발목을 잡고 있는 은행이 바로 적이라고, 그는 정확히 진실을 말했다. 그렇기에 학계에서 사라져야 했던 것이다.

20세기 초, 금융자본가들은 산업에 단순히 영향을 미치는 수준을 넘어 국제주의적 여신 시스템 안에서 활동했다. 그 결과, 산업은 더 이상 금융자본으로부터 독립하지 못하게, 융자·이자·보증·증권 전환·M&A 등 다양한 형태로 이미 산업 깊숙이 침투해 있었다.

과연 누가 진짜 적인가? 은행이 적이지, 어떻게 산업가가 적이 될 수 있단 말인가. 슈펭글러는 '공산주의의 적이 자본'이라고 말하면서도, 정작 자본 자체를 공격하지 않고 금융의 허상인 자본의 전통만을 이론적으로 공격했다. 그러니 이른바 급진 세력이라는 것이 항상 금융 세력의 도구가 될 수밖에 없다. 이러한 주장을 하자 마르크시스트들은 슈펭글러에게 격렬히 광분했다.

진정한 적이 누구인지를 밝힌 사람들은 모두 음모론자로 낙인찍혔고, 그때부터 눈앞에 보이는 산업가만 우리의 적이 되었다. 하지만 현실은 다르다. 현재 월가의 투자 자문회사인 뱅가드, 블랙록, 스테이트 스트리트가 보유한 세계적 초기업만 1,662개에 달한다. 여기에 제2, 제3 주주까지 합치면 그 수는 약 2,000개로, 사실상 은행이 이들 기업을 소유하고 있다.

　구글, 애플, 페이스북 등과 같은 거대 기업들이 은행가와 금융가들에 의해 산업 세계 전체가 완전히 통제되고 있는 지금과 달리, 19세기에는 상황이 오히려 더 심각했다. 마르크스는 우리가 싸워야 할 진짜 대상과 목표를 완전히 바꿔 놓았다. 부르주아와 노동자를 대립시킬 것이 아니라, 금융가와 산업 주체를 대립시켰어야 했다. 은행은 대출 금리의 격차를 이용해 자본가들이 노동자에게 적정한 임금을 지급하지 못하게 만들었다. 그렇다면 마르크스는 19세기부터 대체 어디를 향해 총질을 하고 있었던 것인가?

　자본가와 노조가 함께 뭉쳐 은행에 맞섰어야 함에도 불구하고, 산업 세계 내부에서 노동자와 경영자가 머리터지게 싸우고, 심지어 노동조합끼리 갈등을 빚는 동안 은행만 웃고 있었다. 결국 은행은 산업 세계를 통째로 장악해 버렸다. 이 모든 결과는 마르크스 좌파가 만들어 놓은 것이다.
　자본주의가 자기모순으로 인해 붕괴될 것이라는 마르크스의 예언이 설령 틀렸다고 하더라도, 그 예언이 너무나 강렬해서 실현되지 않는 방향으로 사람들이 행동하도록 이끌었다면, 우리는 은연중에 마르크스를 믿고 있는 것일 수 있다.

　이처럼 '짖지 않는 개'가 되었다는 자본론 주의자들의 선포에 의심을 갖게 된다. 마르크스는 여전히 살아 있는 것이 아닐까?

그들이 임금철칙이라고 부르는 현상은 자연법칙이 아니며, 그들이 경쟁의 폐해라고 하는 것은 실은 제약된 상황에서 이루어지는 경쟁, 즉 토지를 박탈당한 사람들이 처한 일방적 경쟁의 폐해라는 사실을 이해하지 못한다. 어쩌면 찰스 다윈의 진화론 이론이 기독교 창조론을 뒷받침하기 위한 기독교의 간첩일 수도 있고, 마르크스의 사회주의 또는 공산주의는 자본주의를 설명하기 위한 자본주의의 간첩일지도 모른다.

임금철칙

노동은 신성하다. "노동이 너희를 자유롭게 하리라"라는 최초의 문구는 아우슈비츠 강제수용소 정문에 그들의 노동으로 만든 표어가 붙어 있었고, 그들은 비참한 노동 끝에 가스실에서 죽어 갔다. 다소 극단적인 비유일 수 있지만, 현재의 자본주의 시장은 구조적으로 아우슈비츠 수용소와 다를 바 없다.

"열심히 일하라! 열심히 저축하라!"라는 말은 매년 약 3%의 물가 상승률 속에서, 임금을 받아 열심히 일한 뒤 그 돈을 은행에 저축하라는 의미다. 그러나 이는 결국 열심히 일하며 착취당하고, 저축을 통해 인플레이션이라는 형태로 계속 세금을 내는 구조다. 그러면 누군가는 그 돈을 낮은 이자로 빌려 자본을 축적하고, 사업을 일구고, 금융사를 세워 자본소득을 얻는다. 즉, '노동이 신성하다'거나 '저축이 필요하다'는 말은 노동하고 저축하는 사람들을 위한 것이 아니라, 노동을 착취하고 저축을 이용해 불로소득을 챙기는 사람들을 위한 것이다.

따라서 우리는 우리의 진짜 적이 금융 세력임을 명확히 인식해야 한다. 그리고 이 금융 세력이 빅테크와 제약사를 움직이고 있다는 사실도 깨달아야 한다. 이제 더 이상 불쌍한 중소 산업가들을 적으로 삼지 말고, 초국적 대기업을 정확한 타깃으로 삼아 싸워 나가야 한다.

유럽의 왕실과 우월적 DNA

세계 금융 시스템을 이끌어 가고 있는 세계 인구 중 0.2%밖에 안 되는 그들, 지금까지 알려지지 않았고 알려고 하지도 않았던 우생학적 놀라운 진실을 추적해 보고자 한다. 유럽 교황청과 영국과 미국은 지금까지 로마 제국 계승자, 비잔틴의 적자 러시아 정교를 역사적으로 오래 전부터 파괴시키고 있는 것이다.

최근의 화폐 권력을 설명하기 위해서는 이러한 고대 역사적 근거를 모르고는 설명할 수 없다. 자원 전쟁으로 알려진 십자군 전쟁, 폴란드의 러시아 침략, 나폴레옹 러시아 침략, 히틀러 러시아 침략, 러·우 전쟁도 역사 공정과 관련된다.

유럽 왕실, 그중에서도 영국 왕실 족보를 정리해 보자면 무려 1000년이 넘는 역사를 갖고 있다. 유럽 왕실 가계도의 정점에는 샤를마뉴라는 사람이 정점에 있다. 1500년 전 서로마가 멸망, 서프랑크족(독일), 프랑크족(프랑스), 동쪽에서 온 샤를마뉴 대제가 로마군을 제압하고 동로마 교황으로부터 서유럽 교황으로 임명받아 서유럽 교회를 장악하였다.

그의 세 아들이 이때부터 혼맥을 이용하여 유럽의 부족 국가들(이후 유럽의 7대 왕실, 영, 프, 에, 덴, 네, 독, 러)을 운영하였다. 샤를마뉴로부터 프랑스 왕실이 내려오고, 그리고 독일 왕실이 내려온다. 그러면 영국은 하우스 웨섹스라고 되어 있는데, 이 웨섹스 왕도 앵글로색슨 왕조다.

그중에서 가장 유명한 왕이 9세기 알프레드 대왕[35]이 있었다. 이 웨섹스 왕조가 앵글로색슨의 가장 강력한 왕국이었고, 그리고 에드워드 참회의 왕에서 대가 끊기고 만다. 에드워드 왕은 생전에 바다 건너 노르망디[36]의 노르망디 공작 윌리엄에게 잉글랜드의 왕위를 물려주겠다고 약속했다. 물론 이것은 승자의 기록이니까 믿을 수밖에 없다.

정복왕 윌리엄이 영국 역사에서 1066년 이때 등장하게 된다. 영국은 이때 앵글로색슨 왕조가 문을 닫고 바다 건너온 프랑스 계열의 노르만 왕조가 새롭게 개창한다.

종합하면, 윌리엄 왕조가 노르만 왕조에서부터 플랜태저넷 왕조, 요크 왕조, 랭커스터 왕조, 새로운 튜더 왕조가 문을 열었지만 튜더 왕조도 계속 윌리엄의 핏줄이 남자 쪽으로 또는 여자 쪽으로 계속 내려오고 있는 그런 왕조다. 그러니까 엘리자베스 1세까지 온 다음 후계자가

---

35) 남서부 잉글랜드의 색슨족 왕국인 웨식스의 왕(871~899)
36) 켈트족의 거주지였으나 BC 56년 로마의 속주가 되었고, 5세기 후반에는 프랑크족 메로빙거 왕조의 지배를 받았다. 8세기부터 바이킹의 침략이 행해졌고, 911년 프랑크왕 샤를 3세는 루앙과 센강 어귀를 바이킹의 수장인 롤로에게 넘겨주었다. 그 후 노르만족인 바이킹이 정착한 지방은 노르망디로 알려지게 되었다.

없었다.

 이후 독일계, 스페인계, 프랑스계 왕조가 31대까지 이어져 오고 1952년 독일계 엘리자베스 2세가 왕위에 오른다. 그리고 지금까지 72년 동안 재임했고 또 엘리자베스 2세는 덴마크 그리스 필립 공작, 다른 남자와 결혼했기 때문에 왕조의 이름이 바뀌어야 했다. 그런데 여왕은 자신이 죽더라도 윈저왕조[37]의 이름을 계속 써 달라고 부탁해, 그의 아들 정복왕 윌리엄 33대 후손인 찰스 3세가 2023년부터 새로운 왕이 되어 윈저왕조 가문이 유지되고 있다.

 결론적으로 잉글랜드 왕조는 자기들 본래 조상들이었던 앵글로색슨 왕조가 지금까지 내려온 것이 아니라, 1066년 웨섹스 왕조로부터 노르만 왕조, 프렌테제넷 왕조, 요크 왕조, 랭커스타왕조, 튜더왕조, 윈저왕조 33대 찰스 3세에 이르기까지, 영국 왕실 32대 가계도는 바다 건너온 바이킹의 후손인 노르망디 공작 윌리엄의 후손이라는 사실이다.

---

[37] 본래 독일계 작센 코브르크고타 왕조였으나, 1차 대전 이후 반독 정서가 확산함에 따라 영국 고유의 왕조임을 천명하고 윈저성의 이름을 따 개명했다. 영국과 영연방 왕국의 왕실 가문이다. 현재 15개 국가와 3개의 왕실령 영토, 14개 해외 영토를 통치 중인 가문으로 전 세계에서 최대 규모의 영토를 거느린 가문이다.

운명적 우생학에 대한 새로운 해석

많은 동물 세계에서는 불과 20% 남짓한 수컷들이 전체 암컷의 약 90%와 번식한다. 그런데 오늘날 우리는 인류의 조상에서 여성과 남성이 거의 50:50이었을 것이라고 생각하기 때문에, 여성 수가 남성보다 약 두 배 더 많았다는 이야기를 들으면 놀라워한다. 실제로 인류 조상의 약 67%가 여성이고, 33%가 남성이었다는 연구 결과가 있다.

최근 인류 수가 급격히 팽창한 이유 중 하나는 전체 인류의 상당수가 비교적 최근에 살았거나 현재 살아 있는 사람들이기 때문이다. 또 다른 이유는 역사적으로 그리 오래되지 않은 시기에 일부일처제가 전 세계적으로 확산되었기 때문이다. 과거 일부다처제가 일반적이었던 시기에는 성비 불균형이 훨씬 심각했다.

당시 살아남은 많은 남성들은 정상에 오르지 못한 야생마처럼, 자신의 유전적 흔적을 후대에 남기지 못했다. 이 차이는 매우 크다. 태어났던 인류 대부분의 여성은 엄마가 되었지만, 많은 남성은 아버지가 되지 못했다.

진화의 핵심은 '생존'이 아니라 '재생산'에 있다. 인류 역사를 전체적으로 돌아보고, 자신의 유전자를 다음 세대에 남기는 것을 자연이 정한 성공 기준으로 삼아 본다면, 대부분의 남성은 실패했다고 할 수 있다. 반면, 대부분의 여성은 성공했다. 다시 말해, 남성으로 산다는 것은 여성으로 사는 것과 달리 생물학적 실패 가능성이 더 크다는 뜻이다.

불운한 남성의 유전자는 유전자 공급 풀에서 빠르게 솎아져 나간다. 반면, 불운한 여성의 유전자는 여러 세대를 거쳐 끈질기게 살아남을 가능성이 높다. 그렇기 때문에 자연은 여성보다 남성에게 실험하는것이 더 유리하다. 남성을 통해 나온 열등한 유전자 조합은 재빨리 풀에서 삭제되어, 그 조합이 다음 세대로 전달되는 것을 막을 수 있기 때문이다.

그렇다면, 하나님의 모상대로 창조된 모든 인간은 평등하게 존중받는 삶을 살아야 하는가? 아니면 "힘이 곧 정의다"라는 논리에 따라, 열등한 인간이 우월한 인간에게 지배받는 삶이 자연의 순리인가?

우리 인류는 언제까지 무조건적인 평등주의를 외칠 것인가? 이제는 '평균의 함정'에서 벗어나, 서로 인정할 수 있는 범위가 어디까지인지 함께 논의하고 합의해야 한다. 과연 운명적인 우월함이라는 것이 존재하는가? 존재한다면 어떻게, 얼마만큼, 평등의 범위를 인정해야 하는가?

평등주의 평균에 대한 탐험

정신적 자유가 정치적 선거제도라면, 물질적 자유는 화폐제도라 할 수 있다. 모든 것을 아무 조건 없이 동일하게 나누는 '보편적 평등'과, 플라톤이 말한 "각자에게 그의 것을 주라"는 평등은 본질적으로 다르다. 이 문구는 후에 키케로에 의해 널리 알려졌고, 토마스 아퀴나스는 이를 인용해 정의를 "각자에게 그의 것을 주려는 영원하고 지속적인 의지"로 규정했다. 17세기 토마스 홉스 역시 이를 "각자에게 그의 것을 주는 것"으로 해석하며 '자산' 개념으로 번역했다.

따라서 평등의 의미는 관점에 따라 달라진다. 근대의 보통선거 제도 또한 그 속에 담긴 정신을 깊이 들여다보지 않으면, 선거 논란의 본질을 파악하기 어렵다. 그러나 '평균의 함정'을 넘어 깊이 사유하고 그 속을 과감히 탐구한다면, 전혀 다른 각도에서 그 원인을 발견하거나 유추할 수 있을지도 모른다.

예를 들어 남북전쟁 당시와 그 이후에도 미국에서는 인종차별과 갈등이 극심했다. 1954년경까지만 해도 투표 조건에서 흑인들에게는 어떻게든 투표권을 주지 않으려 했으며, 유색인종과 문맹 백인들에게조차 일정 수준의 지식 조건을 요구했다. 백인에게는 비교적 쉬운 질문을 내 통과하게 했지만, 흑인과 유색인 문맹자들에게는 투표세를 부과하거나 (당시 2달러, 현재 가치 약 20달러) 대답하기 어려운 질문을 내어 사실상 투표권을 박탈했다.

이러한 사실로 미루어 볼 때, 미국의 선거제도는 문맹 대중이 직접 대통령을 선출하지 못하도록 설계된 측면이 있다. 미국 헌법 정신 속에는 교육받지 못한 대중의 무지가 후보자의 실체를 판단하지 못하고, 진실을 분별하지 못한 채 표퓰리즘적 정치 선동에 휩쓸려 다수결이라는 비겁한 제도에 의해 미국의 대통령이 당선되는 것을 방지하려는 의도가 담겨 있다.

따라서 1789년, 약 240년 전부터 시행된 미국의 선거제도는 당시 넓은 대륙, 시간적·거리적 제약, 불완전한 교통망 등 물리적 조건의 한계도 있었지만, 그 이면에는 미국 엘리트들이 그렇게 설계할 수밖에 없었던 나름의 이유가 있었던 것으로 추정된다. 즉, 교육받은 엘리트 선거인단을 중심으로 한 상원 100석, 하원 439석, 총 539석의 현재 승자독식 간선제 방식이 그것이다. 미국은 다수결에서 이기고도 선거인단 투표에서 질 수 있는 세계에서 유일한 제도를 운영하며, 이는 약 2,500년 전 고대 아테네의 직접선거 모순을 보완한 형태이기도 하다. 또한 스파르타가 이민자, 여성, 노예 등 특정 집단에 선거권을 부여하지 않았던 것처럼, 이 제도 속에는 '평균'을 넘어선 중요한 정치적 의미가 숨어 있다.

이것을 화폐에 대비해 보면, 화폐의 기본 기능인 ① 교환, ② 가치척도, ③ 축적 가운데, 과도한 화폐축적은 필연적으로 유동성을 떨어뜨려 교환 기능을 마비시키는 '약속 위반'이 된다.

인권과 자유를 보장하기 위해 사유재산을 인정하는 정신이 있었지만, 한도를 두지 않은 결과 특정 한 사람이 가진 돈이 60억 명이 가진 돈보다 더 많은 축적이 가능하다는 것은 이는 마치 길을 막고 있는 깡패에게 통행세라는 높은 이자를 바치는 승자독식 투표제도와 같은 의미의 '맬서스 트랩' 말고는 설명이 어려운 현상이다.

결국 정치적 지배든 화폐적 지배든, 그 구조 속에는 지배하는 엘리트 세력과 지배받는 다수 사이의 평균을 벗어난 중요한 단서가 숨어 있다고 볼 수 있다.

달러패권과 종속적 심리

미군기지를 철수시키겠다. 호르무즈 해협에서 미국 선박을 빼겠다. 지정학적으로 달러패권의 핵심 지렛대는 바로 호르무즈 해협에서의 '항행의 자유'다. 석유 수송이 안전해야 페트로달러 시스템이 유지되고, 하루 1억 배럴 × 70달러에 해당하는 막대한 달러 수요가 발생한다.

그런데 호르무즈 해협을 지키는 예산과 전 세계 미군기지 운영 예산 몇 푼을 아끼려고, 연간 9천억 달러 중 일부 국방비 절감을 이유로 달러패권을 포기한다고? 사실 미국의 '세계 경찰' 역할에 들어가는 비용은 달러패권을 지키기 위한 비용이다.

현재 2조 달러 규모인 비트코인은 금의 시가총액 30조 달러에 도달할 가능성이 있다. 금의 본질적 속성은 희소성과 불변성이다. 금은 총 20만 톤이 존재하며 매년 약 1%씩만 채굴량이 증가한다. 비트코인 역시 총 발행량 2,100만 개 중 2140년까지 남은 100만 개만 채굴 증가, 두 자산의 공급 구조는 본질적으로 동일한 로직을 갖고 있다.

금과 비트코인은 희소성·불변성 두 개의 속성이 완벽히 같다. 금과 돈은 인간의 뇌과학 인식에 물적 직관력도 있지만, 어떤 '속성'에 대한 믿음이 결정적이다. 전 세계에 있는 금이라는 물리적 실체가 포트 녹스 금고에 있다는 장부상 존재한다고 각인되면 머릿속의 가치는 실물 존재보다 그 장부를 먼저 믿는 것이지, 그 실물 금은 직관력 때문에 시간만 걸릴 뿐이지 믿게 된다.

비트코인의 가치 역시 마찬가지다. 컴퓨터 안에 코딩화된 수학적 금 (알고리즘) 2,100만 개가 변함없이 각인된다면, 금과 본질적으로 차이가 없다. 현재 비트코인 시가총액은 약 2조 달러이며, 2140년까지 나머지 100만 개만 채굴 가능하다. 사토시 나카모토가 보유한 약 0.5% 규모의 100만 개가 '자사주 소각'처럼 시장에 나올 것인지, 그렇다면 언제 나올지가 관건이다.

달러가 병들고 타락하는 이유는 무한히 찍어낼 수 있기 때문이다. 이 문제에 대한 치료법으로 스테이블코인은 적합하지 않다. 왜냐하면 스테이블코인을 유지하려면 달러를 더 찍어내야 하기 때문이다. 만약 스테이블코인 다음으로 비트코인이 달러의 자리를 대신하게 된다면, 이는 곧 지금까지 인플레이션과 달러 타락에 따른 '발권력 포기'의 의미를 재조명하게 된다. 달러가 미국이라는 나라의 통화이긴 하지만, 그 발행권은 사실상 월가가 소유해 왔다는 점이 드러나는 것이다.

앞으로 달러가 퇴장하고 비트코인이 정식 화폐로 자리 잡는다면, "네가 갖고 있는 돈은 몇 달러야?"라는 질문 대신 "네 지갑에 몇 개의 사토시가 있나?"라고 묻게 될 것이다. 초기에는 금도 약 30조 달러, 비트코인도 약 30조 달러 수준에서 시작하겠지만, 시간이 지나면 달러 화폐 통화량이 계속 늘어나고, 결국 기존 금 보유자들마저 금의 가치를 비트코인으로 옮기게 될 것이다. 그렇게 되면 달러 발행이라는 기득권을 포기해야 하는데, 과연 그것이 가능할까?

이 문제는 트럼프 1기 시절부터 트럼프의 행동이 빠졌던 딜레마이기도 하다. 트럼프의 정책을 이해하려면, "달러패권은 미국의 패권이 아니라 월가의 패권"이라는 사실을 알아야 한다. 그렇지 않고는 현재의 관세 정책이나 기축통화패권을 제대로 분석할 수 없다. 달러는 명목상 미국 재무부의 법정통화지만, 실제 발행권은 월가가 쥐고 있다.

마찬가지로 한국의 경우, 준정부기구인 한국은행이 한국은행법에 따라 통화 발행권을 보유하고 있지만, 우리는 이를 마치 정부가 운영하는 중앙은행으로만 인식하고 있다. 따라서 우리는 마치 연준(Fed)이 (사실 한국의 은행연합회는 은행업자들 모임이다. 어쩌면 기획재정부로 속고 있을지도 모른다) 한국은행처럼 정부가 운영하는 중앙은행으로 착각하고 있을지도 모른다.

그러나 연준은 Part4 '중앙은행과 부채경제'에서 언급했듯, 소수 주주가 소유한 민간은행이다. 그렇다면 민간이 화폐 발행권을 가지고 있는 셈인데, 굳이 화폐를 많이 발행할 이유가 없다. 돈의 가치를 떨어뜨리는 장사를 할 필요가 없기 때문이다. 그렇다면 왜 화폐 인플레이션이 발생했을까?

그 이유는 닉슨이 금본위제를 중단한 이후, 행정부가 포퓰리즘 정책을 남발했기 때문이다. 그 결과 통화 팽창과 인플레이션이 일어났고, 정부는 채권을 발행했다. 월가는 그 채권을 사주며 달러를 발행하게 된 것이다. 즉, 미국의 군사 패권을 쥔 닉슨 정부가 금본위제를 폐지하며 제도를 바꾼 것이다. 그러자 연준과 월가 금융 세력은, 화폐를 많이 발행하더라도 자기 이익을 지킬 수 있는 로직을 개발해야 했다. 그 해법이 바로 '자산시장'이었다.

쉽게 말해, 월가는 원래 화폐를 과도하게 발행하기를 원치 않았지만, 닉슨·레이건·클린턴·오바마 정부가 계속 화폐를 대량 발행하는 제도를 만들자, 채권 회수를 안전하게 하는 방법을 모색했다. 첫 번째 방법은 선물옵션과 파생상품 등을 통해 수수료를 대거 챙기는 것이었고, 두 번째 방법은 인플레이션 상황에서도 이익을 지키는 전략이었다. 이를 위해 생산자물가지수(PPI)에 포함되지 않는 부동산 시장과 주식시장에 자금을 투입했다. 이들 시장은 가격이 100배 올라도 소비자물가지수(CPI)와 직접 연동되지 않는다.

그래서 닉슨 행정부 이후, 월가와 연준은 행정부의 규제정책이라는 무기를 활용해 각종 연기금과 퇴직연금이 당시 부동산 담보대출에만 국한됐던 투자 방식을 벗어나, 주식과 채권 등 다양한 금융상품에도 투자할 수 있도록 법을 개정했다. 특히 레이건 행정부 시절에 금융 규제가 가장 크게 완화되었고, 그 결과 부동산·채권·주식에 기관 자금이 자유롭게 투자될 수 있는 길이 열렸다.

이 구조 속에서 월가는 대출로 돈을 벌고, 자산 인플레이션이 일어나면 헐값에 매입해 수익을 얻는 방식으로 막대한 이익을 챙겼다. 결국 달러는 '가두리 양식장'처럼 월가가 통제하는 자산 순환 구조 안에 갇히게 된 것이다.

실제 화폐량이 100이라면, 연준이 본원통화 10%를 발행해 지급준비금으로 제공하고, 시중은행이 나머지 90%를 대출을 통해 신용화폐로 만들어낸다. 그렇다면 실제 화폐 발행 주체는 누구인가? 월가가 연준의 대주주로서 지배력을 갖고 있다고 본다면, 결국 연준이 100%의 화폐 발행권을 쥐고 있는 셈이다. 트럼프는 행정부의 채권 발행권과 월가의 달러패권을 이분법적으로 구분해 바라보았기 때문에, 지금과 같은 그의 정책들이 나온 것이다.

에필로그

모든 것은 영원할 수 없다
새로운 돈을 논의할 시간이 온 것이다

그럼에도 미래가 희망적인 이유는
인간이 만든 제도는 인간이 조정할 수 있다.
새로운 생각, 새로운 세상

나는 남들과 싸우고, 비교하고, 경쟁하며 부자가 되고 싶지 않다. 그저 행복하게 사는 것이 나의 꿈이다. 그렇기 때문에, 지금이야말로 이 책에서 제기하는 '인류가 새로운 화폐에 대한 이론적 배경'을 논의하기에 절호의 시기다. 새로운 돈, 새로운 기업, 새로운 은행, 새로운 계약에 대해, 마치 800년 전 마그나 카르타가 그러했듯 인류가 함께 만들어갈 거대한 협상의 근거가 필요하다. 그리고 그 단서를 미국의 트럼프 대통령과 제이디 밴스 부통령이 제공하고 있는 것이다.

미국은 지금 동맹국들에게 '마러라고 협정', 일종의 제2의 플라자합의를 요구하고 있다. 이러한 형태의 협정은 2000년 전 고대 그리스와

로마 시대, 그리고 중동·이집트 시대에도 무역을 둘러싸고 존재했던 일이다. 로마 시대에도, 카르타고에서도 이런 협정이 벌어졌다.

그리스 아테네에서도 마찬가지였다. 당시 그리스에는 델로스 신전이 있었고, 이를 기반으로 한 '델로스 협약'이 체결되었다. 그러나 이 협약은 결국 아테네의 몰락을 불러왔다. 카르타고 전쟁까지 이어졌고, 서지중해의 패권자가 된 아테네는 동맹국들의 자금과 금화를 모두 신전에 모아 두었다. 아테네 신전이 곧 은행 역할을 하겠다는 선언이었던 것이다.

최근 미국의 '마러라고 협약' 역시 각 시대마다 반복되어 온 이런 협약의 또 다른 모습이다. 역사는 결국 형태를 달리하며 반복된다. 또한 미국의 동맹국들로 하여금 환율을 절상하게 만드는 것은, 결과적으로 이들이 미친 듯이 해외 자산을 사들이도록 유도하고 있다.

세상의 모든 정보는 점점 알쏭달쏭해지고, 쉽게 알 수 없도록 닫혀가고 있다. 그럼에도 미래가 희망적인 이유는, 최근 '가장 안전하다'고 여겨지는 미국 국채에 대해 세계 각국의 과도한 저축이 오히려 저주가 되고 있다는 사실을 사람들이 공부하고 있다는 점이다. 이러한 인식은 인류에게 "개인은 어떤 돈을 써야 하는가", "국가 간 무역화폐는 어떤 바스켓통화를 사용해야 하는가"와 같은 질문을 던지게 만들며, 새로운 돈에 대한 이론적 배경을 제공한다.

너무 많은 저축이 오히려 불행과 저주가 될 수 있다는 사실을 깨닫게 되는 것이다. 우리가 어떤 세상을 상상하고, 어떤 질문을 던질지는 결국 독자들의 몫이다.

즉, 새로운 자본주의, 새로운 돈, 새로운 기업의 변화를 갈망하는 수많은 사람들이 이제는 은행이 파는 '허공의 꽃' 장사를 의심의 눈으로 보기 시작했다. 미래를 위해 지나치게 많은 저축을 하는 것보다 현재의 행복을 중시하게 된 것이다. 『파랑새를 찾아서』에 나오는 요술 모자처럼, 세상을 바라보는 새로운 눈을 갖게 되었다는 것은 늦었지만 큰 축복이다.

돈만 있다고 해서 행복한 것은 아니다. 무엇이 행복이고 무엇이 불행인지를 배우지 않으면, 우리는 그것을 스스로 분별할 수 없다. 사물을 관찰하고 사유하며 분석하는 감각은 직접적인 체험과 간접 경험인 '독서'를 통해 길러진다. 상상력은 곧 질문하는 힘이며, 화폐 발행과 같은 주제에 대해서도 우리는 용기를 내어 물어야 한다. 묻지 않는데, 누가 답해 줄 필요가 있겠는가?

1960~70년대, 사람들은 경제학을 배우기 위해 대학에 갔다. 그것은 단순히 돈의 개념을 넘어서 '돈이란 무엇인가?', '경제학이 사람들의 삶에 어떤 영향을 미치는가?'를 이해하고, 자연과학적이면서도 논리적인 사고를 기르기 위함이었다. 그러나 돌아온 것은 실망이었다. 많은 경제학자들이 마치 무당처럼 암기된 지식만을 반복했고, 살아 있는 경제를 이해하기보다 방정식과 수치에만 매달렸다. 하지만 경제란 결국 인간 사회에서 벌어지는 일이다. 심리학, 정치학, 역사학, 사회학, 문학, 그리고 제도에 대한 깊은 통찰 없이 경제를 이해하는 것은 불가능하다. 그럼에도 오늘날의 경제학은 인간의 삶을 다루기보다는, 수학 공식처럼

삶을 유린하고 있다.

결론적으로 알트코인이든, 월마트 상품권이든, 지역 상품권이든 간에, 이는 마치 술에 물을 타고, 우유에 물을 타는 것과 같은 '화폐 발행 유사행위'이다. 그들이 굳이 숨기려 하지 않아도, 사회 전체가 그 행위를 애써 외면하거나 묵인해주는 셈이다. 외환보유고가 증발하듯 사라지고, 월가의 은행들이 달러를 무제한 발행하거나, 연준이 통화 인플레이션을 유도하더라도, 이를 방관하는 사회는 결국 국민 다수로 하여금 '화폐 총량의 기준(k%)'에 대해 묻는 것조차 불가능하게 만든다. 이는 구조적 기만이다.

따라서 예외적으로 인정될 수 있는 것은 스테이블코인처럼, 준비금이 달러나 연준이 승인한 채권 등 안정적 담보 자산을 기반으로 발행되는 상품권이나 증권에 한정되어야 한다. 반면, 소비 중독 유도, 쇼핑센터 매출 증대, 지방자치단체의 포퓰리즘 정책 등으로 인해 유가증권 당국에 단순 신고만으로 남발되는 모든 화폐 유사 행위는 금지되어야 한다.

화폐는 인류 전체의 신뢰와 약속에 기반한 것이며, 소수의 이익을 위한 독점 상품이 되어서는 안 된다. 화폐는 미래 세대를 위한 제도로 설계되어야 하는데 현재 자본주의 시스템은 이미 세습화된 구조 속에 갇혀 있어, 이에 대해 질문조차 하지 못하는 현실이 지속되고 있다.
어떤 암호화폐든 우리가 결코 잊지 말아야 할 것은, 화폐총발행량인 k%를 초과하는 화폐에 대해 반드시 문제를 제기하고 질문해야 한다는 점이다. 발행량 k%에 대한 명확한 사회적 약속과 합의가 없는 화폐는, 결국 또 다른 종교, 또 다른 신(神)에 불과하다. 그렇게 우리는 또다시 속게 되는 것이다.

따라서 우리는 반드시 다음과 같은 근본적인 질문을 던져야 한다:

첫째, 돈은 무엇을 위해 만들어지는가? → 교환 기능
둘째, 누가 돈을 만들고 관리해야 하는가? → 심판 기능
셋째, 얼마나 찍어내야 하는가? → (현재 현금은 전체 통화량의 약 2.4%)
넷째, 얼마만큼 회전되어야 하는가? → 축적한도와 페널티, 노화하는 돈, 감가상각하는 돈의 개념

이러한 핵심 사항들은 각국의 헌법이나 자의적 정책이 아닌, 국제기구의 감독 규정에 따라 명확하게 설정되어야 한다.

:: 참고문헌

- 대런 아세모글루, 사이먼 존슨, 제임스 A. 로빈슨, 『국가는 왜 실패하는가?』, 시공사, 2013.
- 모리스 마테를링크, 『파랑새를 찾아서』, 사인랑, 2014.
- 홍기빈, 『어나더 경제사』, 시월, 2023.
- 록펠러 브라더스 펀드, 『미국을 위한 전망』, 록펠러 브라더스 펀드, 1961.
- 이영우, 『신냉전 퀀텀패권 쟁탈전』, 유튜브, 2025.
- 김창익, 『비트코인의 시대』, 다산북스, 2024.
- 이마무라 히토시, 『화폐 인문학』, 자음과모음, 2010.
- 유발 하라리, 『넥서스』, 김영사, 2024.
- 브래드 포드 들롱, 『우리는 유토피아로 가고 있는가』, 생각의힘, 2024.
- 마저리 켈리, 『자본의 권리는 하늘이 내렸는가』, 학고재, 2003.
- 실비오 게젤, 『자유화폐 이론』, 퍼플, 2014.
- 잉글리드 로베인스, 『부의 제한선』, 세종서적, 2024.
- 로버트 스키델스키, 에드워드 스키델스키, 『얼마나 있어야 충분한가』, 부키, 2013.
- 김원동, 『인문학으로 읽는 금융화폐 자본주의』, 지식공감, 2024.
- 토마스 페인, 『토지분배의 정의』, 프롬북스, 2023.
- 유스터스 멀린스, 『미국 연방준비제도의 비밀』, 에피루스, 2016
- 차현진, 『금융 오디세이』, 메디치미디어, 2021.
- 알렉산더 매스터즈, 『관세와 무역전쟁』, 이춘근TV, 2025.

- 알렉스 아벨라, 『두뇌를 팝니다』, 난장, 2010.
- 쥐스밀히, 『신의질서』, 한길사, 2019.
- 헨리 조지, 『노동 빈곤과 토지 정의』, 비봉출판사, 2016.
- 조지 오웰, 『1984』, 민음사, 2004.

트럼프가 발설한
돈의 타락과 화폐의 비밀

초판 1쇄	2025년 9월 18일
지은이	김원동
발행인	김재홍
교정/교열	김혜린
디자인	박효은
마케팅	이연실
발행처	도서출판지식공감
등록번호	제2019-000164호
주소	서울특별시 영등포구 경인로82길 3-4 센터플러스 1117호(문래동1가)
전화	02-3141-2700
팩스	02-322-3089
홈페이지	www.bookdaum.com
이메일	jisikwon@naver.com
가격	25,000원
ISBN	979-11-5622-956-8 03320

ⓒ 김원동 2025, Printed in South Korea.

- 이 책은 저작권법에 따라 보호받는 저작물이므로 무단전재와 무단복제를 금지하며, 이 책 내용의 전부 또는 일부를 이용하려면 반드시 저작권자와 도서출판지식공감의 서면 동의를 받아야 합니다.
- 파본이나 잘못된 책은 구입처에서 교환해 드립니다.